编辑实务与编辑素养

Editing Practice and Editing Literacy

潘雅琴 著

暨南大学出版社
JINAN UNIVERSITY PRESS

中国·广州

图书在版编目（CIP）数据

编辑实务与编辑素养/潘雅琴著．—广州：暨南大学出版社，2023.12
（新时代图书出版理论与实务）
ISBN 978 - 7 - 5668 - 3824 - 7

Ⅰ.①编… Ⅱ.①潘… Ⅲ.①编辑工作 Ⅳ.①G232

中国国家版本馆 CIP 数据核字（2023）第 238853 号

编辑实务与编辑素养
BIANJI SHIWU YU BIANJI SUYANG
著　者：潘雅琴

···

出 版 人：阳　翼
责任编辑：潘江曼
责任校对：林　琼
责任印制：周一丹　郑玉婷

出版发行：暨南大学出版社（511443）
电　　话：总编室（8620）31105261
　　　　　营销部（8620）37331682　37331689
传　　真：（8620）31105289（办公室）　37331684（营销部）
网　　址：http：//www.jnupress.com
排　　版：广州良弓广告有限公司
印　　刷：广州市友盛彩印有限公司
开　　本：787mm×960mm　1/16
印　　张：17
字　　数：250 千
版　　次：2023 年 12 月第 1 版
印　　次：2023 年 12 月第 1 次
定　　价：69.80 元

（暨大版图书如有印装质量问题，请与出版社总编室联系调换）

自　序

曾经请人治一方闲章——半生压线为人添，化用编辑出版行业的熟语，描摹我半生的工作经历、一生的职业心得。

我大半生都在围着书转。读书之后，在大学中文系教书，讲授"普通逻辑学"，从概念、判断，推理出一片澄明的第二自然。于是，又开始了"美学"的讲授，和学生一起感受20世纪80年代末期的中国美学热，沉迷于叙述美的规律，陶醉于美的形式，并试图将之运用于生活实践，极端而不精确的例子是替崇姓朋友的孩子起名为"崇高"。

20世纪90年代"繁花渐欲迷人眼"，祖国改革开放的东风吹得"孔雀东南飞"。燕雀也要有鸿鹄之志，在完成了接受美学的硕士学位论文后，我也随外子到了广州，进入暨南大学出版社。由大学讲师变为图书编辑，心里略有不甘，胸中丝缕波澜如平稳的珠江水，未及感受便流入了无边的南海。"东西南北中，发财到广东"，发财梦没做过，但当时的中国出版业正如旭日东升，官民齐发展，眼看着往言满天下、书满神州的状态狂奔而去，能置身其间说不准由为人做嫁衣的"贫女"变成职业空间广阔的"富婆"呢。

最初的编辑记忆多是遗憾和教训。第一次以编辑的身份加工的书稿是一本为迎接澳门回归而准备出版的有关澳门的大辞典，这是一本自然来稿，立意很高但完成质量较差，我利用国庆假期连编带改乃至完善，对文字表述加工润色。这本大辞典最后出于各种原因，未能在暨大出版社出版，但我实实在在地体味到了为人做嫁衣的滋味。不久，时任暨大出版社总编辑的徐位发老师交给我一本书稿，是新加坡作家邢致中先生的文集，这是我作为责任编辑出版的第一本书。2017年外子在新加坡国立图书馆查阅资料时，发现了我责编的这部书并拍照发给我，我当时还着实激动了一会儿，感受到了知识传播的幸福。邢致中先生是暨南大学在上海时期的校友，我是以晚辈和校友的心情来编辑其著作的，对所选文本内容精细加工，谁知用力过猛，而在书籍的目录上竟然出现了一个别字，华丽袍子上竟然有一饭米粒，"扫叶山房"旁又添一邻居。发现时书已印出且发行了，当时真是面热耳红地想找地缝。一物不知，儒者之耻；一字之差，编辑之恨。这次经历也让我体会到为人做嫁衣还得有金针金线，这金针金线就是编辑出版的各种技能，也包括编辑出版的经验与理论。

提升技能、积累经验的途径当然是多吃"梨子"，积极参与图书编辑出版的各个环节。此外，向有经验的老编辑学习，老编辑的传帮带也是一条有效的路径。徐位发老师对刚转行做编辑的我多有帮助，比如如何结合出版社的特色开发图书品类，如何在编辑之外宣传推广图书，徐老师都对我有具体的指导。《花笺记》是广府木鱼歌的讲唱底本，被称为"第八才子书"，开平籍华侨学者梁培炽整理《花笺记》的会校会评本1998年在暨大出版社出版后，徐老师嘱我写一篇书评，我写好后在《人民日报》上发表。这让我体会到了编辑出版工作应该是一个全链条延展的综合性工作。徐老师还定期组织年轻编辑撰写出版方面的学术论文，借以提升编辑的自身素质。我便根据当时出版业的实际情况，并结合出版社案例，撰写了《出版业企业形象论略》，在《暨南大学学报》发表后被《新华文摘》转载。

传帮带形式之于编辑职业传统且有效，我个人的经历或许不能充分证明传帮带能让新入行的编辑实现经验与理论齐飞、技术与策划并进，但只要将传帮带的核心目标定位于形成组织生产知识、传播文化的能力，也就是编辑力，新老编辑双向发力，传帮带这种有着手工业时代色彩的职业进阶方式，也就能适应现代出版业的需要。

当编辑生涯初期的青葱时光离我堂堂而去的时候，我已在现代出版制度的精密运转中，切实地理解了现代编辑在社会活动中的身份定位，即主要的不是写文章产出自己的知识，而是策划、组织出版对读者有用、对出版社有利的读物。为人做嫁衣的滋味，对于大学教师出身的我来说，还真是有些上头。现实和理性是最强的清醒剂，斯宾诺莎说："凡事受理性指导的人，即以理性作指针而寻求自己的利益的人，他们所追求的东西，也是他们为别人而追求的东西。"我把这个意思反过来运用：为别人而追求的东西，为他人做嫁衣，可能也是在为自己寻求利益。职业道德的理性不断地推动着具体的工作实践。

如果说职业理性可以通过我自己的情感算法、心理建设来启动，那么出版业的现实洪流，则是外在于我的大江长河，浩浩荡荡。大学出版社最近便的知识场就是大学的教学与科研，我的出版策划也是从教材出版开始的，这是出版现实主义原则的体现，也是对暨南大学出版社传统的致敬。而早在20世纪30年代，暨大出版所就出版过孙俍工、沈从文编著的《中国小说史》。

进入21世纪，中国高等教育开始了大众化转向，同时金融学、管理学、心理学、新闻学等专业迅速扩张，以适应高速现代化的中国社会发展。我的图书策划也是从开发这几个专业的教材开始的。2004年泛珠三角区域发展战略开始实施，我借此契机策划了泛珠三角区域九所师范大学著名心理学专家联合编写的《现代心理学》教材。遴选作者，个别沟通，集体研讨，邮件联系，当面交流，明确立意，商定体例；把握行文风格，确定装帧印刷，保证图书质量，推动成果运用，组织发行宣传。策划的程序都是相似的，遇到的问题、解决的方法却各有不同。个中艰辛，今天回想起来都是故事。满意的发行量出自被我折算成"嫁衣"的合身尺码，换算成心理学知识的准确传播率。

当代的中国出版是有中国特色的出版业，国家通过设立出版基金等措施支持体现主流价值观的出版物出版。申报国家出版基金是保证图书质量、力求做出精品图书的重要途径。在积累了一定的出版经验和作者资源之后，我从学习政策、选择作者开始，尝试申报国家出版基金项目。获批的《流行文艺与主流价值观关系研究》等国家出版基金项目的申报及运作经验，让我对有中国特色的出版业的理解更加深入、具体。

不管编辑个人知识结构、风格喜好如何，为人类总结经验、为社会组织知识生产，都应该成为编辑的大情怀，这也是出版业的理想目标。在人类漫长的历史进程中，产生了孔子、马克思等伟大的思想家，如何阐释这些思想家的原典思想，阐发其在当下的价值、意义，是我们人类命运共同体的共同课题，也是编辑组织知识生产的责任所在。在这样一个宏大思想触动下，我找到了研究马克思《资本论》的资深学者、专家胡世祯先生，从《资本论》原典研读开始，先后出版了胡世祯教授撰写的四本关于《资本论》的著作。通过这四本专著的出版，我和我的同事与胡先生成为忘年之交。编者和作者形成了知识共同体，《资本论》的生产资本转化成了情感资本。

以上所述，是这本书的缘起与主要内容，在完成了序这一文体所规定的讲述后，我还想卒章显志地说说我在实际工作中形成的对编辑工作的理解。

作为图书出版的"把关人"，编辑活动也是一种创造性劳动，体现着编辑的思想导向、审美导向、价值导向和文化导向，以及在精神文明建设中的引导功能。其角色定位，代表着社会对图书内容的取舍，对人们的思想和行为以及社会舆论都具有导向作用。编辑工作追求的目标是图书出版的至真、至善、至美，图书的品质就是由图书质量决定的，图书质量的关键首先是书稿的质量，高质量的书稿需要高水平的作者，高质量的图书出版需要高水平的编辑。

人们常说"只道当时是寻常"，编辑工作的特点其实"所道无不是寻常"。AI 时代的来临，人类社会大变局征兆业已出现，这征兆是以人们在寻常中交际、寻常的细节中伸展开来的，也让人们在交流寻常中赋予彼此价值与喜悦。

癸卯秋于暨南园

编辑实务与编辑素养

目　录

CONTENTS

出版项目申报

这里所说的出版项目申报主要是指图书选题项目申报。申报图书选题项目是出版社工作的重点，选题是图书出版的源头。按照出版社工作安排，每年的选题申报主要集中在年度选题申报和增补选题申报。在这些选题中，有的选题申报比较特殊，即按照国家或省部等相关行政部门要求申报的图书项目出版选题，这类选题项目一般会在出版范围及出版内容上提出具体的申报要求并有严格的评审程序，如国家出版基金项目、主题出版、重点出版项目的申报等。出版单位都十分重视这类选题项目，因其申报及其获批，对出版社的品牌形象、选题质量及内部管理等都是一次提升。

一、申报图书出版项目的意义

1. 成功申报可以提升出版社品牌形象

随着图书出版业的发展，各出版社都在如何塑造自己的品牌上下功夫，努力塑造出版社的品牌图书、品牌编辑以树立自己在出版领域的品牌形象。申报图书出版项目也是出版社塑造和展示出版社品牌形象的机会，如申报国家出版基金项目，因国家出版基金项目是国家在图书出版领域设立的最高级别的项目，是与国家自然科学基金、国家社会科学基金并列的第三个由国家设立的基金项目。国家出版基金项目的设立是国家层面的行为，符合申报要求的图书都肩负着特殊的出版使命。若能申报成功，也是出版社实力的证明。国家出版基金项目的评审经过出版专家、学科专业专家及国家出版基金委专家层层严格的审核，通过初评、复评、终评的逐级淘汰才最终审定。如 2016—2017 年度国家出版基金情况统计显示，两年的申报数量为 1 363、1 496 项，淘汰的数量分别为 978、964 项，淘汰率分别为 71.75% 和 64.44%，最后通过的数量为 385 和 532 项。经过这样严格的层层筛选，能通过的选题也是经得住考验的选题，这在一定程度上也证明了选题的学术分量及其出版价值。选题申报的成功有助于出版社品牌效应的凸显和凝聚。

2. 能够提升图书出版的高质量发展水平

图书出版的高质量发展是出版社的努力方向，选题是图书出版工作的源头，高质量的选题是高质量图书出版的保障之一，是其充分条件。重点项目图书的出版在各个方面的要求更高，出版社在完成项目图书的出版流程中，对各个部门的配合、流程环节的规范、编校人员的水平、印制要求等都将提出更加严格的标准和要求，确保项目图书按时、保质保量地完成。通过项目图书的运作，不仅能保障运作效率和图书质量，对于出版图书的整体运作也是一次全面的提升。所有参与出版流程的人员不仅需要掌握项目图书的质量保障规范，对图书出版质量标准、图书出版各项规章制度更需要全面熟悉，这对于出版社及其图书出版的高质量发展都是有力的促进。

3. 有利于编辑队伍的锤炼

编辑在图书出版流程中处于核心地位，现代编辑工作不仅仅是对书稿的文字加工，更重要的是做图书的选题策划工作。在选题策划中更能彰显编辑在图书出版工作中的主体性。项目选题的申报对编辑提出了更高的策划要求，编辑根据项目申报的要求，需读懂弄清项目申报选题内容的要求，在充分理解文件的基础上，根据自己储备的选题资源和作者资源，策划申报项目选题。具体来说，首先，从选题资源入手思考。平时积累的选题资源中有一类需格外关注，即关注国家社会科学基金项目、国家自然科学基金项目以及省部级以上国家重点资助项目的研究成果，这些项目也是经过了相关基金委的评审，通过了相关领域专家的论证，项目的学术价值及创新价值已得到了肯定。立足这些基金项目进行图书项目的选题策划，能够保障选题的出版价值。如暨南大学出版社（以下简称"暨大社"）2017 年申报的国家出版基金项目《流行文艺与主流价值观关系研究》，是源于暨南大学文学院申报的国家社会科学基金重大项目"流行文艺与主流价值观研究"。其次，从作者资源入手进行项目选题策划。承担了国家社科基金项目及省部级项目的负责人一般都是该项目领域的领军人物，他们在其领域的学术成果、学术地位、学术影响重大，根据他们的学术项目成果进行图书转化也是项目选题策划的方向之一。如暨大社 2021 年出版的国家出版基金项目《政治修辞学》，就是由我国修辞学领域具有较大影响力的吴礼权教授主持的社科研究课题结项后申报成功的出版项目。最后，编辑要善于抓住重要事件的时间节点。某些重要的时间节点也能成为项目选题策划的线索。如 2015 年是纪念中国抗日战争暨世界反法西斯战争胜利70 周年，为此，暨大社策划了选题"日本近代对中国边疆调查及其文献研究"申报国家出版基金项目并获批。编辑在项目图书的选题策划中得到锻炼，对其在选题资源的开发、作者资源的利用及选题策划能力方面都是一次提升。

4. 能够体现出版人的文化担当

图书出版是一种文化生产行为，为人们提供精神文化产品，满足人们的精神生活需要。加强社会的文化建设，坚定文化自信，为社会创造高质量的文化精神食粮，将科技创新研究及时进行成果转化，为创新科技发展提供最前沿的信息，以推动科技发展的步伐。为社会提供优秀的社会科学研究成果、优秀的文学创作，积极推动社会文化事业进步，参与人们精神世界的塑造，是出版人的担当。各级各类出版项目的申报、出版，集中为社会生产高质量的文化产品，是时代赋予出版人的责任，也是出版人参与社会精神文化建设、贡献社会的使命使然。

二、项目申报的注意事项

1. 项目选题的申报要结合出版社的出版特色和优势

每家出版社在长期的出版实践中都会积累一定的选题资源和作者资

源，逐渐形成自身图书产品的特色，在进行项目选题的申报过程中应注重对本社的特色图书进行梳理，根据图书的特色进行项目选题的策划。如暨大社"世界华侨华人研究文库"自 2011 年以来连续五批申报国家出版基金项目并获批。这是基于本社自建社以来的出版宗旨，作为暨南大学主办的大学出版社，为教学科研服务是其出版方向，而暨南大学作为华侨华人研究的重镇，为出版华侨华人研究方面的图书提供了坚实的研究基础和丰厚的作者资源。华人华侨作为国家在海外的特殊群体，他们在中国文化的传播、国家利益的维护、中国经济建设等方面有着重要贡献。多年来，暨南大学对世界华侨华人研究，华侨华人在政治、经济、文化对国家的贡献方面的研究以及华侨史研究成果，在暨南大学出版社的出版中逐渐打造出独有的出版特色，这些资源也成为华侨华人研究申报重点出版项目的充要条件。如2013—2020 年申报主题出版、国家出版基金项目中有 9 项是涉及华侨华人研究的。申报项目的成功不仅提升了出版社在华侨华人研究传播方面的影响，也是在华侨华人领域出版优势的凸显。这一项目的连续申报、出版，也引起了海内外华侨华人研究者的关注，暨大社正在不断开拓华侨华人研究出版的新领域，吸收创新研究成果，努力在传播华侨华人研究成果转化方面贡献力量。

2. 项目选题的申报及其运作要发挥编辑队伍的优势

编辑在项目申报及实施中应发挥主体作用，体现编辑的执行力。当选题项目初步确定下来后策划编辑应完成两项工作，一是完成项目的申报工作，这是一件需要非常细心、耐心，认真完成的工作，申报书中需要填报的内容繁多，逐项都要结合申报要求缜密思考，认真填报。这不仅需要编辑将申报的项目内容要求烂熟于心，而且要具备较好的内容组织能力和语言表达能力，具备严谨的思维和独立的思考能力。在细读各项申报要求的前提下，深刻领会申报的指南要求，准确掌握申报内容的各项规范，组织内容，认真撰写，做到准确无误。二是项目的实施工作。项目申报成功只完成了项目任务的一半工作，在项目实施中，编辑需根据项目选题的需求，将相关编校人员组成一个团队。根据项目的专业要求，尽量由专业背景吻合的编校人员承担相关工作。同时，这支队伍若有项目图书运作的经验对项目的出版将更为有利。项目运作需要出版社各部门的通力合作，所以在项目运作中编辑要积极与同事沟通配合，确保项目顺利完成。编辑的执行力在项目图书的运作过程中得到锻炼，也在项目执行中得到不断提升。

选题项目申报及其实施是出版社的工作重点之一，在高质量发展思想的指导下，积极策划项目图书，顺利实施并完成项目图书的出版成为编辑的基本功，属于编辑实务范畴，也是编辑综合能力的体现。

国家出版基金项目的申报

——以"日本近代对中国边疆的调查及其文献研究"为例

国家出版基金是以国家的名义设立的图书出版扶持基金。国家出版基金重点资助的出版项目必须是能够代表当前我国哲学社会科学、文学艺术、自然科学和工程技术发展水平，代表我国出版业发展水平的精品力作。国家出版基金每年年中申报，第二年年初公布当年的获批项目名单。国家出版基金如何申报，申报时应注意哪些问题，怎样申报才能获批等是编辑申报国家出版基金时常常遇到的问题，本文将结合申报项目的例证予以阐述。

在申报国家出版基金项目时，最重要的工作是仔细阅读国家出版基金项目文件，领会文件精神，了解该项目的概况、设立的目的，明确项目申报的要求及申报工作的细节规范，只有做到了对申报项目内容的细致解读，才能充分理解文件，对项目的各项要求做到心中有数，才能在申报过程中有条不紊地做好各项申报工作。

一、深刻领会国家出版基金项目设立的目的、意义

国家出版基金于 2007 年由国务院批准正式设立，该基金是继国家自然科学基金、国家社会科学基金之后设立的第三个国家基金项目。国家出版基金设立的宗旨是"体现国家意志，传承优秀文化，推动繁荣发展，增强文化软实力"。国家基金出版物的使命是"体现国家意志、反映国家水准，

必须全面贯彻党的出版方针，准确把握职能定位和工作坐标，聚焦聚力出版高质量发展，用心用力用功打造更多匠心佳作、扛鼎力作、传世名作，更好承担起举旗帜、聚民心、育新人、兴文化、展形象的使命任务"。国家出版基金所资助项目要坚持正确方向、服务现实需求，代表国家水平、体现创新创造，传递了出版基金服务中心工作，鼓励原创精品，坚持高质量发展的鲜明资助导向。以引导出版单位积极策划体现当前我国出版业最高水平的项目，申报在内容和技术方面具有创造性和创新力的项目，打造具有较强组织能力、凝聚权威作者队伍、投入高水平编辑力量的项目，不断优化资助结构，提高资金使用效益，更好发挥出版基金在深化党的创新理论研究宣传、促进学术繁荣发展、推动科技创新和文化建设方面的引领示范作用。该基金主要资助优秀公益性出版物、项目，以图书出版项目为主，同时资助少量音像电子和数字出版项目。

截至 2022 年，国家出版基金共资助了 6 800 多个优秀出版项目，启动了一批传承、发展中华优秀传统文化重大工程，推出了一批反映我国各学科各领域最新发展成果的优秀出版物，扶持了一批代表我国出版发展水平的精品力作。优秀公益出版物的出版体现国家意志，传承优秀文化，推动文化繁荣发展，呈现出增强文化软实力的基本宗旨，坚持党的出版方针、政策，坚持社会主义先进文化前进方向，服务党和国家工作大局，代表我国出版业发展水平，代表我国哲学社会科学、文学艺术、自然科学和工程技术发展水平，对推进社会主义文化强国建设、推动科学技术进步、实现"两个一百年"奋斗目标和中华民族伟大复兴中国梦具有重要意义。

二、申报国家出版基金项目时需注意的问题

（一）申报前需深刻领悟申报指南的指导思想

在申报国家出版基金项目前，国家出版基金委每年都会发布项目申报

指南，认真阅读该文件才能够明确国家出版基金年度资助项目的指导思想、资助原则、资助重点、申报要求、申报程序等。而其中的"项目资助重点"是项目申报内容的重要指导性文件，需认真研读、领会，吃透文件精神。如2023年国家出版基金的资助重点在《2023年度国家出版基金项目申报指南》（以下简称《申报指南》）中已具体说明，"以上年度指南基本框架和总体要求为基础，深入贯彻落实习近平总书记相关重要讲话精神、党的十九大和十九届历次全会精神、全国宣传部长会议精神，立足与国家'十四五'规划和哲学社会科学发展规划、出版业发展规划等紧密衔接，贯彻落实《关于推进新时代古籍工作的意见》，以推出更多精品力作为中心环节，结合宣传思想工作年度重点，提出习近平新时代中国特色社会主义思想的研究阐释、主题宣传教育、经济社会发展、哲学社会科学、自然科学与工程技术、文化建设和中华优秀文化传承6个方面的重点资助方向，并分板块就相关内容作了阐述说明"。《申报指南》中的这些内容是申报2023年国家出版基金项目的选题导向，要格外重视。我们在申报项目时要依据《申报指南》体现的精神，结合本社的图书品牌特色和出版优势、作者资源等，在充分论证的基础上遴选出与这6个方面主题相关性强的选题进行项目申报。

（二）申报时需掌握国家出版基金资助项目的评审原则

国家出版基金项目在评审中坚持的原则是"自愿申请、公平竞争、专家评审、择优立项"。这就要求各出版社在申报项目时要精心组织选题，科学论证项目的社会效益及出版价值，提炼出选题的思想性、科学性、创新性；充分论证作者队伍的学术水平及其完稿能力；保证申报项目的出版质量。在项目申报中要坚持以下几个原则：

一是坚持实践标准。国家出版基金的资助，代表的是国家层面对项目内容导向、选题价值、出版质量的认可。这就要求我们策划和申报的项目立意要高、水平要高、质量要高，能够满足国家需要、社会需要、学界需要、大众需要。出版社要坚持"为人民出好书"理念，围绕《申报指南》确定的六大资助重点方向，聚焦党和国家中心工作，服务国家重大战略需求，紧跟学术发展前沿，赓续中华文化根脉，积极策划真正能够代表当前我国各学科各领域最高水平的优秀项目。

二是提升原创能力。国家出版基金把鼓励支持高水平、原创类出版物作为鲜明指向，通过《申报指南》和项目评审传导动力和压力，进一步向原创类项目倾斜，也就是只有那些密切关注理论创新、实践创新、学术创新的前沿动态，反映各学科各领域最新成果的精品力作，才是基金资助的重点。这就要求出版社在申报项目时牢固树立原创价值导向，以思想穿透力、科技创新力、艺术创造力作为重要指标，精益求精、追求卓越，不断孵化、推出本土原创、国际领先、勇攀高峰的精品出版成果。

三是突出优势特色。多年的耕耘、积累，各出版社都形成了特色突出的优势门类，在这些领域积累的作者资源、编辑力量、品牌影响力和选题储备，均具有较强竞争力，从中选报项目，不仅能在专家评审环节带来较高通过率，还能为项目按期、高质量完成提供保障。《申报指南》有明确规定"申报单位应立足自身专业定位，有与申报项目相关的专业编辑团队"，就是希望出版社策划和申报符合自身出版能力和条件的项目。

（三）申报时需明确申报项目的运行机制

出版社完成申报项目的选题论证，填好国家出版基金的项目申报书后，先由省级新闻出版行政部门初审，报国家出版基金规划管理办公室复核后，提交至国家出版基金管理委员会（简称"基金委"）。国家出版基金项目是由基金委负责审定基金资助项目及资助金额。基金委下设国家出版基金规划管理办公室（简称"基金办"），负责项目评审的具体组织工作及国家出版基金各项日常管理工作。

申请到国家基金项目的各出版社负责受资助项目的具体实施，在项目实施的出版流程中要按照国家出版基金的各项规定管理和使用资助经费，确保基金项目出版的质量、进度和经费安全，并按照基金项目管理规定自觉接受主管单位、基金办及国家有关部门的监督检查，以保证基金项目的顺利完成。

（四）申报时需了解评审程序，参透评审标准

国家出版基金资助项目在评审过程中坚持公平、公正、公开，遵循"资源申请、公平竞争、专家评审、择优立项"的原则。评审过程分为三个阶段：第一阶段是由地方出版单位自主申报，省级新闻出版行政部门初审，基金办进行技术性复核，报基金委批准后进入专家评审程序；第二阶段是组织专家进行初评、复评、终评三个层面的评审；第三阶段是专家评审结果经基金委审批，接下来经公示、公告后，最终确定国家出版基金资助项目的名单。

在国家出版基金项目的评审中，国家出版基金实行学术专家评审、出版专家评审、财务专家评审相结合的评审制度。专家评审主要评审五个方面的内容：一是项目的思想性、科学性、创新性、传承价值和社会效益；二是项目的出版价值；三是承担项目作者团队的学术水平；四是申报单位的项目执行能力和社会信誉；五是项目实施方案的可行性及经费预算的合理性。

专家评审完成后，基金办按照各项目的综合得分进行排序，报基金委审批。基金委审批后进行公示。公示期满，经基金委审定后，予以公告。

（五）申报时需严格审核所申报的内容

申报国家出版基金时，需严格、重点审核以下内容：

第一，每年的《申报指南》都会列出当年的项目资助重点，出版社可

对照该文件，检查申报的项目是否切合这些资助重点。

第二，审核申报项目的特点和优势。国家出版基金重点资助原创性、思想性、学术性较强并具有社会价值、文化价值、科学价值和出版价值的项目。与同类申报项目或已出版的同类出版物相比，申报项目的原创性强、能够填补空白，其申报的项目更容易获得评审专家的认可。

第三，审核申报项目作者的学术水平和执行能力。项目作者的学术水平和项目执行能力也是专家评审的重要方面。在申报项目时不仅要介绍项目主编的学术能力和水平，更要将项目的实际作者的学术水平、学术成就及其执行力介绍清楚，以便评审专家对项目作出更准确的判断。

第四，审核出版社出版能力。《申报指南》要求申报单位应当立足自身专业定位，有与申报项目相关专业的专业编辑团队，具备相应出版资质和实施条件。出版社应当有针对性地把本单位与申报项目相关学科的编校队伍、出版经验、出版能力等有关情况进行全面、充分的介绍，以便评审专家对申报单位的整体出版实力及项目的完成能力作出准确的判断。

三、国家出版基金项目申报

2015 年，笔者主持申报的 2016 年度国家出版基金项目"日本近代对中国边疆调查及其文献研究"（第一批 5 卷）获批。这一年是抗日战争暨世界反法西斯战争胜利 70 周年。这一年，各种纪念抗日战争胜利、纪念世界反法西斯战争胜利的活动陆续展开。出版界围绕这一历史事件出版了相关的主题出版物，在全社会开展主题宣传教育。

（一）选题策划缘由

身处纪念抗日战争主题及世界反法西斯战争的各种媒介报道活动的氛围，关于日本这个国家及其近代对邻国侵略行为的思考也在不断地进行。

加之多年的编辑从业经历，培养出了笔者对人们生活中重要节点及社会关注问题的敏感，由日本的侵华行为追溯日本这个国家的历史。

日本作为我们的邻国，历史上曾多次派遣使者来我国学习，他们持着朝圣的心态学习中国先进的科学文化，学习中国的宗教、历史知识。但明治维新后，脱亚趋欧，向西方学习成为日本的主流。20世纪初日俄战争，俄国的失利助长了日本的嚣张气焰，侵略别国以扩大自己疆域的野心日益膨胀。而日本作为一个区区岛国，领土面积远不及我国一个省份，人口又少，是什么原因让日本20世纪初就觊觎中国的领土，冒天下之大不韪制造各种机会为他们侵略中国的活动寻找借口，最终发动了侵略中国的战争？这其中一个很重要的原因就是日本在对中国发动侵略战争之前，历史上与中国的交往与交流，让他们深深地感受到中国几千年源远流长的传统文化，认识了中国的社会经济发展积累的物质财富的丰富，中国地大物博的自然资源等令其汗颜，也令其垂涎。

相关信息及研究成果表明，早在清末民初，日本政府就通过各种渠道，派遣官方的、民间的人士，派驻军事人员、宗教人士等各式群体，利用各种手段对中国各地开展所谓"学术调查""田野调查""旅游行纪"等各种调查活动，这些派遣到中国的各类人员借助其特殊的身份，全面、细致地收集中国的政治、经济、军事、科学、文化、历史、地理、人口等各方面信息。可谓事无巨细地收集各种信息情报，其行为几乎是对中国展开了高度密集的地毯式扫描。从边疆到内地，从陆地到沿海，这些调查结果，形成了形形色色的所谓"调查""报告"或"纪行""游记"等。这些文字内容后由调查者们编撰成册，并在日本近现代集中出版，这类出版物其数量之大令人难以想象。而这些出版物都是日文版，现收藏在日本各大图书馆中，若能将这些日文版的图书译成中文在中国国内出版，对我们全面认识日本，研究日本、研究日本与中国、研究日本与东亚、研究日本与欧洲、研究日本与世界等问题都是一份难得的历史资料。"日本近代对中国边疆调查及其文献研究"这一选题策划及其申报国家出版基金项目即缘于以上思考。

下面结合"日本近代对中国边疆调查及其文献研究"申报国家出版基金项目所做的具体工作，详细说明国家出版基金项目的申报内容及相关情况。

（二）项目申请书的构成及填写

国家出版基金项目的申请书由申报机构信息表、项目信息表、项目实施计划书、图书申请资助经费预算表、专家推荐意见书、主管单位和国家出版基金规划管理办公室审核意见表等组成。下面重点详述前五项内容。

1. 申报机构信息表

该表主要填写申报机构的基本信息主要是与项目申报相关联的信息。具体包括申报机构名称、通讯地址；法定代表人、主管单位、银行账户、项目联络人；申报机构具有中级以上职称编辑人数；承担本项目的优势；现有未完成国家出版基金资助项目情况等。这部分内容要根据出版社的具体情况，如实填写，做到信息准确，填写符合要求、规范。重点要写好"承担本项目的优势"这项内容，可以从出版社的实力、作者的实力、出版社承担项目的完成情况及编校人员的实力等方面予以阐述。如"日本近代对中国边疆调查及其文献研究"项目申报时对"承担本项目的优势"说明如下：

暨南大学出版社作为一家综合性的大学出版社，秉承"价值出版、文化传承"的出版理念，致力于华侨华人、华文教育和人文社科精品图书的研发，并在上述领域形成了深厚的文化积淀和出版优势。近年来，已陆续出版了"世界华侨华人研究文库"（第一、二批）、《华侨华人与新中国》、《和谐与共赢：海外侨胞与中国软实力》、《新中国新闻传播60年长编》

（上、下）、"人文学丛书"等重点图书。

本项目由袁向东教授、张明杰教授主持，项目集中了日本的东京大学、成城大学、东京女子大学，中国的福建师范大学、广东技术师范学院等高等院校的一批多年以该项目及相关内容为研究对象的专家学者撰写。各位作者精心钻研史料，深入调查研究，以科学认真的态度确保书稿的学术价值和出版价值。

本社近几年承担了多项国家及省级出版项目，积累了丰富的成功运作重点图书的经验，能够保质保量按时完成图书的出版任务。出版社也有能力组织精干、专业的编校队伍，细心规划、认真编辑好该项目图书，以凸显精品社科学术书的魅力。

2. 项目信息表

该表要求填写申报项目的详细情况，包括项目名称、项目类型、项目规模、项目成本总预算、项目起始及计划完成时间；项目在出版环节是否已获得中央财政性资金资助、项目是否列入国家重点出版物规划、是否列入新闻出版改革发展项目库；项目著作责任者或主创人员及著作方式；著作责任者或主创人员简介、项目内容简介、项目进展情况、项目基本情况、已出版同类项目情况、项目完成的参考资料等。该表是对申报项目的全面、系统说明，是申报书的重点部分，这部分内容的撰写需准确、客观、实事求是，既要有对申报项目高屋建瓴的认识高度，也要有对申报项目精致细微的全面阐释，以便于项目评审人员系统了解项目的准确信息，作出准确的出版价值判断。

该表的前十项可根据项目的实际情况填写。

项目信息表的填写重点内容有以下几个部分：

（1）著作责任者或主创人员简介。

这部分内容在填写中应详细说明著作责任者的研究领域、已取得的学术成就等，"日本近代对中国边疆调查及其文献研究"作者简介如下：

该项目的著作责任者为国内高校的学者及在日华裔学者。有广东特色重点学科"民族与边疆文学"带头人、日本成城大学客座研究员；有以近代日本涉华历史文献、中日文化交流史、中日近代文学为研究方向的华裔专家学者；有日本著名语言学者、成城大学教授；以日语史、中日关系史为主要研究方向的专家；有以中日思想史为研究对象的东京大学副教授；有从事中日文化史及翻译史研究，或中日思想史、中日翻译史、中日文化交流史及蒙古史研究的多所国内大学教授。

（2）项目内容简介。

该内容的填写要能够简明扼要地概括项目的主要内容，包括项目的基本内容、项目的特色、项目的出版价值等。"日本近代对中国边疆调查及其文献研究"的项目内容简介如下：

中日两国人民的交往源远流长。历史上，日本曾视中国是"圣人之国"。而近代以来，中国却变成日本侵略扩张的目标。早在清末民初之时，日本的一些组织和个人就打着各种旗号，以各种名义来到中国，他们的足迹遍布中国，从事调查及其他活动，并留下了为数众多的调查报告、见闻游记等文献资料，而所谓的见闻游记其实质也是另一种意义上调查活动的记录。

"日本近代对中国边疆调查及其文献研究"（第一批），包括《东北侦探记》《民俗学上所见之蒙古》《入藏记》《满蒙探险记》《藏蒙旅行日记》。这5卷图书分别从不同的角度记录了日本近代对中国的调查活动。就地域范围而言，这些调查涉及中国的内蒙古、西藏及东北各地。就调查的内容而言，既有出于政治与军事目的的侦探，包括兵要地志、政情民俗、商贸经济、民族文化、社会风貌等，也有以所谓学术考察为名的调查，如考古发掘、民族宗教、地质地理、建筑美术等。而散布在日本各地各类图书馆中的相关史料数目之多，难以计数。这些文献史料对于我们解读近代中日关系，考察日本近代对中国的种种调查活动及对中国的政策和行为至关重要，同时对弥补和丰富我国的边疆史料，再现边疆地区的社会风貌及历史断面，也具有较高的参考价值。而近代日本对中国边疆调查或纪行资料，从文献角度来讲，研究及史料价值也较大。

(3) 项目进展情况。

该内容的填写主要是将项目运作的时间安排予以说明。包括项目的启动时间、统稿定版、交稿时间、出版时间等。"日本近代对中国边疆调查及其文献研究"的项目进展情况如下：

该项目自 2013 年开始筹划，其进展情况为：

出版工作启动于 2013 年 3 月，2014 年 3 月已完成初稿撰写工作并进行第一次统稿，2015 年 3 月完成第二次统稿。

目前第一批次的 5 卷图书已全部完稿，处于最后统稿阶段，主要是译者对照日文原版对内容进行译校，审核全书内容，查漏补缺，完善文献出处标注，并对书稿中的个别内容做重点注释说明等。之后将书稿送给该领域相关专家学者审稿，2015 年 8 月召开书稿研讨会，进一步听取各方面专家学者意见，并着手下一步完善工作。2015 年 10 月定稿并交付出版社。拟于 2016 年 12 月正式出版。

该项目由于出版社介入较早，并安排精干的编辑队伍全程跟进，协调各方面工作，保持与作者顺畅交流。就图书的内容体例编排、学术研讨会的论证等达成共识。现项目整体运作有条不紊，能够确保该项目图书按时、高质出版。

（4）项目基本情况。

项目基本情况的介绍部分是"项目信息表"的重中之重，这部分内容是对项目全貌的说明，在这里要从八个角度对项目进行全面、系统的说明，这部分内容是评审专家关注的重点。这八个角度分别是立项背景、意义；申请资助理由；项目主要内容介绍、系列或成套出版物的分细目录；社会效益、经济效益分析及其他绩效目标；如为引进版项目，需提供国外主要媒体或国外权威专家对原版图书（音像制品、数字出版物）的评价；项目实施的条件和优势；风险分析；其他需要说明的情况。其中，"如为引进版项目，需提供国外主要媒体或国外权威专家对原版图书（音像制品、数字出版物）的评价"此项略。"日本近代对中国边疆调查及其文献研究"项目的基本情况如下：

①立项背景、意义。

在中日交流史上，日本曾视中国为"圣人之国""礼仪之邦"。然步入近代，中国却变成日本侵略扩张的目标。早在清末民初，日本的一些组织和个人就到中国各地，包括边疆地区，从事形形色色的调查及其他活动，并留下了为数众多的调查报告、见闻游记等文献资料。

当时仅就日本对华的调查活动而言，既有出于政治与军事目的的侦探，包括兵要地志、政情民俗、商贸经济、民族文化、社会风貌等，也有以所谓学术考察为名的各种调查，如考古发掘、民族宗教、地质地理、建筑美术等。而这类调查文献数以千计，若加上那些秘不示人或已焚毁的机密报告等，其数量之多，可想而知。

在这类文献资料中，最早的应属军事侦探类。明治政府成立之初，即现觊觎中国之心。1872 年，日本政府就派遣池上四郎少佐、武市熊吉大尉及外务省官员彭城中平等秘密潜入我国东北地区，从事侦探活动，对辽东半岛及周边地区的地理兵备、政情风俗进行侦探调查，翌年回日本后，提交了由彭城中平起草的《满洲视察复命书》。这是近代日本人最早对我国的调查报告。1873年后，日本政府有组织地将部分陆海军官分批派往中国，从事侦探谍报活动。这些派遣到中国来的军官定期向日本政府发送情报，不少人还留下了详细的侦探日志、调查复命书及手绘地图等。在我国边疆地区从事侦探调查的，除军人外，还有一些外交官、记者及"大陆浪人"。这方面的文献也很多。书中记述了作者所经之地的山川地理、气候、民族、人口、沿革、物产、贸易、风俗等。

尽管19世纪90年代中期以前，也有部分日本人赴华从事某些领域的考察，但真正的"学术调查"主要还是在甲午战争之后。需要说明的是，近代日本人的涉华学术考察，几乎都与日本侵略扩张的国策并行不悖，只是有的明显，有的隐秘而已。有些完全是打着学术旗号的国策调查，有些则是间接服务于国家战略的越境活动，甚至那些标榜目的较纯粹的宗教探险或学术考察，也都与国家的扩张政策有这样或那样的关联。因此，这里的"学术调查"是加了引号的。

甲午战争后，出于侵略扩张的需要，日本加紧了对我国的调查研究，一些机关、学校、宗教团体或个人也纷纷行动起来，来到中国开展形形色色的实地考察活动。如当时的东京帝国大学、京都帝国大学等学校，东京地学协会、考古协会，日本的东本愿寺、西本愿寺等宗教组织。

日俄战争后，日本在中国内地的"学术调查"更是猖狂起来。满铁调查局、东亚经济调查局、东亚同文书院等国策机构，以及其他一些调研组织也纷纷成立。一时间，日本对我国，尤其是对我国东北及内蒙古等边疆地区的考察成为时尚。

这类调查涉及面宽广，但从中也可以看出，以甲午战争和日俄战争为契机，为响应或配合对外扩张的国家战略，日本人的对华"学术调查"逐步开展起来，并日益活跃。因此，可以说，近代日本人的对华"学术调查"或研究从初始阶段即有扭曲的一面，总体上难以否认其充当帝国主义或殖民主义工具之本质。

本项目的研究者一直致力于收集、整理、翻译、研究近代日本人的涉华文献，同时，对日本的中国史，尤其是西域史研究领域的著名学者羽田亨及所谓"大谷探险队"的主要成员，曾两次深入我国新疆等地从事发掘调查，在近代日本涉华边疆调查史上占有重要位置的橘瑞超多有专研，而与这两位学者所关注领域不同的是，本次出版的这5卷图书，偏重于近代日本人对中国西藏、东北蒙满地区的调查、考察内容，这些文献对于我们研究清末民初中日关系，研究日本人近代对中国的政策、行为，具有历史意义。同时，对我国边疆地区的历史地理文化等的研究也有史料价值。

本次出版的5卷图书，其个别内容在国内中日关系研究中偶有提到，但为之著述则几乎不见。因此，该项目图书在国内出版，必将极大地满足国内中日关系研究界的认知需求。同时，图书的内容具有较高的学术价值，可为中国近代史研究提供一个观察视角，补充研究者忽视的某些侧面或细节。其调查方法、观察角度等都具有参考价值。

②申请资助理由。

该项目图书属于原创性著作，其出版具有较高的社会价值、文化价值和史学价值，基于此，我们汇集日本与中国的优秀学者组成研究团队，历经数年，行走在日本和中国各图书馆，包括公共图书馆及民间个人馆藏，充分利用馆藏资源，对已出版和未公开出版的图书资料进行了大量的搜集、整理和研究工作，且这些文献史料目前在中国国内几乎难以见到，全部倚仗作者在日本各大图书馆、各类研究机构中进行艰难的搜集，单单是搜集散落在日本各地的文献原始史料以及组织翻译工作，就已耗费很大。为保证书稿的学术品质，做好该项目的出版工作，努力打造学术研究之精品，该项目在组织研讨、专家审稿、编辑出版等方面还将继续进行专项投入。为此，单靠出版社及作者团队的力量，恐难以支撑，力所不逮。特申请国家出版基金资助，以便全力保障精品出版工程顺利完成。出版社在出版基金的使用中保证专款专用，以此款项保障该项目图书的出版质量。

③项目主要内容介绍、系列或成套出版物的分册目录。

项目主要内容：

"日本近代对中国边疆调查及其文献研究"（第一批），具体包括《东北侦探记》《民俗学上所见之蒙古》《入藏记》《满蒙探险记》《藏蒙旅行日记》。该项目图书分别从不同的角度记录了近代日本人对中国东北、内蒙古、西藏边疆地区所进行的各种调查活动。书中既有出于政治与军事目的的侦探，包括兵要地志、政情民俗、商贸经济、民族文化、社会风貌等，也有以所谓"学术考察"为名的调查，如考古发掘、民族宗教、地质地理、建筑美术等。这些文献史料对于我们解读近代中日关系，考察日本人近代对中国的种种调查活动及对中国的政策和行为，至关重要。同时，对弥补和丰富我国的边疆史料，再现边疆地区的社会风貌及历史断面，也具有较高的参考价值。而近代日本人对中国边疆调查或纪行资料，从文献学角度来讲，价值也较大。

各卷主要内容及目录：

第一卷　《东北侦探记》

近代日本最早对我国实施军事侦探的地区是东北三省。早在1872年西乡隆盛就派遣池上四郎等人潜入我国东北进行谍报活动。因此，日俄开战前日本人留下了为数不少的所谓"满洲"旅行记，这些旅行记对了解日本近代早期对华政策，尤其是研究近代中日关系具有重要意义。《东北侦探记》包括《满洲纪行》《满洲视察复命书》《满洲旅行日记》三部分内容。

《满洲纪行》（日文书名《满洲纪行》，参谋部编）

该篇为《满洲纪行》的见闻报告。书中详细记述了作者侦探松花江畔地域形势，吉林省机器局及火药制造局、兵备、水路运输、贸易物产、驿站及军道，马匹饲养、税则、风俗、金矿、粮食、占领地及贡税等内容。书中记述详细，尤其是兵备、物价等都附有具体数字表格。这些报告内容是了解甲午战争前东三省实况的重要文献，也是研究近代早期日本大陆政策的实用史料。

目录：

第一章　各城的接待

第二章　兵备　附兵营、火药库、谷仓

第三章　吉林机器局和火药制造局

第四章　风俗习惯

第五章　水陆运输概况　附旅程中收集的物资统计表

第六章　贸易物产　附各城物价比较表

第七章　占领地及贡租

第八章　邮驿及军用道路

第九章　满洲金矿的近况

第十章　满洲的马匹饲养实况

第十一章　满洲的粮食

第十二章　新税的布告

第十三章　满洲略图

《满洲视察复命书》（日文书名《满洲视察复命書》，池上四郎、武市正干、彭城中平撰写，黑龙会编《西南记传》上卷一所收）

该篇为著者三人于 1872 年 9 月奉命潜入中国东北地区侦探之后提交的报告。三人满洲之行目的是侦探我国东北及朝鲜的地形、政情、兵备、财政、风俗等，为所谓征韩论的实施做准备。尽管此复命书篇幅不长（二万字），但因为它是日本人近代最早的对华侦探报告，故文献价值很高。

《满洲旅行日记》（日文书名《满洲旅行日記》，植村雄太郎著，东京偕行社，1903 年）

该篇是作者在踏查东北后写成的报告之汇总。报告的主要内容是侦探俄国在中国领土上的军情情况，报告中记述了俄国在海参崴、哈尔滨、营口、旅顺、大连等地的军事设施、军队配置，以及俄军的精神状况、演习等。本报告虽篇幅较短（二万字），但对了解日俄开战前我国东北边区的情况，尤其是俄国在我国境内的军事状况有一定的研究价值。

第二卷 《民俗学上所见之蒙古》（鸟居君子著，日文书名《土俗学より上観たる蒙古》，大鐙阁，1927 年）

本卷作者鸟居君子为日本近代最早的文化人类学女学者。作为日本文化人类学者鸟居龙藏之妻，本书是她新婚不久在东蒙地区从事教育和考古调查的见闻笔录和研究心得。本卷内容涉及这一地区的语言、宗教、地理、风俗习惯、遗迹文物、畜牧业生产方式、童谣俚语等。该书是了解当时我国内蒙古地区社会生活及文化状况难得的文献。作者记述之详，观察之细，观点之新，为当时文献所罕见，书中还配有 200 余幅当地的照片和插图。本书和鸟居龙藏所著的《人类学所见之西南中国》，被日本学界认为是田野考察的经典之作。

目录：

第三卷　《入藏记》（青木文教著，日文书名《西藏》，芙蓉书房合刊，包括《西藏游記》和《西藏文化の新研究》）

略。

第四卷 《满蒙探险记》(深谷松涛、古川狄风合著，日文书名《满蒙探险記》，博文馆，1918年)

本卷为深谷松涛、古川狄风两人（日本杂志记者、画家）在日俄战争后不久（1915年12月至1918年3月）多次深入中国东北及内蒙古地区的踏查记。本卷主要由"满洲乞食旅行""长白山探险记""鸭绿江遭难记""千山绘画记""蒙古横越记"等部分构成。内容充满冒险色彩的同时，也暴露出日本对中国领土、资源的觊觎。此书也反映出作为日俄战争战胜国的日本的国民的傲慢和对中国人的歧视心态，是了解日俄战争后日本人对中国行为的宝贵史料。

目录：

第一章　千山绘画巡礼

第二章　满洲乞食旅行

第三章　海洋岛观捕鲸

第四章　长白山探险记

第五章　鸭绿江遇险记

第六章　蒙古横越记

第五卷 《藏蒙旅行日记》(寺本婉雅著，日文书名《藏蒙旅行記》，芙蓉书房，1974年)

略。

综合以上5卷文献史料内容表明日本明治政府成立之初，即现觊觎中国之心。近代日本人的涉华调查及其所谓的学术考察，几乎都与日本侵略扩张的国策并行不悖，不过有的明显，有的隐秘。这些文献资料对于我们解读近代中日关系，考察日本人的涉华活动及对华认识，具有较高的研究和参考价值。

该项目原著者简介：

该项目原著者来自日本的各领域、各行业。具体如下：

《东北侦探记》作者为外交官和军官，如彭城中平、池上四郎等，在述及日本近代对华调查时，均为不得不涉及之人物。因为他们是近代最早来华从事侦探的日本人，所留下的文献其影响之大也就不难想象。

《民俗学上所见之蒙古》作者鸟居君子（1881—1959）为日本文化人类学家鸟居龙藏之夫人，也是近代最早来华从事教育工作的日本女性之一。除本书之外，还有他们夫妇合撰的《从西伯利亚到满蒙》（大阪屋号书店，1929年）在学界也很有影响。

《入藏记》作者青木文教（1886—1956）从中国返回日本后，曾担任东京大学文学部藏语讲师，在翻译藏语文献和研究西藏文化领域的著述，除本书外，还有《西藏民族与文化》（高原社，1942年）、《大无量寿经国译 西藏原本》（光寿会，1928年）等著作或译著。

《满蒙探险记》作者深谷佐市（号松涛）为"日华之实业"杂志社记者，曾编著《东三省官绅史》（与加藤政吉合编，大连东三省管绅士局，1917年）。古川法信（号狄风）是位画家，深谷佐市之弟，于1918年深入到中国东北地区探险兼写生旅行。

《藏蒙旅行日记》作者寺本婉雅（1872—1940）是近代最早涉足西藏的日本人之一，回国后致力于藏语佛典《大藏经》等文献的翻译和研究。著述有《西藏语文法》（内外出版，1922年）、《新龙树传之研究》（中外出版，1926年）、《生命原理日本哲学》（城端佛教求道会，1933年）、《于阗国史》（丁字屋书店，1921年）、《佛所行赞：西藏传译》（上中下卷，世界文库刊行会，1924年）等。

④社会效益、经济效益分析及其他绩效目标。

该项目图书以独特的视角、丰富的史料，翔实真切地记录了日本人于清末民初在中国边疆地区，尤其是对中国东北、西藏等地所从事的形形色色的调查和所谓的"学术考察"活动。这些文献史料关乎我国东北、西北边疆地区的政治、经济、军事、文化等各个领域，整理研究这些史料对于我们解读近代以来的中日关系，认识日本人的对华活动，都有一定的参考价值。这些文献同时也是对我国边疆史料的丰富和补充。

⑤项目实施的条件和优势。

第一，作者队伍。

该项目图书聚集了日本的东京大学、成城大学、东京女子大学，中国的福建师范大学、广东技术师范学院等高等院校的一批该领域的专家学者。他们长期从事近代日本对中国政治、社会、经济、文化等领域的调查及其考察文献的研究，精心钻研史料，以确保书稿的学术价值和出版价值。

第二，出版社的实力。

暨南大学出版社作为一家综合性的大学出版社，秉承"价值出版、文化传承"的出版理念，致力于华侨华人、华文教育和人文社科精品图书的出版，在上述领域形成深厚的文化积淀和出版优势。近年来已出版了"世界华侨华人研究文库"（第一、二批）、《华侨华人与新中国》、《和谐与共赢：海外侨胞与中国软实力》、《新中国新闻传播60年长编》（上、下）、"人文学丛书"等国家、省部重点图书。

出版社近年来承担了多项国家及省级出版项目，具有丰富的精品图书出版经验。出版社有能力组织成熟、专业的编校队伍，确保把好图书出版的内容质量关。周密规划图书出版的各个环节，密切配合，确保按时完成项目图书的出版任务，以优质的出版凸显优秀人文社科图书的学术价值。

⑥风险分析。

该项目图书的出版其社会意义毋庸置疑，但同时也存在着无法收回成本的经济风险，因此特向国家出版基金提请援助，以保证该项目的顺利实施，为中日关系的研究提供具有较高学术价值的书籍。

⑦其他需要说明的情况。

第一，该项目由张明杰教授和袁向东教授主持，他们的研究领域主要集中在近代日本对中国军事、政治、社会、经济等的调查、考察。本次出版的图书，在国内中日关系史研究者中间有所闻，但见之著述者甚少。因此该项目图书在国内出版，必将极大满足国内中日关系研究界的认知需求。同时，该项目图书的内容也为中国近代史研究提供独特的观察视角。书中采用的调查方法、观察角度都具有一定的参考价值。

第二，该项目为"日本近代对中国边疆调查及其文献研究"的第一批图书。2016—2017年还将陆续出版第二批5卷。各卷书目如下：

《人类学上所见之西南中国》，鸟居龙藏著，日文书名《人类学上より见たる西南支那》，富山房，1924年。

《大谷探险队西域见闻录》，大谷光瑞著，白水社，1998年。

《中亚纪事》，西德二郎著，日文书名《中亚细亚纪事》（上下卷），陆军文库，1886年。

《跨越亚洲》，副岛次郎著，日文书名《跨越亚洲》，言海书房，1935年。

《蒙古土产》，一宫操子著，日文书名《蒙古土产》，靖文社，

1909 年。

第三，为每卷书增加"译序"。译序由各书的译者完成，译序中包括主要内容概述；翻译中遇到的主要问题的说明；对原书作者某些观点的评析；对阅读本书读者的导读。

第四，已出版同类项目情况。

专门以近代日本人对中国边疆调查及其文献整理、研究的项目，在日本主要以以下几位学者为代表。羽田亨（1882—1955）是日本的中国史尤其是西域史研究领域的著名学者，生前为京都大学教授、总长（即校长）。主要著作有《西域文明史概论》（弘文堂书店，1931 年）、《中亚之文化》（岩波书店，1935 年）、《西域文化史》（座右宝刊行会，1948 年）、《敦煌遗书》（与伯希和合编，东亚考究会，1926 年）等。其西域史领域的研究成果长期以来为中日学界所称道。

橘瑞超（1890—1968）为所谓"大谷探险队"主要成员，曾两次深入我国新疆等地从事发掘调查，在近代日本对中国边疆调查史上占有重要地位。著有《中亚探险》（博文馆，1912 年）、《新疆探险记》（民友社，1912 年）、《蒙古语研究》（大阪宝文馆，1914 年）等。

羽田亨和橘瑞超在涉及近代新疆调查领域影响深远。

目前所知，在西域史等领域研究方面，日本尚有石滨纯太郎（1888—1968），关西大学名誉教授，曾任日本西藏学会会长，对西域出土的佛典、古文献研究成绩显著，著有《敦煌石室遗书》《中国学论考》《欧美的中国研究》等。长泽和俊（1928—   ），早稻田大学名誉教授，主要从事中亚史、东西交流史研究，曾多次实地考察，著有《世界探险史》《日本人的冒险与探险》《西藏》《丝绸之路——过去与现在》《大谷探险队——丝绸之路探险》等。江上波夫（1906—   ），东京大学名誉教授，中亚史、蒙古史研究学者，著有《骑马民族国家》《中亚史》等。还有金子民雄、高田时雄等学者。

在中国，内蒙古大学出版社，2011年以来陆续出版了由内蒙古大学内蒙古近现代史研究所和内蒙古自治区图书馆学会主编的"内蒙古外文历史文献丛书"，该丛书是日文影印版图书，分为纪行系列、资源经济系列、民俗习惯系列、综合系列、历史系列，总计近百本。该丛书的前言记述了出版日文原版图书的背景及日文影印版的出版缘由。"十九世纪末日本崛起，甲午战后占领朝鲜，日俄战后又夺得旅大，通过南满铁路渗入满蒙。出于不断扩张的需要，日本先后派出大量人员赴满蒙地区进行调查，编撰并出版了数量众多的调查报告、行记、踏查记录和研究专著，还创办有相关刊物；侵占中国东北和内蒙古大部后，更在'满洲国'和'蒙疆政府'的名义下进行了大量的调查研究，官私著述众多，成为海外对蒙古地区记载最为丰富的国家。""日本方面的调查既有对某一地方的综合记述，也有关于资源、物产、气候、生态、商业、土地、交通、卫生、民俗、宗教、教育等各方面的专项记载，其覆盖面之广，观察之细密，数量之巨大，令人惊叹。"这些日文著述的撰写动机各异，其调查和研究也难免有不同的立场和局限，但不能否认，由于撰写者具有与国人不同的文化知识背景和观察视角，客观上为内蒙古地区保存了大量的第一手资源和众多线索，成为日后历史学、民族学、社会学、经济学，乃至相关自然科学不可或缺的参考资料。本丛书影印出版的目的是追寻、复制这些文献，并加以系统地整理、研究、翻译和出版，为社会各界和广大读者，为内蒙古文献积累、学术研究提供资料和参考。丛书主要来源为20世纪上半叶的日文文献，其内容是有关内蒙古自然地理、商业经济、社会面貌、历史文化、民风民俗等各个方面的调查报告。

以日本近代对中国边疆调查及其文献整理、研究的项目，在国内尚属少见。1981年，新疆人民出版社出版了羽田亨的《西域文化史》等书，1999年，新疆人民出版社出版了日本学者橘瑞超的《西行记》等书，2005年，中华书局出版了羽田亨的《西域文明史概论》。而就日本近代对中国边疆调查尤其是对中国东北、西藏等地区调查及其文献方面的图书或研究论文几乎罕见，所以本项目的出版具有填补空白的意义。

本项目的特点：

一是首次在国内出版。

二是该项目图书的出版有助于从日常生活层面理解日本对中国侵略的学术和民间基础。

三是该项目图书的出版使近代中日关系的研究更加细化和深入。

四是该项目图书的出版对研究中国边疆风俗的演变具有参考价值。

五是本项目内容是理解边疆问题的"域外之眼"。

（5）本项目主要参考资料。

此内容为完成该项目主要参考的资料，"日本近代对中国边疆调查及其文献研究"的主要参考资料包括中文、日文的档案、资料汇编；中文、日文版著作；中文、日文版论文等。具体细目略。

3. 项目实施计划书

项目实施计划书主要填写项目实施计划与进度安排的详细情况，"日本近代对中国边疆调查及其文献研究"的项目实施计划与进度安排如下：

2013 年 3 月—2014 年 3 月，启动项目，确立完成项目的主导思路，组建作者团队，作者开始动笔写作。第一次统稿。

2014 年 4 月—2015 年 3 月，完成初稿，第二次统稿。对书稿内容查缺补漏和纠错，完善文献出处标注，对一些内容做重点注释。

2015 年 4 月—2015 年 10 月，在第二次统稿的基础上，召开相关专家研讨及审稿会，根据专家意见继续完善书稿内容，全书内容定稿。

2015 年 11 月—2016 年 1 月，主编最后一次统稿并将最后定稿交付出版社，书稿达到"齐清定"的要求。

2016 年 2 月—2016 年 12 月，书稿进入审稿和编辑加工流程，所有图书经质检合格后正式出版。

4. 图书申请资助经费预算表

该表由两部分构成，一部分是项目的基本数据信息，包括项目的字数、卷（册）数、开本、幅数、印张、印数、定价、发行折扣、预计总收入、预计亏损。另一部分是直接成本预算构成信息，从成本内容、标准、数量、金额四项分别对以下内容作出经费预算：稿酬、翻译稿酬、版权使用费、编校费、专家审稿费（如有必要）、封面设计费、正文插图设计费、正文排版费、拼版晒蓝图费、封面制版费、插页制版费、印制费、装订费、原辅材料费、数字化同步加工费用及其他支出。该表中还需对年度支出预算予以说明，从年份、资金合计、自筹资金、申请资助经费四个方面细述。

"日本近代对中国边疆调查及其文献研究"项目的"图书申请资助经费预算表"略。

5. 专家推荐意见书

项目申请书中要求有两份专家推荐意见书，推荐意见书需对申报项目的出版价值、社会效益等进行评价。"日本近代对中国边疆调查及其文献研究"的专家推荐书由两位学者撰写而成。

《专家推荐意见书》（一）具体推荐意见的内容略。

《专家推荐意见书》（二）具体推荐意见的内容略。

图书选题策划

一、"策划"与图书选题策划的含义

"策划"在汉语中是个古老的词汇。《后汉书·隗器》中有言"是以功名终申，策画复得"。另在《文选·干宝〈晋纪总论〉》中说："魏武帝为丞相，名高祖为文学掾，每与谋策画，多善。"这两段话中的"策画"的"画"为"划"的通假字，"策画"在句中的意思都是"计划、打算"，这应该是关于"策划"在古籍中较早的记载和表达了。《辞海》中解释"策划"意为"预先计划、打算"。可见"策划"的含义正如《礼记·中庸》中所言："凡事预则立，不预则废。"这句话中的"预"揭示了"策划"的内涵，是指人们对将要做的事情的预谋，事先有准备，就能成功，否则就会失败。

随着社会的发展，人们对"策划"的认识更加丰富，且策划这种行为已渗透到社会活动的各个方面。美国经济学家菲利普·科特勒认为："策划是一种程序，在本质上是一种运用脑力的理性行为。基本上所有的策划都是关于未来事物的，也就是说，策划是针对未来要发生的事情做当前的决策。换言之，策划是要找出事物的因果关系，衡量未来可采取的措施，作为目前决策的依据。即策划就是事先决定做什么、何时做、谁来做。策划如同一座桥，它连接着我们目前所在之地和我们未来所到达之地。"菲利普·科特勒关于"策划"的定义揭示了其内涵，其核心思想是对未来事情的计划、谋划。策划是指人们运用理性思维，在各种相互联系的现象中找到事物间的因果关系，事前谋划出完成未来事情的实现路径。

在图书出版工作中，策划无处不在，其中选题策划是编辑的基本功。选题策划是编辑对未来要做图书的整体勾画，是关于一本未来之书的计划、打算，是关于一本将要出版图书的蓝图绘制过程。编辑策划图书选题正如马克思在《资本论》中所言："最蹩脚的建筑师一开始就比最灵巧的蜜蜂高明的地方，是他在盖成房子之前，已经在自己的头脑中把房子建成了。"马克思在这里讲到的工程师的建房与蜜蜂构筑蜂房的不同之处在于工程师在房子还没有盖好之前，就已经在头脑中将房子盖好了，在工程师头脑中已经设计好了建造房子的蓝图。而这，蜜蜂做不到。编辑关于未来图书的选题策划，正如工程师在盖房子之前关于未来房子的蓝图绘制。工程师在设计未来房子的蓝图之前，经过了深思熟虑、艰苦漫长的设计过程才能拿出满意的方案，图书的选题策划何尝不是如此呢？

二、图书选题是怎么策划出来的

每每参加各种书市，看到许许多多的好书时，编辑都会有这样的感慨：我怎么没有想到这么好的选题？我怎么做不出这么好的书？人家是怎么做到的呢？其实任何一本书的选题策划都不是一蹴而就的，任何一本好书也是来之不易的。好书来自好的选题，好的选题来自好的选题策划。好的选题策划怎么来的呢？可不是拍拍脑袋就有的，也不是等着作者送上门来的，而是编辑工作日积月累的成果。这日积月累的过程主要体现在以下几个方面：

1. 要做学习型编辑

编辑要做好选题策划就要坚持不懈地学习。学习的内容包括国家政策、政府工作报告，尤其是国家在文化建设等方面的相关内容，每年国家的政府工作报告，其重点工作及其指导意见等内容都是选题策划方向的指导性文件，如习近平总书记在党的二十大报告的第八部分中关于"推进文化自信自强，铸就社会主义文化辉煌"的内容。编辑要学习马克思主义理论思想，学习党的各项方针政策，坚持党的意识形态导向，把好图书出版文化安全关。学习新闻出版的政策法规及国家对新闻出版工作作出的各项具体指导性文件，这些指导性文件在明确图书出版方向的同时也是对出版工作的具体规范。关注社会政治经济文化发展，新闻时事、社会焦点等都有可能成为人们关心的重点而成为社会阅读的热点。尤其要时时关注与人们的日常阅读相关联的要素，如人们在阅读什么、人们的阅读形式发生怎样的变化、人们的阅读热点、阅读需求等。还有一点就是对自己专业学习的不断加持。我们要做的工作是图书的编辑出版，而每个人的背后都有自己所学的专业背景支撑。对自己专业的学习是个长期不懈的过程，学习的内容包括了解专业的前沿研究成果，熟悉专业领域有影响的学科带头人，掌握这些重要学者的学术研究动态及其成果转化情况。多参加专业领域的学术研讨会是掌握以上信息最直接也是最有效的路径。人们常说要做自己熟悉的事情，用在编辑身上就是要围绕自己的专业来做选题策划、做编辑出版工作，这样往往会事半功倍。尤其是大学出版社，以学术专著作为自己的出版方向之一。

2. 重视作者队伍的建设

作者是实现选题策划的重要因素，好的选题要有与其相匹配的作者才能完成图书内容的创作。这里有三个问题需要注意：

首先是组建作者队伍。年轻编辑在做策划编辑的初期，工作时间短、策划选题的种类驳杂等因素，限制了自己的作者队伍规模、作者的专业背景，作者的学术影响及其学术地位一般还达不到选题策划的要求，年轻的作者可能也会较多。但这只是一段时间内的情形，随着阅历的增长、工作经验的丰富、选题策划工作的逐步开展，策划选题的内容和范围也在不断扩大着编辑的作者队伍及专业范围，在实现策划选题过程中对作者学术水平的要求也在帮助编辑提升作者队伍的构建层次。年轻的作者队伍更是编辑在策划选题中值得重视的作者资源，随着年轻作者在学术领域的成长，他们敏锐的学术洞察力、积极的学术研究活力、勇于创新的实践能力，使得他们的相关研究成果转化成为编辑选题策划的新目标，编辑会在作者的学术成长中获得选题策划的资源和灵感。所以编辑要善于发现年轻作者，不断地培养作者、充实作者队伍，尽早建立起年轻作者资源库。

其次是管理、运营作者资源。策划编辑在工作中，随着作者队伍的不断扩大，就要定期分析整理作者信息，做好作者资源的管理、运营工作。将作者信息分门别类，对于大学社而言，作者资源一般是按专业划分，在划分专业后，各个专业内再对作者细分为适合撰写学术专著的研究性作者、适合编写教材教辅的教学类作者，以及适合编写科普读物的科普型作者。同时，也要研究作者的自身因素，如做事风格、性格禀赋、语言功力、表达特点等，对作者进行这样的划分管理，对每位作者能做什么都心中有数，当选题策划方案落实后，要选定什么样的作者也基本能做到心中有数。

最后是拓展作者队伍。作者队伍的组建过程也是不断地纳新扩容的过程。编辑策划选题方向的调整，作者队伍的扩建也要随之发生变化，需选择与选题方向一致的作者加入作者队伍。出版社专业化发展策略的实施，要求编辑专业化发展，也要求作者队伍的专业化同步发展。作者队伍的更新换代给编辑的选题策划活动增添新的色彩和活力。编辑也在作者队伍的壮大中不断拓宽专业视野，丰富专业学识，提升专业能力，进而成就自己策划的选题。编辑在落实选题的过程中，也在为实现该选题寻找合适的作者，同样的情况也发生在作者身上，有时作者也在为自己的图书出版寻找心仪的编辑，只有找到了知己般的编辑，作者才愿意把自己的作品交给编辑。正如一位资深编辑谈到编辑与作者的关系时所言"一些有思想的作者，更愿意与自己能够在学术理念、学术认同上有碰撞的编辑交流"。编辑还要关心爱护作者，真诚地和作者做朋友，了解他们的生活需要与研究需求，尽力提供帮助，这样编辑不仅满足了自己工作需求，提升了专业学术眼界，也有利于拓展作者资源，获得高水平作者的工作支持，提高选题策划的成功率。

3. 做好图书市场的调研工作

做好图书市场调研是选题策划的基础性工作。好选题不是凭空想出来的，它源于读者的需求。编辑在策划选题之前对图书市场的调研主要目的有三点：

一是明确图书的读者定位。图书作为特殊的商品，满足的是人们的精神生活的需求。随着人们物质生活的丰富、生活水平的不断提高，人们对图书阅读的要求也发生着变化，对所阅读图书的专业化、精品化、个性化的需求越来越高。编辑在策划选题时需对读者的这些要求做到心中有数，有的放矢地进行选题策划，才能满足读者个性化的阅读需求。读者定位准确即明确了所策划图书的读者是谁，就是在做读者市场的细分，找到图书的归宿。

二是做好同类书的调查。对于策划编辑而言，现在想要策划出一本市场上没有的书，已经是很难做到的事情。如何在同类书中策划出属于你的"这一本"书，才是考验编辑策划能力的时候。需要编辑下大功夫对该类图书从内容到形式进行辨析，综合考察，精准判断，策划出你的"这一本"的独特之处、具有的优势、吸引读者的地方，作为"这一本"书选题策划的特色。在对图书进行市场调研中可以采用访谈法、问卷法，也可以通过专业平台的数据分析获取相关的信息。

三是及时、准确掌握读者阅读形式的需求。数字时代多介质阅读形式满足着读者不同的阅读需求，如今对于阅读人们有自己的个性化需求。纸质书只是这众多介质中的一种传统的阅读方式，但它已远远不能满足广大读者的阅读需求。在调研中，应根据图书的内容和读者的需求，对其载体策划出各种形式以满足人们的阅读需求。

选题策划是图书出版的源头，是编辑工作的中心和重心。而编辑的选题策划工作也不仅仅是对图书选题的策划，还应包括图书出版流程策划、图书营销策划、图书宣传策划等。一言以蔽之，策划贯穿于图书出版的整个过程。

《现代心理学》选题策划

一、选题策划缘由

2004 年 6 月 3 日，福建、江西、湖南、广东、广西、海南、四川、贵州、云南九个省区和香港、澳门两个特别行政区在广州共同签署了《泛珠三角区域合作框架协议》（以下简称《协议》）。《协议》是在经济全球化区域经济合作加快发展的时代背景下签订的，目的是加强泛珠三角的区域合作，这是 21 世纪发展战略的现实选择。区域合作框架的搭建，对促进港澳社会经济繁荣发展，扩大内地省区对内、对外开放，增强区域整体实力和竞争力都具有十分重要的现实意义和战略意义。《协议》在"合作宗旨"中提出坚持区域协调发展和可持续发展，充分发挥各方的优势和特色，互相尊重，拓宽合作领域，提高合作水平，形成合作互动、优势互补、共同发展的新格局。拓展区域发展空间，共创美好未来。并在"合作领域"第七点中提出要在科教文化领域合作，即"加强各方高等院校和科研院所科技与教育资源应用的合作，加强文化和人才交流"。《协议》为泛珠三角的高校也提供了合作契机，促使各高校结合自己的优势学科，探索合作的基础，积极寻找合作的项目，推进泛珠三角区域高校教学科研的合作发展。

《协议》的提出与实施，为泛珠三角区域的合作发展注入了新的活力。随着协议的签署，区域合作领域、合作项目的逐步展开，文化教育领域的合作也逐渐开展起来。泛珠三角区域合作与发展框架的提出给区域内的高校合作与交流带来了新的课题，同时也提供了新的合作机遇，对各高校的人才培养提出了新的要求。如何利用泛珠三角区域各高校资源，整合学科优势，促进该区域教育发展？泛珠三角区域九所师范大学联合编写了公共课教材《现代心理学》便是这一思考的回答。

二、选题实现的可行性

泛珠三角区域高校联合编写《现代心理学》有其现实需要和学科基础。

（一）高校学生及社会大众对心理学知识的需要

随着人们生活节奏的加快，工作、学习压力的叠加，人们越来越需要观照自己的内心世界，对自身成长、发展及社会相关的心理学知识的需要也越来越迫切。

心理科学诞生至今已有一百多年的历史。随着社会的发展，心理学知识的作用越来越广泛而深入。心理学知识可以帮助人们调节情绪、有效地学习、发展良好的人际关系、提高心理健康水平。为了更好地完善自我、认识他人，越来越多的人开始自觉学习和应用心理学知识。因为在心理学领域，一方面，可以通过科学的研究方法，将人的心理品质量化，揭示出心理现象和心理障碍的神经机制；另一方面，心理学的研究成果对人们生活的影响日益广泛，其应用价值得到了人们越来越多的认可。

心理学是师范类高校学生的必修课。对于非师范类的院校，心理学也成为非心理学专业学生的热门选修课。但心理学的知识体系丰富，分支流派众多，如何能让非心理学专业的学习者系统掌握心理学的基本理论，了解心理学的发展状况，应用心理学知识解决学习、生活中的实际问题，是心理学研究者和教育者面临的重要课题。

同时，泛珠三角区域九所师范大学还肩负着为其所在地域培养中小学师资的重要使命。心理学专业知识的掌握与运用对未来从事中小学教学工作的教师意义重大，系统学习普通心理学的理论知识，掌握心理学的基本观点、方法，运用心理学知识解决实际问题，可以帮助中小学教师疏解心理，以积极的心态迎接教学中的各种挑战。而师范院校的学生在掌握普通心理学知识的同时，掌握中小学心理学的理论更是必修功课，因为了解中小学生心理发展规律对教师顺利开展教育工作尤为重要。教师掌握学生不同心理发展阶段与之对应的心理特点可以更好地做到因材施教，促进学生心智、情绪情感、个性品质等的全面发展。

师范院校的学生所开设的心理学课程是必修课，但学习的心理学知识又与心理学专业不同，有其独特体系和内容，既要有心理学科的专业心理学知识，又要兼顾心理学知识的广度，还要考虑学习者未来的职业需求——面向中小学生的教育对象，在掌握心理学基础知识的同时，还需掌握中小学生的心理成长特点、中小学生的心理健康知识、中小学生的心理认知等知识。虽然中小学都有专设的心理健康课程及专业教师，但对中小学教育工作者而言，掌握相关的心理学基础理论及其基本知识非常必要。中小学生学习各种文化课的同时，也伴随着心理的成长，中小学教师具备相关的心理学知识对学生情绪效果的优化、助力学生的成长与进步不可或缺。

而当下师范院校开设的公共心理学课程使用的教材较多是心理学专业的教材，没有体现出作为"公共课"的特色。非心理学专业的师范生的《心理学》教材的编写只有了解师范生的学业特点及主要毕业去向，才能从学生的实际需要出发，编写出适合作为公共课的《心理学》教材。华南师范大学心理学院在国内心理学界的地位、影响及学科优势突出，该院多年来在心理学研究领域形成的厚重的学科积淀以及强大的专业学术队伍，特别是莫雷教授在心理学界的学术地位和学术影响力，足以胜任该学科在泛珠三角高校中进行学术交流与合作召集者的角色，能够承担专门为泛珠三角地区师范院校编写公共心理学教材的重任。

（二）选题实现的学科基础

在现代社会，心理科学越来越受到重视，心理学理论研究及其对心理实践活动的探究在各高校逐渐展开。随着心理学科的发展，心理学研究人才队伍不断扩大，北方高校以北京师范大学心理学研究团队为代表，南方高校是以华南师范大学心理学研究团队为主，逐步发展成为我国南北方高校心理学研究的重要基地。

地处泛珠三角区域的华南师范大学心理学院为华南地区心理学研究的重镇，不仅人才济济，而且硕果累累。华南师范大学心理学科是由我国老一辈心理学家阮镜清教授创建于 20 世纪 50 年代初期，此后，涌现了以肖前瑛、沈家鲜、许尚侠等为学科代表的优秀心理学家，这一代心理学家，在教育心理、发展心理、实验心理等多个领域展开研究，取得了丰硕成果，在心理学界产生了极其重要的影响。该学院从 1982 年开始招收第一届硕士研究生；1984 年"教育心理学"获批博士学位授予权，开始招收第一届博士研究生；2001 年"心理学"获批一级学科博士学位授予权；2001 年"心理应用研究中心"获批"教育部人文社会科学重点研究基地"；2002 年"发展与教育心理学"获批国家重点学科；2003 年"心理学"获批博士后科研流动站。华南师范大学心理学研究团队及学科建设成果能够为《现代心理学》选题的实现提供重要的支撑。

（三）选题实现的支撑资源

1. 华南师范大学心理学院拥有实力强大的师资队伍

华南师范大学心理学院已形成由国内著名学者领头、知名学者为中坚力量、在心理学研究界崭露头角的年轻学者为后备军的梯队人才结构，形成了实力雄厚、生机勃发的学科教研队伍。

莫雷教授是华南师范大学心理学学科带头人，曾任中国心理学会理事长、国务院学位委员会学科评议组心理学科召集人、教育部社会科学委员会委员、教育部中小学心理健康教育专家指导委员会副主任、华南师范大学学术委员会主任等。他的主要研究领域是语言心理与学习认知过程，曾主持和完成了国家哲学社会科学重大项目、教育部哲学社会科学重大项目招标课题、教育部重大委托课题、国家自然科学基金项目重大项目等多项国家及省部级科研项目。在国际心理学权威刊物发表论文多篇。

在莫雷教授的带领下，心理学院形成了心理学理论研究及心理学实践创新的学术团队。有影响的心理学家及其国内有影响的心理学学者不断涌现。

2. 在学科建设上逐步形成科学研究方向

该学科教师的心理科学研究主要集中在四个方向：学习认知过程与智力创新能力培养、心理健康维护与国民心理素质提升、脑认知与情绪障碍发生机制及干预、认知与健康素质互联网测评大数据。承担的科研项目包括国家自然科学基本项目、国家哲学社会科学基金项目、省部级项目及横向或委托项目。科研成果丰硕，本院教师在《心理学报》上发表文章数量多年位居全国高校第一。

3. 在社会服务方面发挥积极作用

该学院根据国家及地方发展的实际需要，广泛开展心理学的应用研究，服务于和谐社会的构建与发展。特别是在中小学心理健康教育平台建设、中小学心理健康教师培训、推进大众心理和谐与危机干预，以及在各领域开展心理辅导工作等方面发挥着积极作用，促进了和谐社会的发展。

4. 泛珠三角区域高校心理学学科的合作基础坚实

泛珠三角区域有数所著名的师范大学，各师范大学的心理学科都有较强的科研团队和师资力量。《协议》公布后，各高校都在谋求合作，基于华南师范大学在南方高校中的学术影响及其心理学院在心理学领域的领头羊地位，由华南师范大学心理学院莫雷教授牵头，当泛珠三角地区九所师范大学各心理学院发出联合编写《现代心理学》教材的集结令后，立刻得到积极回应，他们是包括华南师范大学在内的福建师范大学、江西师范大学、湖南师范大学、广西师范大学、海南师范大学、四川师范大学、贵州师范大学、云南师范大学。悉心准备后，召开了教材编写研讨会，成立编委会，确立编写要求、规范，明确任务分工，规定完稿时间、交稿时间及出版时间。这样编写《现代心理学》教材这一区域合作协议框架已形成。

三、教材编写主旨及其内容特色

《现代心理学》作为高等师范院校心理学公共课教材，旨在通过本教材的学习，激发学生学习心理学的兴趣，使学生了解心理学的基本领域，掌握与生活及工作实践有关的心理学基础知识与基本原理，并能运用心理学的有关知识去解决生活、学习、工作中遇到的实际心理问题。本书的编写原则是在保证教材内容科学性的前提下，凸显其实用性，力图在有限的篇幅内浓缩心理学中与学生关系最密切的心理学知识，无论在内容的选择还是体系的建构上都能体现公共心理学的课程特色。

该教材在编写中力图体现应用性、时代性和易读性。

1. 应用性

《现代心理学》作为高校心理学公共课教材，对心理学知识的介绍不必遵照心理学科任何一门分支的学科体系，而是按照学科结构体系，以解决实际问题为核心来组织教材内容。遵循实用性原则，以大学生在学习、生活及今后工作中的需要为出发点，选取普通心理学、教育心理学、人格心理学、社会心理学、心理辅导、发展心理学等心理学科中的相关内容，以解决人们的实际心理问题为脉络组织全书的知识体系。结构上以"总论""认知与学习""人格与适应"三编统领全书。本教材在编写的过程中密切联系实际，深入浅出地阐释心理学的原理、方法、原则，引导学生结合实际学习掌握心理学的理论，培养学生运用心理学知识解决实际问题的能力，以达到有知能用。让学生了解、把握心理学的相关知识，形成应用心理学知识的网络结构，而不是学科型的知识层级结构。

2. 时代性

《现代心理学》教材的编写讲求知识内容的与时俱进，同时在编写中注重学科体系的内在逻辑。关注社会热点问题并保持高度的敏感，注重与现实结合紧密的心理学知识及其应用，用心理学的理论阐析现实中的问题，寻求解决的方法，这不仅能引发学生学习心理学知识的热情，也能促使心理学的发展具有持久的生命力。因此，本教材在编写中要从我国社会发展的需要出发，紧密结合时代发展的热点问题，结合中小学教师教学工作实际，增加了五个心理学研究中的热点问题：青少年学生创造力培养问题；学生心理健康教育问题；未成年人品德培养及犯罪预防问题；青少年网络交往及其引导问题；群体突发事件及其应对。这些问题是我国当前社会发展及中小学教育遇到的实际问题，将它们从心理学上予以阐释并提出相应的解决方案，并将此写进教材，在增强本教材的实用性的同时也增强了时代特征。

3. 易读性

《现代心理学》在编写中，依据心理学上有关学习的理论思想，根据学生学习知识的规律来选择、编排内容。在遵循教材编写内在逻辑的同时，力图体现心理学本身的规律。对心理学知识的描述要做到系统化，将抽象的理论通俗化，语言表达简洁明了。多采用图示、表格，直观形象地展示相关内容，将繁杂的理论思想介绍规整化，形成系统的知识网格，以便于学生掌握。在内容的呈现形式上，书中各章设有"本章学习要点""本章小结""关键术语""进一步阅读"及"思考与练习"等栏目，有些章节可开设"专栏"对相关内容予以补充，这些栏目的设定增加了教材的可读性，对相关知识也是一种延伸阅读。通过这样的安排，学生在学习中比较容易明晰心理学的基本观点和逻辑脉络，学会理论联系实际。同时让教师在教学中便于开展启发式教学和课堂讨论，调动学生学习的积极性，将抽象的理论寓于鲜活具体的实例中，引导学生在开放活跃的思维中掌握心理学的相关知识和理论。

四、教材编写任务及具体分工

《现代心理学》由泛珠三角地区九所师范大学联合编写，是集体劳动的成果。该教材共分十四章，各章写作任务的学校分工是：第一章，华南师范大学；第二章，广西师范大学；第三章，湖南师范大学；第四章，福建师范大学；第五章，海南师范大学；第六章，华南师范大学；第七章，云南师范大学；第八章，云南师范大学；第九章，华南师范大学；第十章，四川师范大学；第十一章，华南师范大学；第十二章，江西师范大学；第十三章，江西师范大学；第十四章，贵州师范大学。最后，由莫雷教授对全书进行审定。

五、教材编写体例及内容编写要求

（一）教材编写体例

1. 目录部分

（1）目录由前言、正文和参考文献构成。

（2）目录中正文的标题由三级标题组成，即编、章、节的标题。如：

第一编　总论

　　第一章　心理与心理学

第一节　心理学的研究对象和任务

第二节　心理学科的分支

第三节　心理学研究的原则和方法

…………

2．正文部分

正文部分由以下具体内容构成：

（1）章题。

（2）本章学习要点。

本章学习要点的撰写要求：以小标题的形式概括出若干学习要点。

（3）本章内容概述。

（4）节题。

（5）每一节正文的各级标题序号按以下层级使用：

一、……

（一）……

1．……

（1）……

（6）图序、图题，表序、表题的规范。

①图序的编排按图所在的章序依次顺延，并与该图的图题排在一起，如"图1－1　心理学研究对象示意图"。

②表序的编排按表所在的章序依次顺延，并与该表的表题排在一起，如"表7－1　韦纳成败归因理论的三维度分析模型"。

（7）本章小结。

每一章内容结束都要有一个专栏"本章小结"。本章小结的撰写要求：

总结、概括本章的内容，言简意赅，字数不超过 300 字。

（8）关键术语。

列出本章的关键词。

（9）进一步阅读。

列出本章内容拓展阅读的著作、论文等名目。

（10）思考与练习。

在每一章的"本章小结"后都要设计"思考与练习"或"思考与讨论"。

编写要求：问题数量控制在 5~8 个。题型由编写者自行设计。

（11）行文中除正文外，也可以设置一些辅助学习的小栏目，如"专栏""知识链接""互动学习"等。这样既可以丰富教材的版面，又可增加学生阅读的趣味性，增强教材的实用性。

3. "参考文献"格式规范

（1）中文参考文献格式要求：

①图书的规范书写格式：作者名＋书名＋出版地＋出版社名＋出版时间。如：

黄希庭. 心理学. 上海：上海教育出版社，1997.

②期刊的规范书写格式：作者名＋文章名＋出版地＋期刊名＋出版年份＋卷（期）。如：

韩玉熊，李怀祖. 知识产权保护对经济增长的影响：一个基于垂直创新的技术模型. 当代经济科学，2003（2）.

③电子文献的规范书写格式：作者名＋出版时间＋文章名＋获取和访

问路径。如：

英国知识产权委员会. 2002. 知识产权与发展政策相结合. http：//www. iprcommission. org.

（2）英文参考文献格式要求。

①单一作者著录的期刊。

姓　名字首字母 + （年份）+文章名（首单词的首字母大写，文章名用正体）+ 期刊名（首单词的首字母大写，刊名正体）+ 文献类型 + 卷（期）+ 页码。如：

MARAIS D J. （1992）. Carbon isotope evidence for the stepwise oxidation of the proterozoic environment［J］. Nature，359：pp. 605 – 609.

②多个作者著录的期刊。

基本格式同上，只是两个作者之间用 "&" 连接，两个以上作者在倒数第一个作者前用 "&" 连接，其他作者之间用逗号隔开。也有不用 "&" 连接，中间都用逗号隔开的形式。如果有三个以上作者，可以只列举前面三个，最后加 "et al" 表示。如：

MARAIS D J, STRSUSS H S & HEWITT J A. （1992）. Carbon isotope evidence for the stepwise oxidation of the proterozoic environment［J］. Nature，359：pp. 605 – 609.

③单一作者著录的专著。

作者名 + 书名 + 文献类型 + 出版地 + 出版者 + 年份。如：

MARAIS D J. Abnormal Psychology ［M］. New York：Freeman，1998.

注：书名和杂志名都用正体，首单词首字母大写，其余小写。特别说明，书名及杂志名在内文依然用斜体，且实词大写。

④多个作者著录的著作。如：

MARAIS D J，STRSUSS H S & HEWITT J A. Abnormal Psychology ［M］. New York：Freeman，1998.

注：英文文献中表示页码范围值的符号用半字线，不能用一字线表示。页码前加上 pp.（有范围的页码）或 p.（单个页码），pp. 或 p. 是小写正体英文字母。

（二）教材内容编写要求

（1）教材内容具有科学性、系统性。建议作者适当吸收近年来心理学研究的新成果写入教材，以增强教材的先进性、时代感。

（2）教材案例的选取应具有典型性、时代性。案例的篇幅适中。

（3）凡引用的内容（含文字、图表、图片等）要注明出处，以免发生版权、著作权争议问题。

（4）书中如涉及统计数据，尽量采用最新的统计数字，以免信息陈旧。

（5）书中所提及的中文人名、地名等专有名词确保准确无误。

（6）书中所提及的外国人名、地名等使用约定俗成的、规范的中文译名。

（7）书中所及的公式、符号确保准确无误。

（8）行文使用书面语。语言通顺、流畅，言简意赅。

（9）控制字数，各章节字数先设定好。

（10）按统一体例要求编写全书各章节内容。

六、营销方案

该教材为面向高校非心理学专业学生编写的普通心理学教材，由泛珠三角九所师范院校的心理学从教者联合编写。教材内容以大学生的学习生活及未来的工作需要为出发点，以解决人们的实际心理问题为脉络结构全书的知识内容体系。在注重心理学科科学体系内在逻辑的同时，关注社会心理热点问题，用心理学阐析现实中的问题，提出解决办法。该教材具有应用性、时代性、易读性等特点。

该教材的营销活动分为以下几个步骤：

第一，该教材在出版前做好教材营销的预热活动，制作征订单发往各高校教材科，积极开展征订宣传工作。

第二，教材出版后，利用各种媒体平台，做好教材的推广工作。

第三，建议营销部重点做好以下单位的教材营销：

（1）泛珠三角区域九所师范大学。

（2）高校教材征订部门。

（3）各省师范院校的中小学继续教育主管部门及中小学师资培训部门。

（该项目策划书撰写时间为 2004 年 10 月）

广东省文化产业出版项目选题策划

——以"岭南文化书系"为例

大学出版社的主要任务是为高校的教学科研服务，为社会科研成果的转化服务，出版高校教材和学术专著，同时也承担着传承、弘扬中华优秀传统文化的使命。暨南大学出版社作为国内唯一的华侨大学出版社，还承担着面向海外侨胞传播中华文化的使命，同时又身处岭南地区，有关广东地域文化方面的图书也历来为该社出版方向之一。多年来，暨南大学出版社在岭南文化图书出版方面深耕细作，陆续出版了一批有关岭南文化方面的图书，其中既有普及性的岭南文化大众读物，也有研究岭南文化的学术专著。但就整体而言，出版的种类较为零散。现广东省文化产业发展专项资金的设立，可以说为暨南大学出版社出版较系统全面地阐释岭南文化的图书提供了难得的机遇。

一、"岭南文化书系"缘起

为促进广东省文化产业发展，2009 年 5 月，经广东省政府研究决定，在全省范围内设立文化产业发展的专项资金。并在《广东省文化产业专项资金管理暂行办法》中明确指出，该项资金设立的目的是促进全省文化产业健康快速发展，建设文化强省，提高全省文化产业规模化、专业化水平。推动广东省文化产业区域布局和结构优化，培养一批重点骨干文化企业，激活广大中小微文化企业活力，形成一批优势产业集群，以使受到资助的项目能够产生良好的社会效益和经济效益，发挥引领带动和领先示范作用。

该项目于 2009 年 6 月启动，2010 年 1 月，经相关专家初审以及该项目评审委员会终审，在广东省申报的 146 个文化产业发展项目中，48 个项目入选 2009 年度广东省文化产业发展专项。暨南大学出版社的"岭南文化书系"位列其中。为此，暨南大学新闻中心专此发文：《我校"岭南文化书系"获广东省文化产业发展专项资金 100 万元》，具体如下：

日前，在广东省 2009 年度文化产业发展专项资金申报工作中，我校出版社精心组织策划的重点出版规划项目"岭南文化书系"入选，并获得省政府 100 万元出版专项资金。学校领导对此给予了高度重视，蒋述卓书记亲自参加选题会议，并提出了宝贵的意见和建议。

"岭南文化书系"从独特的视角以区域特色作为划分标准，全面、系统、深入反映岭南文化整体风貌，展现岭南文化底蕴及其丰富的文化内涵。该书系主要包括"潮汕文化""客家文化""广府文化"三大系列，项目计划三年内完成。为了保障该书系内容的权威性，出版社多次组织专家学者会议，成立书系顾问委员会、学术指导委员会、编委会，并组织了一大批优秀的作者队伍，以确保书系的如期出版。(2010 年 07 月 23 日)

二、"岭南文化书系"的初始构想

岭南文化源远流长，地域特色鲜明。"岭南文化书系"将全面、系统、深入地反映岭南文化的整体风貌。该书系从独特的视角以区域特色作为划分标准，将岭南文化有序地分为"广府文化""潮汕文化""客家文化""香山文化""五邑侨乡文化""琼雷文化""东江文化""韶文化"八大文化区域，各文化区域根据该区域的文化特色形成对应的地域文化丛书，以充分展现岭南地区南粤大地的文化底蕴及其丰富的文化内涵。如果说这是该书系对岭南文化作横向逻辑的展示，那么书系中的"岭南三秀""岭南少数民族文化""岭南学人与学术""岭南文学""岭南传奇人物"等，则将以时间为序，从纵向贯穿岭南文化的发展历史，展示岭南文化发展过程中不同时期的灿烂时刻。

在纵横阐释岭南文化特色的同时，"岭南文化书系"还将以断代史的形式，按时间先后顺序描述岭南地区从远古史前时期到现当代，岭南文化的产生、演变及其不断丰富的发展过程，即是三卷本《岭南文化通志》，具体包括《远古至六朝岭南文化志》《隋唐至清岭南文化志》《近现代岭南文化志》。

"岭南文化书系"在内容上注重广度与深度的统一、理论性与通俗性的统一、研究性与可读性的统一，充分考虑不同层次读者的要求，尽力满足读者的阅读需求。该书系以区域划分来展示岭南文化特色，在广东省乃至全国研究领域、出版界都是独一无二的，这将为广东省各区域文化挖掘整理、经济社会发展注入活力。

为了保障该书系内容的系统完整与权威性，相应成立了顾问委员会、学术指导委员会、编委会，同时该书系之各丛书也成立了相应的学术专业指导委员会、编委会，由这些专家学者全面把关，以保证书系出版的整体质量。

该书系计划在三年内完成出版任务，预计出版图书 100 种左右，两年内完成 80%。图书的出版时间视具体运作情况而定，可能会有个别调整。在该书系图书出版规划中，将以文字表述为主，依据不同内容加入适当的图片，以图文并茂的形式增加阅读的趣味性，增强悦读效果。

在印制规格上，图书内文用 70 克双胶纸印制，平装。所有图书封面、内文版式统一设计装帧效果，并拟请岭南著名书法家题写书名。

"岭南文化书系"的出版是暨南大学出版社的大事，也是暨南出版人的责任。

三、"岭南文化书系"的构成

"岭南文化书系"包括《岭南文化通志》、"广府文化丛书"、"潮汕文化丛书"、"客家文化丛书"、"香山文化丛书"、"琼雷文化丛书"、"五邑侨乡文化丛书"、"韶文化丛书"、"东江文化丛书"、"岭南三秀"。

(一)《岭南文化通志》

《岭南文化通志》按年代顺序,系统描述从远古的史前时代到现当代岭南文化产生以及发展演变的历史。该书的主要内容包括岭南的历史、地理、制度、语言、建筑、民俗、艺术、人物、宗教、饮食、服饰等社会文化生活各方面,展现岭南文化的全貌,追溯广府文化、潮汕文化、客家文化等的产生与发展过程,探讨岭南文化的特质及其在中华文化传承中的地位,以及如何从岭南文化传统中发掘出对当今社会发展的现代价值。

《岭南文化通志》包括以下三卷:

卷一:《远古至六朝岭南文化志》,即远古、商周、春秋战国、秦汉、魏晋南北朝岭南文化志。

卷二:《隋唐至清岭南文化志》,即隋唐、五代、宋辽夏金、元代、明代、清代岭南文化志。

卷三:《近现代岭南文化志》,即近现代以来岭南文化志。

(二)广府文化丛书

"广府文化丛书"定位为广府文化普及性读物。该丛书结合广府地区的人文历史地理,选择具有代表性的广府文化事例、先贤名人,从与广府人生活密切相关的衣食住行入手,提炼出能够反映广府特色的话题,从广府人的世代先贤、语言、民俗、饮食、建筑、商业等方面，集中展示广府人的精神面貌及其文化特色。该丛书具体包括以下各册：

1.《漫话粤语》

粤语狭义指广府话，是广府人的母语。该书从社会语言学的角度揭示粤语中包含的文化寓意，解析粤语对广府文化的传承意义。

2.《广府民俗》

该书主要介绍广府节令节气风俗、经济民俗、生活习俗、人生礼仪、民间游艺民俗、民间信仰等。

3.《广府饮食》

该书通过对广州饮茶（早茶、下午茶、晚茶）习惯中所体现出的茶文化特色、粤菜用材及菜名的讲究与寓意、广府人日常饮食习惯介绍等，剖析其中所折射出的广府文化内涵。

4.《广府建筑》

该书主要介绍具有浓厚地域特色的广府建筑，如广府祠堂、会馆、书院、骑楼、西关大屋、岭南园林等，进而解析这些广府建筑与岭南人文历史、地理等环境因素的关系。

5.《羊城说古》

该书主要介绍广州历史上的文物古迹，如史前聚落、南越文王墓、南越国宫署、南海神庙、南汉王陵、十三行、陈家祠、佛寺道观等。引导读者从古迹遗址的视角探析广府文化的历史发展脉络。

（三）潮汕文化丛书

"潮汕文化丛书"为潮汕文化普及读物。具体包括以下各册：

1.《方言与潮汕社会》

该书从文化的角度对潮汕人使用的两种方言——潮州话和客家方言进行解读。

2.《潮汕文化与潮商》

该书主要阐述潮汕传统文化对潮商的影响。

3.《海外潮人与侨批文化》

该书围绕侨批描述海外移民对潮汕经济文化发展的贡献。

4.《潮汕传统建筑》

该书从桥梁、纪念性建筑、民居等，介绍潮汕传统建筑的文化特色。

5.《戏曲与潮汕民俗》

该书从民俗文化的角度，介绍潮汕地区流行的戏曲，包括潮剧、正字戏和西秦戏。

6.《潮绣、剪纸与潮州姿娘》

该书从潮绣、民间剪纸等民间艺术活动的角度，透视潮汕女性生活。

7.《潮州木雕与社会生活》

该书从潮州木雕工艺及其作品阐发潮州地区的社会生活和文化观念变化。

8.《潮州菜系与潮汕文化》

该书立足于潮汕的经济文化环境，描述潮菜如何从家常饮食发展成天下名菜。

9.《潮州人和工夫茶》

该书透过潮州人日常生活中的工夫茶经，探索潮汕文化精神内涵。

10.《潮州陶瓷与潮汕人文》

该书细述了具有浓厚地方特色、历史悠久、积淀深厚的潮州陶瓷文化对潮汕人文精神形成的影响。

（四）客家文化丛书

"客家文化丛书"为客家文化普及读物。具体包括以下各册：

1.《客家方言》

该书介绍客家方言的历史渊源、变异、特色及其在文化交流中的意义和作用。

2.《客家探源》

该书介绍客家文化的缘起，以及在各地与当地文化融合中文化传统的坚守与变迁。

3.《客家建筑》

该书介绍以土楼、围龙屋、殿堂式围屋为代表的客家传统民居，揭示其建筑特色及文化内涵。

4.《客家礼俗》

该书介绍客家各种礼仪习俗，展现了丰富多彩的客家社会形态。

5.《客家山歌》

该书介绍客家山歌的特色。还原客家山歌本身的话语形态，还原客家山歌传承的文化生态。

6.《客家文学》

该书介绍客家文学的历史背景、代表性作家作品，尤其对广东、福建等地的客家文学进行细致的梳理。

7.《客都风采》

该书介绍梅州的历史与现实、山川与名胜、文化与经济、人文与教育、民俗与民居、资源与特产、方言与宗教等。

8.《海外客家》

该书介绍客家人在海外的分布和发展、海外客家人的文化嬗变，与内地的文化交流及对国家经济发展的贡献。

(五) 香山文化丛书

"香山文化丛书"为香山文化普及读物。具体包括以下各册：

1.《香山钩沉》

该书以香山历史沿革为经,以历朝历代的政治经济、军事文化、地理风情为纬,全面展示香山历史的荣辱沉浮和自然地理的变化。既呈现了这片神奇土地的生态演化过程,也凸显了香山人求生存、求发展的不息奋斗精神。

2.《人文香山》

该书将充分描述香山这片土地曾经发生过的那些翻天覆地的历史变化,展示这片土地曾经叱咤风云的岁月,描述可歌可泣的故事,努力将这片土地的精神面貌呈现给世人。

3.《锦绣香山》

该书将全面展现香山特有的自然景观和人文景观,既要展露香山非同一般的自然风貌,又要展现香山人文历史的博大深远,努力探寻香山这片土地与香山人民在图生存、求发展过程中的互补关系。

4.《风情香山》

该书将系统地叙说香山特有的地理生态和历史文化造就的香山特有的风情民俗,既揭示这些民俗风情形成的缘由,又展现其最原本的存在状态,努力发掘风情民俗中的香山人特有的生存境况和价值精神。

5.《艺术香山》

该书将全方位地发掘、梳理香山这片土地上的各种艺术活动及其展现形式,既要钩沉散布在香山民间的艺术样式,又要凸显这些古老的艺术样式不断延续革新的生命活力,进而探寻香山艺术形成的社会文化成因及永不凋谢的根由。

(六)琼雷文化丛书

"琼雷文化丛书"为琼雷文化普及读物。具体包括以下各册:

1. 《雷阳八景》

该书主要介绍雷公祠、三元塔、天宁寺等国家级、省级文物保护单位的历史古迹，以此展示雷州半岛丰厚的文化底蕴。

2. 《雷阳书院》

雷阳书院是古海康教育机构。重建于明代，清光绪年间曾为广东六大书院之一。雷阳书院在雷州半岛广袤的红土地上传播文明，浸润濡化，成为粤西文化的重要发源地之一。该书提纲挈领地介绍了雷阳书院的兴衰历史。

3. 《风雨广州湾》

湛江旧称"广州湾"，1897 年，法国政府租借广州湾，揭开了广州湾被占领的序幕，之后又被日本占领。1945 年日本投降，广州湾归还中国。该书结合实例介绍了雷州半岛人民的英勇斗争历程。

4. 《琼雷少数民族风情》

琼雷地区有黎、苗、回等 30 多个少数民族聚居生活在一起，由此形成了古朴独特的多民族风情。该书主要介绍了这些少数民族的语言、风俗习惯、服饰、民间工艺和宗教信仰等文化特征。

5. 《琼雷地方剧》

该书主要介绍了流行于海南和雷州等地的地方戏曲剧种——琼剧和雷剧中的优秀剧种、代表性剧目、主要演员及其演艺历程等。

（七）五邑侨乡文化丛书

"五邑侨乡文化丛书"为五邑侨乡文化普及读物。具体包括以下各册：

1. 《碉楼人家》

该书主要介绍了五邑地区的代表性建筑——碉楼的历史及其文化特色。五邑现存三千多座碉楼，是岭南地区乃至全国保留碉楼最多的地区。碉楼是五邑地区民族传统的乡土建筑艺术与外来建筑艺术融合的结晶，表现了中外文化在五邑乡村的广泛融合，碉楼生活延续的是碉楼人家对承诺的坚守和家族情谊的珍惜。

2.《银信家事》

该书主要介绍了历史上五邑地区曾有过的一种特殊的海外华侨回寄国内的款项汇寄方式。"银信"是五邑海外华侨寄给国内亲友的侨汇（"银"）和书信（"信"）结合体的简称。侨汇的大量流入，为五邑侨乡的经济建设和社会发展提供了资金支持，更成为侨眷重要的生活开支来源；书信蕴含着华侨和侨眷群体的历史信息，也是研究华人祖籍国和侨居国的政治、经济、社会、法律以及文化交流的珍贵文献。

3.《墟镇春秋》

该书主要介绍了五邑台山地区特有的一种建筑形式——墟楼。近代台山的乡村兴起了一批骑楼墟集，20世纪40年代达到鼎盛，发展到160多座，成为五邑侨乡景观的一道亮丽风景。这些墟集布局在五邑，这类建筑在岭南地区，乃至在中国乡村都很有地域特色和历史文化价值。

4.《侨刊寄情》

该书主要介绍了五邑历史上所创办的各种侨刊。侨刊是应华侨华人和侨眷的需求而创建，成为由华侨华人出资兴办的民间刊物。侨刊广泛分布于五邑的市县镇村和氏族、学校，一百年来，先后有两三百家侨刊出现、消失，几经沉浮，和《新宁杂志》一起见证了时代的更迭、社会的进步，也为传递侨情乡音、凝聚侨心侨力发挥着特有的作用。

5.《金山歌谣》

金山歌谣是五邑侨乡地区特有的反映侨民思乡恋土和侨眷思亲盼归的诗歌形式，该书主要介绍了金山歌谣产生的背景、创作过程、歌谣特点及代表性作品等，这些歌谣反映了五邑侨乡特有的风土人情。

（八）韶文化丛书

"韶文化丛书"为韶文化普及读物。具体包括以下各册：

1. 《岭南冶都》

该书主要介绍了韶关的矿冶与旅游资源。追溯历史，无论是古代还是现代，韶关的矿冶在城市发展中都具有重要意义，具有较大的经济与人文价值。

2. 《粤北采茶戏新传》

该书主要介绍了粤北采茶戏的历史流变、发展沿革等。从茶文化的角度分析了粤北采茶戏的客家文化底蕴，详细介绍了粤北采茶戏的著名唱腔、代表性剧目、演员等。

3. 《利玛窦在韶关》

该书主要介绍利玛窦在韶关传播西方数学及其开展中西文化交流的历史踪迹，客观描述了利玛窦对中国近现代数学发展的重要贡献。

4. 《张九龄全传》

该书主要介绍了张九龄的生平、交游等，结合张九龄的生平事迹，较全面、客观地展现了张九龄的成就与影响。

5. 《粤北奇葩——清初廖燕诗文鉴赏》

廖燕是中国明清文坛八大家之一，其遗诗入选清朝国诗，被列为"广东诗粹"。该书主要介绍廖燕在文学史和思想史上的成就。

6. 《张发奎评传》

该书详述了张发奎复杂曲折、耐人寻味的人生历程，客观再现了一个有血有肉的历史人物，并对张发奎的是非功过进行恰如其分的评价。

7. 《六祖慧能传奇》

六祖慧能在韶州"兰若十三所"弘法时间长久，创作《六祖坛经》，贡献巨大。《六祖坛经》奠定了慧能的禅宗六祖地位，该书深入细述了六祖慧能的传奇人生。

8. 《禅宗在海外》

本书对禅宗在海外的传播史料进行归纳总结，勾勒出其在海外传播的大致线索、文化意义。

9.《灵山宝地蕴禅宗——禅宗大师虚云传奇》

该书对虚云和尚玄学思想进行系统深入的探究。虚云和尚是中国近现代高僧，其一生主要弘法活动在韶关，他先后住持过云门、南华二寺，并做过禅宗五大门派的住持。

10.《禅味人生话文偃》

该书主要介绍有关文偃和云门宗的知识。对读者了解文偃和云门宗进而了解中古以后的中国文化，对建构21世纪的中国禅诗研究，都有着重要的参考意义。

（九）东江文化丛书

"东江文化丛书"为东江文化普及读物。具体包括以下各册：

1.《话说东江》

该书主要介绍了东江文化产生、形成和发展、演变的历史过程，追溯东江文化的源与流，阐释东江文化的内涵及其特征，揭示了东江文化开发、利用的基本途径。

2.《惠州西湖》

该书围绕历代官僚士大夫与惠州西湖的密切关系，介绍在东江流域生活过的历史文化名人，他们的诗文创作和学术成就，以及对东江文化的形成与发展所产生的影响。

3.《东江革命历史》

该书追溯东江儿女抵御外敌侵略、反帝反封建的革命历史，通过对东江儿女在辛亥革命、两次东征、农民运动中的表现，东江苏维埃政权和东江纵队、东江抗日根据地建立的探究，总结东江民众爱国主义民族精神，将东江区域内的革命文化展现在世人面前。

4.《东江民俗与民间艺术》

该书全面系统地介绍东江区域歌舞、绘画、剪纸、木雕、瓷器、武术、戏剧等民间艺术和工艺，揭示东江区域民俗形成的原因和特征。

5.《东江藏书家》

该书系统介绍陈琏、张萱、陈伯陶、伦明、莫伯骥、周醒南、邹炽昌等众多东江藏书家的藏书活动，同时介绍了藏书数量及品种、特点、学术研究、人才培养及其影响等。

6.《东江书院》

该书重点介绍南宋至清末时期丰湖书院的办学特点和影响，概述东江各地众多书院的办学过程，揭示东江书院与东江人才群体形成及与近现代东江名人辈出的深层关系。

（十）岭南三秀

"岭南三秀"包括《岭南画派》《粤剧》和《广东音乐》。

1.《岭南画派》

该书主要介绍岭南画派的源流、发展和现状，岭南画派的代表性人物、书画代表作，岭南画派的画风特点与广府人精神的关系。

2.《粤剧》

该书主要介绍岭南的潮剧、粤剧、琼剧等岭南剧种的源流发展，各剧种的艺术特色，主要剧目及创作过程、代表性演员等。

3.《广东音乐》

该书主要介绍岭南地区民间音乐传承发展的过程，以及广东的粤语、潮州话、客家话三个方言的民歌。包括代表性的曲目及使用的乐器等，重点介绍粤语地区的音乐特色及形成过程。

四、成立"岭南文化书系"编委会

（一）顾问委员会成员

饶宗颐　何厚铧　欧　初　程贤章　李鹏翥　吴南生　林　若
叶选平　马有恒　方健宏　吴志良　杨应彬　齐　峰　魏中林
邓维龙　赖　斌　吴锐成

（二）学术指导委员会成员
主　任：饶芃子
副主任：蒋述卓　李宗桂
委　员：叶春生　陈春声　左鹏军　詹伯慧　刘晓明　邱树宏

（三）编委会成员
叶春生　左鹏军　张其凡　陈伟明　马至融　许永杰　张国雄
黄　挺　房学嘉　曾　峥　成晓军

五、"广府文化丛书"书目策划过程

该书系的策划书反映出来的是该选题的策划过程，选题框架结构及构成要素、选题的内容提要。在申报项目时，仍需进一步对选题进行打磨、斟酌，在提交申报项目书之前，这一工作一直都在进行。现以"广府文化丛书"书目的策划过程为例证，说明编辑策划的选题从设想到最终确定，其中经历了怎样的磨炼过程，从书目选题名称及数量上的变化，可见一套丛书的诞生经历了怎样的反复推敲，策划团队经历了怎样的反复酝酿，才有了选题正式申报时的面貌。

（一）"广府文化丛书"项目的可行性

1. 振兴广府文化的紧迫性

岭南文化主要包含三大民系文化：广府文化、潮汕文化、客家文化。在 20 世纪后期就已经在广东的潮州、嘉应等地分别建立潮汕文化和客家文化专门的研究机构，开展了较为系统的学术研究，学界已有"潮学""客家学"之说。而广府文化的研究较分散，这与广府文化在岭南文化中的地位不相称，也与广州这个省会城市的影响力不符。

虽然广东省专家学者对广府文化的研究已早有涉猎，也有相应的研究机构，如岭南文化研究中心，广府文化研究中心、十三行研究中心等，但他们的研究多集中于历史、地理、经济、方言、风俗、人物等方面。而关于如何让广府文化服务于当今社会、如何让广府文化推动其他产业发展等方面的研究还比较薄弱。如何挖掘广府文化的现代内涵，打造广府文化品牌，让广府文化服务于社会并走向世界成为广府文化研究的紧迫问题。

2. 广府文化的研究现状

截至目前，对于广府文化的研究成果，已出版的图书有詹伯慧等人编写的《珠江三角洲方言综述》（广东人民出版社，1991 年），李新魁、黄家教、施其生、麦耘、陈定方合著的《广州方言研究》（广东人民出版社，1995 年），李新魁主编的《广州方言志》（广州出版社，1998 年），李新魁著的《广东的方言》（广东人民出版社，1994 年），这些著作深入揭示了以广州话为代表的粤语方言的主要特点。还有曾昭璇的《岭南史地与民俗》（广东人民出版社，1994 年），杨万秀、钟卓安的《广州简史》（广东人民出版社，1996 年），罗一星的《明清佛山经济发展与社会变迁》（广东人民出版社，1994 年），关履权的《宋代广州的海外贸易》（广东人民出版社，1994 年），耿云志和崔志海的《梁启超》（广东人民出版社，1994 年），龚伯洪编著的《广府文化源流》（广东高等教育出版社，1999

年），曾应枫的《俗话广州》（广州出版社，2003 年），叶春生的《广府民俗》（广东人民出版社，2000 年）等。

目前，关于广府文化的历史、地域特色文化特征及现实意义的研究较少。本项目推出的系列图书旨在加强广府文化的特色推广及现实实用性体现。

3. 广府文化研究系列图书出版的可行性

其一，广东省及社会各界对广府文化的重视是该系列图书出版的现实基础。

1996 年召开的"珠玑巷与广府文化研讨会"，确认了珠玑巷与广府文化"源"和"流"的关系；1997 年 6 月，广州荔湾区召开了"西关文化研讨会"，与会者认为西关文化是广府文化的缩影和典型代表。2009 年 9 月，佛山科学技术学院成立了广府文化研究基地。这些研究会的召开及研究机构的成立，为该系列图书的出版奠定了研究基础。

其二，专业地域文化研究者是该系列图书出版的作者保障。

该丛书依托广东高校丰富的研究资源，这为完成图书的出版提供了支持和保障。如团队项目组的张其凡先生为著名宋史和岭南古代史方向专家，其对岭南谪宦有精深的研究，以此鉴证中原文化对广府文化之影响；对古代岭南经济的开发亦有深入探讨，著有《张乖崖集》《宋代史》等，在国内有一定的影响力。王元林先生是研究海上丝绸之路的专家，著有《三至六世纪广州城市的形成与海上丝路的发展》《明代初期广东贡舶贸易港口考》等颇有影响力的文章。曹家齐先生是著名的岭南古代史专家，致力于古代岭南经济与交通的研究，著有《唐宋时期南方地区交通研究》《宋史研究杂陈》等。陈代光先生是著名的历史、地理专家，著有《广州城市发展史》。白晓霞副教授多年从事古代"海上丝绸之路"的研究，著有《元朝与印度的海上贸易》等文。范立舟先生对于宋代广东社会生活、民间信仰和价值观念之变迁有着深入的研究。

总的来说，各位专家的加入让我们对该书系的理论性与实用性有了极大的期待。

"广府文化丛书"书目的确定也经历了一个孕育的过程。广府文化内涵广博深厚，怎样从中找到最能体现其文化特质的角度予以呈现，是一个考验策划团队的视野、情怀、心力、脑力的过程，"广府文化丛书"的选题中既要有对广府文化的宏观观照，又要有对广府文化的微观展示；既要有历史的深度，又要有空间的广度；既要有典型性，又要有代表性；既要考虑历史的积淀，又要立足于现实的需要。只有经过不断的思考、提炼，不断地打磨，才能将最能体现广府文化精神、揭示广府文化的内涵、表现广府人气质的选题呈现给读者。

（二）在项目申报初期选定的选题书目

在项目申报的初期，该丛书中只有 3 个选题，主要是从宏观上揭示广府文化的内涵，形成了最初的选题书目。

1. 《广府文化源流考》

该书从广府文化的起源、广府文化的形成基础、广府文化的演进方式等方面探究、还原广府文化形成的历史过程。

2. 《海上丝绸之路与广府文化研究》

海上丝绸之路的发展与广府文化的形成有着密不可分的关系。该书从海上丝绸之路的角度出发拟论证海上丝绸之路与广府文化形成之间的关系。

3. 《振兴广府文化，塑造底蕴广州》

该书从振兴广府文化的角度切入，系统地探讨如何让广府文化服务广州、服务亚运。

（三）深入了解广府文化后策划的选题书目

深入研究广府文化的历史，多方请教岭南文化的学者专家后，关于

"广府文化丛书"应该呈现的面貌逐渐清晰起来，丛书的读者定位逐渐明确，有了这样的研究、学习、请教的过程，对该丛书应包括的具体选题思路也逐渐形成。广府文化内涵丰富，我们的一套丛书不可能对其包罗万象、面面俱到地予以呈现，而且该丛书不属于研究性的学术著作，而是面向大众读者，应选取最能代表广府文化特征的内容。由此，应当将最典型的广府文化特征、最具代表性的广府文化现象列入我们的选题视野。明确读者定位，框定选题的内容范围，是确定选题细目的基本工作。于是，广府文化丛书有了以下 15 个选题书目：

1. 《粤韵飘香》

粤剧是岭南文化的瑰宝，而粤曲脱胎于粤剧，它和粤剧在唱腔音乐方面长期存在着互相吸收、互相促进、共同发展等极为密切的关系。该书介绍了粤剧、粤曲、龙舟说唱、木鱼书等发生、发展、演变的历史，介绍粤剧粤曲的戏服、唱腔、乐器和代表性的曲目以及演唱名家等。

2. 《凉茶·靓汤》

广东凉茶成功列入国家首批"非物质文化遗产"名录。老火靓汤又称广府汤，即广府人传承数千年的食补养生秘方，"可以食无肉，不可餐无汤"。该书介绍了广府地区有代表性的凉茶品牌、凉茶文化，以及各式各样的老火靓汤。

3. 《食在广州》

"食在广州"，名传中外，粤菜是八大菜系之一，有着鲜明的地域特色，是广府文化的一张名片。该书介绍了粤菜的菜名、用材的特色，以及广府人日常饮食习惯等，进而揭示其中所折射的文化寓意。

4. 《十三行沧桑》

始于清初的广州十三行，作为中国 18 世纪至 19 世纪唯一官方特许的海外贸易经营机构，其对外贸易更是达到了历史的辉煌顶峰。该书回顾了清代十三行荣辱沉浮的历史，对我们在新形势下理解平等互利、公平贸易的世界潮流，剖析广东开放、交流、兼容、创新、进取、务实的文化传统，将具有启发价值。

5.《三雕一彩一绣》

广州传统民间工艺历史悠久，品种繁多，技艺精湛，尤以象牙雕刻、玉石雕刻、红木雕刻、广彩瓷和广绣为代表，合称"三雕一彩一绣"。牙雕、玉雕、木雕和广绣都已跻身国家"非物质文化遗产"名录。该书将全面展示羊城传统工艺的风采。

6.《广府建筑》

该书主要介绍了广府代表性建筑西关大屋和骑楼。西关大屋是广州传统建筑的瑰宝，是清末豪门富商在广州城西"西关角"（今荔湾区）一带兴建的极具岭南特色的广州传统民间住宅形式，多为名门望族、官僚巨贾所建。骑楼的建筑模式，是广州作为大城市的商业化产物，地域特色明显，也是广州城市建筑的一大特色。广州骑楼形式多样，保存完整，是粤派骑楼的代表。

7.《古佛春秋》

该书介绍了广州府的"五大丛林"——海幢寺、华林寺、光孝寺、六榕寺、大佛寺的历史、建筑布局、园林特色、牌匾碑刻、掌故传说。

8.《锦绣莨绸》

莨绸又叫香云纱，入选国家"非物质文化遗产"名录，2008年顺德伦教成立了"广东莨绸文化产业园""莨绸非物质文化遗产保护基地"。自此，有着500多年历史的莨绸染整工艺得到了更好的保护与传承。该书介绍了莨绸的历史、制造工艺以及现代的改良与莨绸服饰品牌的打造。

9.《武术·南狮》

武术是广府地区极具代表性的体育项目，已流传上千年，黄飞鸿就是代表人物之一。佛山是南狮的发源地，佛山南狮更有着"南狮之王"的美誉。佛山舞狮是融武术、舞蹈、音乐等为一体的文化活动，表演讲求神、形、态兼具。该书全面展示了广府武术和舞狮的历史和特点。

10.《沙湾飘色》

沙湾飘色是流传于广州民间的一种传统艺术形式，距今已有100多年历史。沙湾飘色色彩艳丽、造型大方、装置奇妙，讲究力学、内容含蓄。该书将通过文字和视频资料结合的方式立体展示这一地方特色鲜明的文化艺术活动。

11.《行花街》

行花街是广府地区相沿已久的特有的民间习俗。书中介绍该习俗的具体盛况。花市于春节前三日举行。除夕晚是花市的高潮，人山人海，水泄不通，游人买到鲜花，寓示大吉大利、大展宏图。该书在介绍花市相关情况的同时也描述了广州芳村、花地和顺德陈村的花卉种植情况。

12.《行通济》

行通济是佛山每年正月十六特有的一种风俗。旧说佛山城南，今南蒲公园附近有一条通济河，河上有一座桥叫"通济桥"。人们认为"行通济，冇弊翳"（佛山方言，意即行通济无忧愁）。在每年这一天，佛山、广州等地数十万人到这里走过桥，烧香、抛生菜和转风车，络绎不绝，非常热闹。该书详细描述了这一风俗的历史发展过程及其特色。

13.《佛山祖庙》

在珠江三角洲众多的庙宇中，论历史之悠久、规模之宏大、建筑之端丽，佛山祖庙可谓荣膺其首。屈大均说："吾粤多真武宫，以南海佛山镇之祠为大，称曰祖庙。"祖庙肇始于宋，而大规模地重修、扩建则是在清初。书中介绍了祖庙所蕴含的岭南古建筑的文化意韵，其屋脊、山墙的琉璃、陶塑、灰塑，以及镶嵌在壁面的砖雕、石雕工艺精美、造型丰富、气韵生动，人物造像栩栩如生；殿堂内的漆金木雕更是雕工精湛、金碧辉煌，极具姿彩，彰显了岭南建筑艺术的迷人魅力。

14. 《广府名园》

书中具体介绍了尽显岭南庭园雅致古朴风格的广府四大名园。梁园是佛山梁氏宅园的总称，是由当地诗书画名家梁蔼如、梁九章、梁九华及梁九图叔侄四人，于清嘉庆、道光年间陆续建成。余荫山房，又名余荫园，位于广州市番禺区南村镇东南角。始建于清同治五年（1866），同治十年（1871）竣工，距今一百余年，以"小巧玲珑"的独特风格著称于世。可园位于东莞市城区，它始建于清朝道光三十年（1850），为莞城人张敬修所建。清晖园位于佛山顺德区大良镇。

15. 《广府古村落》

广府地区古村遍布，至今还保留着大量明清年代的古村落。该书系统地介绍了昔日热闹繁华，融合在岭南山水画卷中、独具一番风情的古村落。它们虽是名不见经传的古村落民居，但独具广府乡土韵味。村内民居多传承自明清时期，或石砖垒就窄门高屋，或镬耳封火高墙耸立，村头一径水塘清幽，古榕挂月，村落巷道如梳齿般纵向排列，俗称为"梳式布局"。多年不变的民居建筑，原原本本地再现了广府的传统文化。

（四）深入挖掘选题内容，不断扩大选题书目的范围

随着对广府文化研究、探讨的深入，我们在上面选题的基础上又做了些补充，形成了以下 17 个选题细目：

1. 《广府先贤》

该书主要介绍了历史上广府地区在政治、经济、文化、科技、军事等领域具有影响力的人物及其主要事迹，进而探究广府历史人物对当代社会的影响。

2. 《广府方言》

粤语狭义为广府话，是广府人的母语。该书研究粤语中包含的文化寓意，分析粤语对广府文化的传承关系。

3.《粤韵风华》

粤剧是岭南文化的瑰宝，而粤曲脱胎于粤剧，它和粤剧在唱腔音乐方面长期存在着互相吸收、互相促进、共同发展等极为密切的关系。该书介绍了粤剧、粤曲（龙舟说唱、木鱼书、南音）等发生、发展、演变的历史，介绍粤剧粤曲的戏服、唱腔、乐器和代表性的曲目以及演唱名家等。

4.《广东凉茶》

广东凉茶成功列入国家首批"非物质文化遗产"名录。凉茶是中医药文化中的一个分支，是岭南饮食文化中的重要一环。广东凉茶历史悠久，东晋道学医药家葛洪的医学专著以及后世岭南温派医家所总结劳动人民长期防治疾病过程中的丰富经验，成为岭南文化底蕴深厚的凉茶，其配方、术语世代相传。关于凉茶的历史典故、民间传说广为流传，经久不衰。数百年来，林立于广东、香港、澳门的凉茶铺，成为岭南文化的一道独特风景线。该书介绍了广府地区凉茶的历史、种类、品牌、创始人及凉茶中蕴含的历史文化。

5.《粤菜飘香》

"食在广州"，名传中外，粤菜是中国八大菜系之一，有着鲜明的特色，是广府地域文化的一张名片，它起源于顺德，形成于广州，是依托广州茶楼文化发展形成独特的菜系。本书介绍了粤菜的菜名、用材的特色、主要特点以及广府人日常饮食习惯等，剖析其中折射出的广府人地文化寓意。

6.《十三行沧桑》

始于清初的广州十三行，作为中国18世纪至19世纪唯一的官方特许海外贸易经营机构，其对外贸易更是达到了历史的辉煌顶峰。在新形势下，该书通过回顾清代十三行的荣辱沉浮历史，介绍十三夷馆等外商代理机构，对我们理解平等互利、公平贸易的世界潮流，剖析广东开放、交流、兼容、创新、进取、务实的文化传统，将具有启发意义。

7. 《三雕一彩一绣》

广州传统民间工艺历史悠久，品种繁多，技艺精湛，尤以象牙雕刻、玉石雕刻、红木雕刻、广彩瓷和广绣为代表，合称"三雕一彩一绣"。牙雕、玉雕、木雕和广绣都已跻身国家"非物质文化遗产"名录。该书将向人们全面地展示羊城传统工艺的风采。

8. 《香云纱》

香云纱又叫黑胶绸、莨绸，入选国家"非物质文化遗产"名录，2008年顺德伦教成立了"广东莨绸文化产业园""莨绸非物质文化遗产保护基地"。自此，有着500多年历史的香云纱染整工艺得到了更好的保护与传承。该书介绍了香云纱的历史、制造工艺以及现代的改良与香云纱服饰品牌的打造。

9. 《佛山武术》

佛山武术历史悠久，承传严谨，保持着传统风格特色，尤以咏春拳、龙形拳、蔡李佛拳、白眉拳等扬名海内外。代表人物如黄飞鸿、叶问、李小龙、梁挺等。武术在海外称为 Kung Fu（功夫），现在，佛山功夫已成为在世界上较为流行的中国传统武术之一。该书较全面系统地介绍了佛山武术的历史、拳术种类及代表人物。

10. 《南狮雄风》

佛山与鹤山是南狮的发源地，佛山南狮更有着"南狮之王"的美誉。佛山舞狮是融武术、舞蹈、音乐等为一体的文化活动，表演讲求神、形、态兼具。该书介绍了广府武术和舞狮的历史及其特点。

11. 《沙湾飘色》

沙湾飘色是流传于广州民间的一种传统艺术活动，距今已有100多年历史。沙湾飘色具有色彩艳丽、造型大方、装置奇妙、讲究力学、内容含蓄的特点。该书将通过文字和图片、视频资料结合的方式立体全面地展现这一地方特色鲜明的文化艺术活动。

12.《行花街》

行花街是广府地区相沿已久的特有的民间习俗。书中介绍该习俗的历史源流，具体介绍广州芳村、花地和顺德陈村的花卉种植等。花市原是指在广州七个城门底下卖素馨花、水仙花，如当时称为"花渡头"的天字码头，后由城门转向岁末花市，于春节前三日举行。除夕晚是花市的高潮，人山人海，水泄不通，游人买到鲜花，寓示大吉大利、大展宏图。

13.《波罗诞》

南海神庙的庙会在每年农历二月十一至十三举行，其中十三为正诞，也叫波罗诞，即南海神诞，是广州乃至珠江三角洲地区独具特色的民间传统节庆活动、最大的民间庙会，也是现今全国唯一对海神进行祭祀的活动。它是珠三角地区最具影响力的民间庙会，蕴含了广州最有代表性的民俗民间文化元素，有着千年的历史文化传统。该书介绍了南海神庙的历史及波罗庙会的民俗风情。

14.《羊城说古》

该书主要介绍了广州历史上的文物古迹，如史前聚落、南越王墓、南海神庙、陈家祠、镇海楼等，追溯广府文化历史的发展脉络。

15.《西关大屋·骑楼》

该书重点介绍了广府建筑的代表——西关大屋和骑楼。西关大屋是清末豪门富商在广州城西"西关角"（今荔湾区）一带兴建的极具岭南特色的广州传统民间住宅形式，多为名门望族、官僚巨贾所建。骑楼的建筑模式，是广州作为大城市的商业化的产物，也是广州城市建筑的一大特色，广州骑楼形式多样，保存完整，是粤派骑楼的代表。

16.《四大名园》

梁园是佛山梁氏宅园的总称，是由当地诗书画名家梁蔼如、梁九章、梁九华及梁九图叔侄四人，于清嘉庆、道光年间陆续建成。余荫山房，又名余荫园，位于广东省广州市番禺区南村镇东南角。始建于清同治五年

（1866），同治十年（1871）竣工，距今133年，以"小巧玲珑"的独特风格著称于世。可园位于东莞市城区，它始建于清朝道光三十年（1850），为莞城人张敬修所建。清晖园位于佛山顺德区大良镇。该书具体介绍了尽显岭南庭园雅致古朴风格的广府四大名园。

17.《佛山祖庙》

在珠江三角洲众多的庙宇中，论历史之悠久、规模之宏大、建筑之端丽，佛山祖庙可谓荣膺其首。屈大均说："吾粤多真武宫，以南海佛山镇之祠为大，称曰祖庙。"祖庙肇始于宋，而大规模的重修、扩建则在清初。书中介绍了祖庙所蕴含的岭南古建筑的文化意韵，其屋脊、山墙的琉璃、陶塑、灰塑，以及镶嵌在壁面的砖雕、石雕工艺精美、造型丰富、气韵生动，人物造像栩栩如生；殿堂内的漆金木雕更是雕工精湛、金碧辉煌，极具姿彩，彰显了岭南建筑艺术的迷人魅力。

（五）咨询专家，再优化选题书目

上面17个选题书目都能体现出广府文化的特征，但细究起来，感觉主题不够鲜明，内容过于宽泛，仿佛仍是挂一漏万。于是，再沉下来仔细琢磨，思考怎样在选题上克服这一问题。带着这些问题我们请教了相关的文化专家，特别是向中山大学岭南民俗专家叶春生教授请教，叶老是研究岭南文化的专家，又是地道的广府人。我们将困惑提出来，请叶老就当前的选题提出指导意见，以克服选题"杂散"、过于宽泛的问题。在叶老的指导下，选题思路逐渐明朗，将图书的主题集中在广府文化与人们日常生活息息相关的方面。选择既能代表广府文化的特色，又能吸引读者的阅读兴趣的选题，于是有了下面的选题书目：

1.《广府文化源流考》

该书从广府文化的起源、广府文化的形成基础、广府文化的演进方式等方面进行探究，还原广府文化形成的历史过程。

2. 《粤语与广府文化》

粤语狭义为广府话，是广府人的母语，属于汉藏语系的语言。该书从社会语言学的角度探究粤语中包含的文化寓意，分析粤语对广府文化的传承性。

3. 《广府民俗》

该书主要内容包括广府节令节气风俗、经济民俗、生活习俗、人生礼仪、民间游艺民俗和民间信仰等。

4. 《广府饮食》

通过介绍广州饮茶（早茶、下午茶、晚茶）习惯中体现的茶文化，以及粤菜中菜名用材的讲究与寓意、广府人日常饮食习惯等，剖析其折射出的广府人文寓意。

5. 《羊城说古》

该书主要介绍广州历史上的文物古迹，如史前聚落、南越文王墓、南越国宫署、造船台、水关水闸、历代城墙、汉唐墓群、南汉王陵、佛寺道观。

6. 《西去东来》

该书主要介绍了广州在中外贸易通商和文化交流中扮演的角色及相关文物古迹，如六榕寺光塔、南海神庙、清真先贤古墓、十三行、沙面建筑群、圣心大教堂等。

7. 《革命摇篮》

该书主要介绍了近现代历史上在广州发生的重大事件之史迹，如虎门炮台、国父在羊城、同盟会（国民党）史迹、共运旧址、名人寻踪等。

8. 《广府建筑》

该书介绍具有浓厚地域特色的广府文化建筑，如以陈家祠为代表的广府祠堂、会馆、书院、骑楼、西关大屋、岭南园林、岭南民居（沙湾古镇、钱岗古村）等，兼及与建筑相关广府的各种民俗、民间工艺、宗教信仰、思想文化。

9.《海上丝绸之路与广府文化研究》

海上丝绸之路的发展与广府文化的形成有着密不可分的关系。该书拟论述海上丝绸之路与广府文化形成之间的关系。

10.《振兴广府文化，塑造底蕴广州》

该书从振兴广府文化入手，全面探讨如何让广府文化服务广州、服务亚运。

（六）多次酝酿、修改，确定申报选题方案

"广府文化书系"经过以上过程的反复酝酿、修改，在申报项目书时形成了以下选题策划方案。

《岭南文化书系·广府文化丛书》策划方案

一、图书定位

本系列图书力求对广府文化实现普及宣传。每种图书将以优美典雅、赏心悦目的形式，用通俗生动的语言和精美的图片以及视频资料的形式立体展现广府文化的特色和典型标志，从物质、非物质文化遗产及广府地区历史名人文化等方面揭示其文化底蕴，彰显其人文内涵。本系列图书将由广东省内多所高校和研究机构从事广府文化研究的专家学者参与编写，力求以高雅的品位打造优良的普及读物。本系列图书具有一定的社会效益，蕴含较大的经济效益，将成为广大读者了解广府文化的窗口。立足于传承和弘扬广府文化，将会对广府地区的文化传承、旅游开发、经济发展、产业升级等产生积极的影响。

二、图书选题书目

1. 《珠玑南迁》

南雄珠玑巷是当今广府人祖先南迁岭南的首站。珠玑古巷位于南雄城北，是古代中原人拓展南疆的中转站，在岭南人文发展史上有重大影响。历史上，人们为避战乱，从北方中原等地大量迁徙到珠江三角洲一带或海外。迁徙的同时也带来中原和江南的先进生产技术和优秀文化，为发展岭南经济和文化乃至昌兴世界文明都做出了重大贡献。本书系统描述了北方中原人南迁的过程。

2. 《广府先贤》

该书选取了广府地区历史上具有代表性、产生过重大影响的杰出人才及其主要事迹，如康有为、梁启超、陈白沙等人物，进而探究广府历史先贤的事迹、精神及其对当代的影响。

3. 《广府方言》

粤语狭义为广府话，是广府人的母语。该书探究粤语中包含的文化寓意，分析粤语对广府文化的传承性。

4. 《粤韵风华》

粤剧是岭南文化的瑰宝，而粤曲脱胎于粤剧，它和粤剧在唱腔音乐方面存在着互相吸收、互相促进、共同发展的密切关系。该书介绍粤剧、粤曲（龙舟说唱、木鱼书、南音）等发生、发展、演变的历史过程，介绍粤剧粤曲的戏服、唱腔、乐器和代表性的曲目以及演唱名家等。

5. 《粤菜食尚》

"食在广州"，名传中外，粤菜是八大菜系之一，有着鲜明的特色，是广府地域文化的一张名片。该书介绍粤菜的菜名、用材的讲究与寓意、主要特点、广府人日常饮食习惯，以及其折射出的广府文化寓意。粤菜起源于顺德，形成于广州，依托广州茶楼文化发展形成独特的菜系。

6.《广府商都》

广州作为中国 18 世纪至 19 世纪唯一的官方特许海外贸易经营机构，广州的贸易活动，其对外贸易更达到了历史的辉煌顶峰。该书介绍十三夷馆等外商代理机构及海内外商贸活动，对人们理解平等互利、公平贸易的世界潮流，剖析广东开放、交流、兼容、创新、进取、务实的文化传统，将带来有价值的启发。

7.《沙湾飘色》

沙湾飘色是流传于广州民间的一种传统艺术活动，距今已有 100 多年历史。沙湾飘色具有色彩艳丽、造型大方、装置奇妙、讲究力学、内容含蓄的特点。本书将通过文字和图片、视频资料结合的方式立体展示这一地方特色鲜明的文化艺术活动。

8.《行花街》

行花街是广府地区相沿已久的特有的民间习俗。本书介绍了该习俗的历史源流、活动盛况，具体介绍广州芳村、花地和顺德陈村的花卉种植情况。花市原来是指在广州七个城门底下卖素馨花、水仙花，如当时称为"花渡头"的天字码头，后由城门转向岁末花市，于春节前三日举行。除夕晚是花市的高潮，人山人海，游人买到鲜花，寓示大吉大利、大展宏图。

9.《波罗诞》

南海神庙的庙会在每年农历二月十一至十三举行，其中十三为正诞，也叫波罗诞，即南海神诞，是广州乃至珠江三角洲地区独具特色的民间传统节庆活动、最大的民间庙会，也是现今全国唯一对海神进行祭祀的活动。它是珠三角地区最具影响力的民间庙会，蕴含了广州最有代表性的民俗民间文化元素，有着千年的历史文化传统。本书介绍南海神庙的历史及波罗庙会的民俗风情。

10.《西关大屋·骑楼》

该书重点介绍了广府建筑的代表西关大屋和骑楼。西关大屋是清末豪门富商在广州城西"西关角"（今荔湾区）一带兴建的极具岭南特色的广州传统民间住宅形式，多为名门望族、官僚巨贾所建。骑楼的建筑模式，是广州作为大城市商业化的产物，也是广州城市建筑的一大特色，广州骑楼形式多样，保存完整，是粤派骑楼的代表。

（七）"广府文化丛书"出版①

"广府文化丛书"于2011—2012年正式出版。该丛书包括以下10种，正式出版后的书名、作者及各书具体内容如下：

1.《西关大屋与骑楼》　杨宏烈　胡文中　潘广庆著　2012年

建筑是人的生命本身与社会活动的载体。"宅者，人之本。"人因宅而立，宅因人得存。宅者，建筑之代称。西关大屋、骑楼，是近200年来广府地区建筑文化的结晶。它们记载着从清末到民国延续至今的一段历史。本书从广府民居发展的基本状况、选址的亲水原则，广府民居文化的地域特征，朴实开放的骑楼文化等方面概述广府民居的营造理念"生态和谐"。书中精选近代广州的西关大屋商都良宅，讲解西关大屋的精工艺匠的构造特色。从多元融合的角度阐释西关大屋的变迁，从骑楼的构造形态、造型艺术、绿化雕塑来阐发骑楼建筑的时空艺术。精选骑楼的百年精华阐发骑

---

① 以下内容为"广府文化丛书"出版后补记。

楼文化的人文价值，进而保护规划，复兴发展，传承与创新。本书全面系统地介绍了骑楼与西关大屋这些具有岭南特征的建筑风貌，通过它们，广府人与大地、与自然对话。作为一种地域文化的历史脉络，只要广府人在，它们就会延续下去，为社会所用，为当今民众带来幸福。

杨宏烈：广州大学建筑与城市规划学院教授。

胡文中：广州市荔湾区地方志办主任、副研究员。

潘广庆：广州市荔湾区房管局局长、文史专家。

2.《南海神庙与波罗诞》 黄淼章 闫晓青著 2011 年

南海神庙又称波罗庙，为中国古代祭海的地方，是目前我国古代东南西北四大海神庙中唯一保留完整的海神庙。南海神庙始建于隋开皇十四年，距今已有 1 400 多年的历史，隋唐以来，历代帝王赦封、地方官员祭祀、民间百姓膜拜，使南海神庙香火日盛。波罗诞，即南海神诞，始于宋代，已有上千年历史，波罗庙会独具特色，它所蕴含的民俗文化是岭南文化的重要组成部分，是南粤重要的非物质文化遗产。南海神庙具有丰富的文化内涵，其悠久的历史，历代官民的祭祀，林林总总的碑刻与文物，文人墨客留下的诗文歌赋，千年庙会波罗诞及其在古代海上丝绸之路的独特地位，尤其是富含岭南文化的波罗诞是岭南文化的重要组成，值得我们发扬光大。本书用九章篇幅从南海神庙的碑刻巡揽、文物珍藏、诗咏风颂、名流莅临、千年庙会、考古发现、千年海事等将南海神庙与波罗诞的千年民风民俗与其相关的研究成果结合，融通俗性与艺术性为一体，雅俗共赏，选取代表性文化特征介绍了南海神面与波罗诞这一岭南文化名片。

黄淼章：广州市政协学习和文史资料委员会副主任。曾任广州市文物考古队队长、广州市文物考古研究所副所长、广东民间工艺博物馆馆长，研究员。

闫晓青：广州市文物考古院研究员。

3.《广府先贤》 戢斗勇编著 2011 年

广府地区是岭南文化政治、经济、文化中心，人杰地灵，历史上产生了许多彪炳史册的先贤。他们不仅推动了广府地区的发展、进步，而且为中华民族发展进步作出了杰出贡献。缅怀广府先贤，接续他们身上所承载的广府文化血脉，对弘扬广府文化精神是必要的。本书描述的广府先贤是从"南粤先贤馆"56位先贤中选出的20位，如创建南越国的南越王赵佗、撰著岭南物志的学者杨孚、兼通儒道构筑抱朴体系的葛洪、维护国家统一的巾帼英雄冼太夫人、禅宗六祖慧能、唐朝贤相张九龄、理学硕儒陈献章、心学家湛若水、岭南文化守护者屈大均、爱国诗人张维屏、集晚清学术大成的陈澧、近代维新改良的领军人康有为、中国近代铁路之父詹天佑、近代启蒙思潮的领袖梁启超、中国民族革命的先行者孙中山等。本书在兼顾通俗性与学术性的基础上，既揭示了先贤的思想面貌，也描述了先贤的生平主要事迹，再现广府先贤的风采。

戢斗勇：佛山科学技术学院岭南文化研究院研究员。主要从事岭南文化等地域文化研究。

4.《广府商都》 金峰 冷东著 2011年

广州自古以来就是岭南文化的中心，由于其独特且优越的地理位置和自然环境，在中外经济、文化交流史上发挥着极为重要的作用。随着中外商贸往来的日益频繁，广州不仅成为岭南乃至整个中国最为重要的商贸城市和外贸通商口岸，也日渐发展成为极具影响力的国际贸易中心城市。而广州城市的历史演化过程又伴随着广府民系、广府文化的形成而发展，开放的广府人、包容的广府文化形成了别具特色的广府商业文化精神、悠久的国际贸易历史、繁荣的商品经济和发达的国内外贸易市场。本书钩沉广州的商贸历史，选取六个时间节点，介绍了广府商都的文化特色。即唐五代之前岭南商都的兴盛与繁华、宋元时番舶集聚的海上丝路、明代五都之市的西人东来、清前中期国贸名城一口通商、晚清民国时商贸的先开风气、中华人民共和国成立后开放风气的革故鼎新，奠定了广州作为国家商贸都市的新格局。

冷东：广州大学教授、博士，十三行研究中心常务副主任，硕士生导师，专门史方向带头人。研究方向为中国古代史、岭南文化、广东华侨史、广州十三行研究等。

5.《广府方言》 詹伯慧 甘于恩著 2012年

语言随着社会的产生而产生，随着社会的发展而发展。社会不能没有语言。文化包括物质文化与非物质文化。语言最基本的功能是它的交际功能，即它是交流思想和传递信息的工具，语言是文化的重要载体，文化通过语言来表现，语言文字是文化赖以生存、发展的重要条件。我国是具有几千年灿烂文化的文明古国，我们将用古老的语言及其书面形式记录下来的历史文献视为中华文化的瑰宝，正是有了这些源远流长、充满活力的语言文字，中华民族辉煌的传统文化才得以传承、弘扬，粤语这一地方方言，通行范围广，使用人口多，在岭南方言中处于强势方言地位，理所当然成为广府文化传承者。由此可看清广府文化的真实情景，展示出广府文化的多姿多彩。《广府方言》结合作者对粤方言的研究成果，以科普的形式介绍了粤方言的分布、来源，广州话的语音特点、词汇特点、语法特点，广府方言与中古汉语、民俗传统等传统文化、与地域文化、外来文化的关系，并从语用学的视角简述了广府方言的研究与应用，较全面系统地为读者勾勒出粤方言的地图面貌。

詹伯慧：暨南大学教授、博士生导师，暨南大学方言中心名誉主任。师从中国语言学大师王力教授和著名方言学家袁家骅教授。詹伯慧教授从教50余年来，在汉语方言、汉语辞书、汉语应用和汉语规范等领域做了大量的研究工作，取得了许多令人瞩目的成果，在海内外学术界享有崇高声望。负责主编《中国语言文字大词典》中的"汉语方言卷"，此书为我国历来最大型的方言及方言学大词典。

甘于恩：文学博士，暨南大学中文系教授、博士生导师，全国汉语方言学会理事。主要研究方向为汉语方言学、词汇学（以新闻词语研究为主）、地理语言学、应用语言学（词典学等）。主要著作有《广东四邑方言语法研究》《广东方言与文化探论》《广东粤方言概要》《珠江三角洲方言综述》《广东粤方言地图集》等。

6.《珠玑南迁》 仲红卫著 2011 年

珠玑是指广东韶关南雄的珠玑巷，历史上珠玑移民发生过多次，有代表性的是从古代战国开始，就有北方人开始南下，其间移民人数最多、时间较为集中的，有秦始皇、汉武帝时期的两次移民，晋朝南渡时的移民以及宋朝时期的两次移民，这几次较大的移民中，许多人是越过大庾岭辗转迁到南雄，这些移民过程是有历史史料记载的。还有混合着民间记忆的明朝珠三角的家族家谱中记述的有关祖先来自珠玑巷的记忆。本书结合作者的研究成果，为读者勾勒了珠玑移民史册，作者从岭南初辟谈起，叙述了南越王国、晋室南渡、庾岭新道、岭南开发到宋室流离的移民过程，选取移民中的典型事件，细述广府移民的过程，为读者描摹了珠玑南迁的移民史图。

仲红卫：博士、韶关学院文学与传媒学院教授。主要从事文学理论、西方文论、马克思主义文论、美学等研究。

7.《广府味道》 文春梅编著 2011 年

"食在广州"。作为粤菜三大菜系之一的广府菜奠定了粤菜的基调，它虽没有潮州菜醇美、典雅，也没有客家菜朴实浓郁，但清鲜淡雅的广府菜博采众长，兼北方菜所长，取西餐所优，为之所用，自成一家。广府美食在试味、惹味、好味、和味，"食过返回寻味"，在其回味无穷。本书从广府饮食的追根溯源、广府菜肴的品格气象、历久弥新的杂食情结、冲滚煲炖的日常关切、世家豪门的美食传奇、粥粉面饭的世俗情怀、神灵祝福的牙祭圣餐、名店大厨的创意无限、民间厨神的自娱自乐、广府饮食的未来空间等方面为读者展示了广府味道的博大精深。

文春梅：硕士，佛山科学技术学院中文系副教授，主要从事文艺理论、地方文化研究。

8.《沙湾飘色》 王开桃 宋俊华编著 2011 年

沙湾镇位于广州市番禺区，是座有着 800 多年历史的古镇，沙湾飘色是流行于这一地区的节庆表演活动。飘色表演是在每年的神诞日、重大节庆及节日，由幼儿在离地几米的空中装扮成各种历史人物或戏曲、小说和传说中的人物，沿大街小巷、田间地头或道观庙宇进行巡游活动。据文献记载，至迟在明末清初，沙湾就有了飘色，沙湾飘色与本土文化联系紧密，从其制作、扮相及巡游过程都体现了对粤剧、广东音乐、八音锣鼓、醒狮舞等广府民间文化艺术的借鉴与融合。沙湾飘色的底蕴深厚，构思巧妙，造型独特，技艺精湛，是丰富内涵的民俗诉求与美轮美奂艺术创作的结合。本书从沙湾飘色的起源与发展、产生的经济文化基础讲起，描述了沙湾飘色的结构组成、板色内容、表演形式、艺术特色，以及沙湾飘色对广府文化的吸收，对相关艺术种类的渗透。沙湾飘色的传承与保护、宣传与交流、改革与创新等。沙湾飘色作为非物质文化遗产之一，不仅是沙湾的传统文化，而且是广府人的传统文化。

宋俊华：博士，中山大学中文系教授、博士生导师。中山大学中国非物质文化遗产研究中心常务副主任、中国古代戏曲学会理事、广东省非物质文化遗产专家委员会委员、广东省非物质文化遗产保护促进委员会常务理事、广州市非物质文化遗产专家委员会委员。主要从事中国传统戏剧史、非物质文化遗产理论与实践。

9.《行花街》 谢中元 石了英编著 2011 年

行花街又叫"逛花市"，是广东最具特色的年俗文化。一般是指除夕夜逛"迎春花市"。广州、佛山等地都会选定市区繁华路段举办迎春花市。在搭建的棚架上摆满鲜花，打造出十里花街供市民欣赏、购买。行花街多从腊月二十八开始，持续三天，除夕夜达到高潮，万人空巷，老少相携，徜徉在花香瑞气之中，营造"花海人潮十里长"的美好景象。本书追溯羊城花市的渊源流变，细述广府花事的千年不息，通过与穗外花市的比较，充分展示广府年俗的别样风情：十里花街的精搭细建，千花百卉的吉祥寓意，花街牌坊的文化意蕴，花市艺术的惠风雅韵，迎春花市的发展之思。

谢中元：中山大学非物质文化遗产学博士，佛山科学技术学院人文与教育学院副研究员。主要从事文艺美学、广东非物质文化遗产等方面的研究。

石了英：博士，佛山科学技术学院人文与教育学院副教授。主要从事文艺美学、海外华人诗学、广府文化等方面的研究。

10.《粤韵风华》 李计筹编著 2011 年

粤剧又称广府戏、广东大戏，形成于广东、广西地区，为汉族传统戏曲之一，主要是以粤方言演唱，以海盐腔、弋阳腔、昆山腔、柳子腔等为基础，兼收广东民间乐曲和副调特色，该剧种在形成中既有地域文化传统戏的风采，也形成了自己的特色。本书从粤剧的形成与发展的角度介绍了粤剧源远流长的历史发展脉络。从粤剧的音乐唱腔、乐队与伴奏形式，介绍了粤剧的唱腔音乐特色；从粤剧表演的化妆、服饰与布景道具方面，介绍了粤剧的舞台艺术风格；结合粤剧行当演变过程，介绍了粤剧的行当体制形成；结合粤剧的演艺剧目，介绍了粤剧的演员及其代表性的表演剧目，并对粤剧中说唱艺术的渊源、语言特点、说唱内容以及演唱形式进行了系统阐释。

李计筹：博士，广州中医药大学教授。研究方向为广府文化与粤剧的形成、粤剧剧目、例戏及粤剧传播等。

（该选题策划书撰写时间为 2009 年）

论文写作

在编辑学界，曾围绕着编辑身份属性"编辑学者化""学者编辑""学术编辑"等展开多次讨论，问题集中在"编辑"和"学者"两个身份及其之间的关系上。其实这也是一个古老的话题，从历史的角度来说，在中国古代编者和学者两者的身份没有那么泾渭分明，有的编者就是学者，有的学者也是编者。比如孔子，他"笔削春秋，删定诗书"，其选诗、删诗行为，表明他的身份既是学者又是编者。这样的身份双担情况也常常发生在一些文化名人身上，如文学家、编辑家梁启超，教育家、编辑出版家张元济，古典文学家、编辑家周振甫等。

随着社会发展，职业角色分工的逐渐细化，对编辑、学者的角色定位发生了变化。人们普遍认为学者是专门从事某个专业领域的研究、在学术上有一定成就的人。编辑是对资料或现成的作品进行整理、加工，做编辑工作的人。从概念的内涵上说，编辑与学者不同。而现实中，二者的关联度又很高，做编辑的人随着编辑工作对编辑素养及其能力要求的提升，编辑的角色要求也在不断地发生变化。首先，编辑的思想认识站位要高。社会发展对编辑不断提出新要求，新时代出版人要坚持马克思主义出版观，坚守意识形态重地，坚守文化安全底线，以读者为中心，积极策划优秀的图书选题，以人们对精神产品的需求为导向，满足人们的阅读需求。其次，编辑的专业水准要高。在社会快速发展的背景下，知识生产过程对编辑的专业学识要求越来越高，出版领域对编辑的学术水平的要求也越来越高，出版业的发展对学者型编辑的呼唤越来越迫切。那么，学者型编辑如何定义？出版业发展为什么需要学者型编辑？怎样才能成为学者型编辑？这些问题都需要我们思考。

一、学者型编辑

学者型编辑，本质上还是编辑，图书编辑要做的工作，学者型编辑都要胜任，包括熟悉国家出版的政策法规、图书出版规章制度、图书出版质量标准规范，掌握图书出版的理论，熟悉图书出版的流程等。在具体的图书出版工作中，一方面要做图书选题策划，组织图书出版，做好图书的宣传，促进图书营销；另一方面要熟悉图书的编审校、印储发等具体环节的运作等。但学者型编辑又不同于一般意义上的编辑。专业性强的图书需要专业能力强的学术编辑把关。学者型编辑是在某一学科或某一专业领域具有较高的学术影响，具有较强的研究能力，有一定的研究成果的编辑。在图书的编辑活动中表现出较强的专业水平和专业判断力。能够驾驭专业性较强的书稿，审读专业书稿能力较强的编辑。学者型编辑对于专业出版社是一种特殊的要求，对于大学出版社来说也是必需的编辑资源。

二、出版业发展需要学者型编辑

学者型编辑的优势在于能够编辑学科专业性强的图书。对于出版社的发展，学者型编辑是一种宝贵的资源。出版社的发展要有高质量高水平的图书出版，学者型编辑对书稿的专业内容把关是保障图书高质量出版的基础。为读者提供高质量的出版物是对读者负责、对社会负责的体现，也是赢得图书市场的基础。保障图书内容的高质量有两个前提条件，一是作者高质量完成书稿；二是编辑高质量完成书稿的审读把关。编辑的使命是为全社会提供高质量的出版物，以满足人们对精神文化产品的需要。社会的发展、人类社会的进步、每个人的成长都离不开文化知识的滋养，所以我们从出版大国走向出版强国需要学者型编辑，要保证出版业的高质量发展需要学者型编辑，为社会为读者提供优秀的精神食粮需要学者型编辑。

对出版人而言，学者型编辑也是编辑追求的目标之一。这一点对于大学出版社的编辑显得尤为突出，大学出版社的出版宗旨是为教学科研服务，学术专著的出版在大学出版社是出版工作的重点，每位编辑都不能因为学术著作的专业性强、看不懂而放弃一本优秀图书的出版，所以每位编辑都要加强专业内功的修炼。大学出版社的编辑在本科或研究生阶段都已奠定了专业基础，在从事编辑工作后，一般都在专业对口的编辑室，这样的专业对口有利于编辑开展工作，如选题策划、审读书稿等，但这样的专业对口只是对一般书稿而言，对专业性强的书稿，这样的编辑素养满足不了审读书稿的专业要求，这就要求学者型编辑来处理这些专业性强的书稿。所以，对编辑而言学者型编辑是编辑岗位、编辑角色应该具备的学养。

三、学者型编辑既要做杂家更要做专家

关于编辑的角色定位，人们经常说的一句话是"编辑是杂家"，所谓"杂家"就是做编辑工作的人什么知识都要懂，什么书都能编。一般意义上的编辑在工作中借助现代科技信息手段、各种工具书，基本能做到这一点，所以做编辑工作要掌握广博的知识。但在实际的工作中，编辑接手的并非都是普通的书稿，有些书稿专业性较强，这时编辑只有广博的知识是远远不能满足需要的，这类书稿需要的是有系统深奥的专业知识储备的编辑，需要学者型编辑才能完成书稿的审读工作。编辑工作对专业的要求客观来讲是既杂又专的工作，整体而言是要求具备广而博的知识体系，但时常也会要求功底深厚的专业知识，学者型编辑就是要做这部分书稿的编辑加工，只有学者型编辑才能与专业的作者对话，才能有对话的能力和水平，才能帮助作者发现书稿中存在的问题，才能提出专业的解决方案，才能与专业作者实现专业领域的平等交流，所以编辑要做杂家，更要做专家。

四、怎样才能成为学者型编辑

对于编辑身份的建构，以上是就学者型编辑在编辑领域之外的专业功夫而论。学者型编辑还应包括编辑家、某学科的学术专家。

编辑家，即专门研究编辑理论及其编辑活动的学者专家。编辑实践是推动编辑理论发展的内在动力，只有在具体的编辑工作中才能不断地发现问题、研究问题、解决问题，进而完善编辑理论，创新编辑思想。优秀编辑的养成需要多方面的素质培养，需要具备政治素养、理论素养、文化素养、技术素养、市场素养和公关素养。其中，政治素养是保证正确出版方向的前提，编辑需具备政治导向的判断力与相关理论素养，尤其要提高马克思主义哲学素养。如一位学者所言："因为哲学的逻辑性，有助于思维的条理性；哲学的反思性，有利于思维的深刻性；哲学的批判性，有利于思维的创新性；哲学的辩证性，有利于思维的包容性；哲学的规律性，有利于思维的预见性。"提高编辑的文化素养即要全面系统提升各个领域的知识水平；全面了解融媒技术，现代排版、校对应用软件技术；具备市场调研、市场预测、判断能力；具备有效管理能力等。在图书出版领域还需具有创新能力和水平。

成为某学科专家的编辑需要加强专业内功的修炼，需多向作者学习，通过作者的研究方向、研究成果进而了解该学科研究动态。虚心向作者请教专业难题及解决专业学习中的困惑，努力加入作者的专业团队，接受专业领域知识、科研的浸染，在作者的帮助下完成自己的专业化成长。同时，参加专业领域的各类学术会议也是短时间获取专业动向的方法。再有就是编辑在日常工作生活中要坚持专业学习，积累专业知识，不断地学习和积累，才能成为学者型编辑。

对编辑而言，成为编辑家、做学者型编辑是新时代对编辑提出的要求，是编辑追求的目标。编辑在日常工作中需勤于思考，注重经验与教训的积累，不断提升自己的科研能力和学术素养。撰写学术论文是编辑业务能力的体现，同时也是提升编辑学术素养的方式之一。学术论文是指在科学研究领域内用来对科学研究成果进行描述、分析和总结，并且具有一定创造性的文章。就其整体而言编辑学属于应用学科，不是理论科学，编辑学具有很强的实践性，编辑学的这种性质要求我们在学术研究中要充分重视对编辑实践工作经验的总结，但又不能仅仅停留于对编辑工作经验概括上，而是要努力将经验的概括与总结上升到编辑理论的高度。编辑在实际工作中不断地发现问题、研究问题，以论文的形式将解决问题的思考予以呈现。长期的思考，坚持论文写作，逐步提高编辑研究问题的能力、解决问题的能力，这是编辑工作从重视编辑术提升到重视编辑力的体现。

出版业企业形象论略

摘　要：广告体现着竞争的特点。1997 年出版业的形象广告宣告了出版业新阶段的开始。原有的以选题为主要竞争手段的观念与实践正在变成被追逐的鸵鸟，单纯的选题竞争难以完成新形势社会发展对出版业的要求，更难以摆脱中国出版业发展中所面临的问题。取而代之的将是以形象战略、精品战略、规模战略为特征的综合竞争。新的竞争特点使中国出版业进一步走向成熟。

关键词：选题；形象；竞争；出版业

1997 年伊始，浙江教育出版社投入巨资在中央电视台黄金时段做形象广告，向公众诉说其"积累文化、繁荣学术、服务教育"的经营理念。

辽宁教育出版社紧随其后也在《光明日报》等媒体连续刊出广告，明确表示"我们的理念：为建立一个书香的社会而奠基"。

这两则广告与以往的书籍促销广告不同，广告主不仅要在媒体的选择、发布的频率上证明自己雄厚的实力，而且这两家出版社都以经营理念为广告的"卖点"，结合时代潮流，标识出出版社的独特追求，在形象识别上先行一步，把出版业的竞争引向企业形象、品牌含量领域。正是从这个意义上说，这两则广告的出现超出了其本身的商业意义，对整个出版业来说，它以特殊的形式宣告了中国出版业新的发展阶段的开始，特别是作为出版业中"这一个"的出版社来说，其意义更为明晰。

中国出版业作为一种特殊的行业，从 1979 年在长沙召开的全国出版工作座谈会上提出地方出版社"立足地方、面向全国"的方针开始，出版社之间的竞争已成为一种客观现实，特别是出书范围类同的出版社之间，竞争更是一种必然。1984 年，在哈尔滨召开的全国地方出版工作会议上提出出版社必须由生产型向生产经营型转变后，与我国市场经济发展相适应，出版业在竞争中得到了明显的发展，到 1995 年全国已有 500 多家出版社，图书销售收入达 50 亿元人民币，出版业跻身于行业人均创利税的三甲行列，成为引人注目的行业。中国出版业进入了空前繁荣的阶段。

应该承认，这个时期出版业的繁荣，是在图书市场细分尚未完成的前提下发生的。中国社会向社会主义市场经济转变的特殊方式——工业化、市场化、国际化的共时性，使得人们的技术需求、知识需求、消闲需求不断为出版业的发展提供机会，加之特殊阶段出现的特殊的晋级需求、名利需求的刺激，出版业异常活跃。在这种情况下，根据市场需求策划选题出书，就成了出版社的立身之本，选题成为出版社之间竞争的主要手段，选题成为决定成败的关键。

选题竞争的优点在于激励出版社尽可能地提出新意选题，不断发掘选题领域的广度、深度。选题竞争最有代表性、煽动性的口号是"人无我有，人有我精"。选题竞争最突出的功绩在于培育出版社的市场意识，并与政策相结合，在某种程度上占领图书市场。

然而随着出版业的不断发展，单纯的选题竞争日益暴露弊端，选题作为主要竞争手段的地位已开始动摇。

第一，在党的十四届六中全会通过的《关于加强社会主义精神文明若干重要问题的决议》，对出版工作的地位给予了充分的肯定，要求出版工作"努力实现从扩大规模数量为主向提高质量效益为主的转变"，"力求实现社会效益和经济效益最佳结合"。从选题竞争的形成和特点看，以选题作为主要的竞争手段，出版业难以达到中央的上述两个要求。

　　第二，以选题为主要竞争手段，导致了同类异质图书产品的大量存在。从全国大市场看，所谓的"人无我有，人有我精"的选题方针，正由富有诱惑力的现实，逐渐成为一种美好的理想，而这种理想最终会为大量的同类异质图书所粉碎。新闻出版署署长于友先曾指出这种同类异质图书现象：汉语"成语词典出到 70 多种，有关周易方面的重复书出到 60 多种"。汉语成语词典竟重复到如此程度，可以想见同类异质图书问题的严重程度，这与出版社以选题为竞争主要手段是有关系的。特别是当选题集中在一些热门行业、重大事件等方面时，同类出书范围的出版社，为了在第一时间占领市场，很容易在写、编、印、装等方面出现质量问题，甚至出现"剪刀＋浆糊＋勘误表"构成的书籍，有时还会涉及版权等法律问题。这些都是影响出版业健康发展的大问题。

　　第三，与出版业繁荣相适应的是读者和作者的日趋成熟。在读者方面，由于图书作为文化产品的特殊性，图书市场也与一般商品的消费市场有很大的不同，如购买方式、购买心理、购买时尚、购买目的等方面都有很明显的特殊性，由此，与其称为图书市场，毋宁说是读者市场。随着发行渠道的改革，读者读好书的权利日益得到落实，这对同类异质图书中的劣质者，将是致命的一击。特别是当今读书已成为现代人的一种特殊标志，各种读书报刊、新闻媒体的读书专栏和各种读书俱乐部的大量出现，读者的读书活动除了属于个体行为外，又有了群体的性质。也就是说，个体的读书活动注入群体的读书交流之中，读者个体的购买行为受群体读书行为的影响也越来越大。在这种情形下，单纯的选题竞争就成为被追逐的鸵鸟。在作者方面，作者的成熟，表现在除了对写什么感兴趣外，对给谁写也发生了很大变化，选题不再是作者的唯一写作动机，出版机构的选择也成为影响作者写作的新因素，特别是在重要作者、重要著作方面，这个因素越来越明显。

　　第四，以选题作为主要的竞争手段，会使出书成本加大，使价格脱离价值规律。我国图书价格已处于高价位运行区间，这是读者、出版人、专家的共识。有的人甚至深深地怀念赵家璧的"一角图书"时代。如何在保证、提高效益的前提下，控制图书价格，是今后出版业发展中的一个突出问题。我国现行的图书定价规则中，主要以"成本＋税率＋收入"构成。其中税率是国家制定的相对稳定的常量，成本和收入是出版社控制和追求的变量，而收入除与发行数量有关外，也受成本的支配。也就是说，成本是控制图书价格的关键。而以选题为竞争的主要手段，势必会使成本增加，最终导致出版业的恶性循环。

第五，在出版业中国际竞争因素的出现，会使以选题为主要竞争手段的发展模式受到新的竞争模式的挑战。

综上所述，不论是从党和国家赋予出版业的特殊使命来看，还是从图书市场和出版社自身来说，将选题作为竞争的主要手段，作为出版业发展的直接动力的时代应该成为过去。这也正是前面我们说到的两则广告产生的背景。这两则广告的出现，成为向人们展示以形象战略、精品战略和规模战略为特征的综合竞争阶段的窗口，而其中的形象战略又是这个窗口中我们能看到的最精彩的部分。

一般说来，形象战略是竞争到了高级阶段时出现的对策，它是规模战略、精品战略的基础。出版社的形象是指社会公众和本社员工对该出版社的整体印象和评价。出版社的公众主要是读者、作者、政府主管机关以及编、印、发部门。这些主体作为公众对出版社的评价和认同，可以从出书的类别等外在方面得出，如清华版的计算机类、金盾版的农村实用技术类等，但更主要的是从图书质量、书装特色、服务程度等方面进行评价和认同的。如读者对商务印书馆的工具书评价甚高，就是因为商务版的工具书质量过硬。正如商务印书馆总经理所说的，名牌辞书＝新意＋高水平的作者＋苦功夫。正是因为有如此的质量，才使得商务版的工具书重版率高达2/3，并且没有库存。商务印书馆的经验说明，好的企业形象，首先来自过硬的质量，这一点对以图书为产品的出版社来说，尤为重要。

出版社的产品是文化产品，这种产品的特殊性决定了政府对出版社的评价的重要性。党的十四届六中全会《关于加强社会主义精神文明若干重要问题的决议》中对文化产品作了科学、明确的界定："文化产品具有不同于物质产品的特殊属性，对人们的思想道德和科学文化素质有重要的影响，要把社会效益放在首位，力求实现社会效益和经济效益的最佳结合。"这是党和国家对文化产品的总要求，也是政府主管部门评价出版社的总原则。政府的评价，关系到出版社的规模、效益诸方面。中宣部、国家新闻出版署已连续两次表彰了159家优、良出版社，并在政策上对这些出版社给予特别支持，如这些出版社出书可以不受书号限制等。这种政策激励机制，要求出版社必须在综合竞争中多出精品，回报社会，服务读者。

员工本身对出版社的评价，也来自出版社的综合竞争能力。良好的企业形象，会增加员工的荣誉感、凝聚力。如日本的讲谈社，就是靠着良好的形象来吸引出版界最优秀的人才，而优秀人才又是讲谈社良好形象的基础。

塑造适合自己特点的企业形象，是否都要像两家教育出版社那样，花巨资做广告呢？这个问题其实是人们对现阶段出版业发展特征做出其他描述（如走集团化）的一个原因。我们认为，书籍作为一种特殊的商品，它本身不难为人们判断其质量的优劣，这种特殊性应为出版社树立形象时充分运用，也就是说自己的产品本身就带有广告属性。如商务印书馆，中华人民共和国成立后并没有做过形象广告，但它的形象为人们所认可、接受，根本原因就是它的产品本身使它的形象走进了千家万户。当然，在实力允许的前提下，精当的策划、宣传，其作用也是不容忽视的。

（原载于《暨南学报（哲学社会科学）》1997年第3期，《新华文摘》1998年第1期转载，有改动）

论图书出版过程中编辑理念的延伸

摘　要：编辑是图书出版的核心要素，编辑理念体现着编辑在图书出版工作中的主体性。编辑理念由成稿后付诸枣梨的技术编排延伸至出版的全过程，是现代编辑职业品格的必然要求，是其编辑力的完整体现。本文结合编辑的图书出版活动，从编辑与选题、编辑与作者的维度，结合具体图书出版实例，对编辑理念"延伸"促进图书出版工作的功能予以实证性阐释，进而得出三个"延伸"结论：以自己和前辈的编辑经验实现编辑理念在选题策划中的延伸；以自己的专业和情感实现编辑理念在作者资源开发中的延伸；以图书出版的高质量发展为目标实现编辑理念在图书质量管理方面的延伸。

关键词：编辑理念；延伸；编辑力；选题；作者

"延伸"一词在《现代汉语词典》（第7版）中解释为"延长、伸展"。用"延伸"这个词来概括编辑在图书出版活动中应该坚守的工作理念，既形象具体，又准确到位。在图书出版中编辑理念的"延伸"，其意即延长、伸展编辑理念物化为出版物的过程。编辑关于选题的理念延伸至选题策划、作者选择甚至参与作者的创作，以此凸显编辑在图书出版活动中的主体性。编辑理念的延伸可以准确地描述编辑在图书出版工作中的思维特征，具体表现为编辑在图书出版活动中，要将自己关于选题的策划理念多角度、多层面，有深度、有力度地向出版流程中的各个环节渗透，展开多方延展活动，将选题策划落到实处，以保证图书特色品质，保障图书如期出版。编辑理念的延伸是编辑应该具备的职业品格，与编辑工作的成效正相关。本文结合图书的出版活动，从编辑与选题、编辑与作者的角度对"延伸"品格在编辑工作中的体现予以实证性阐释。

一、编辑与编辑力

编辑作为职业也好，术语也罢，其内涵、性质都是一个历史概念。林穗芳在《编辑学刊》上发文考查了汉语"编辑"一词的词源，并描述了编辑工作的古今演变。① 《现代汉语词典》（第7版）对"编辑"的解释是"做编辑工作的人"，编辑工作是"对资料或现成的作品进行整理、加工"。《现代汉语词典》（第7版）对"编辑"词条的解释是传统意义上对编辑职业及编辑工作内容的认知，而传统意义上的编辑其职业及职责也确实如此，但"编辑"概念随着人类社会的发展、图书生产链条的结构性变化，编辑工作的职能事实上也发生了革命性的变革。当代的图书编辑已不是埋头于案头，做文字加工工作的"编书匠"，工作性质和职责已与传统意义上的编辑有了天壤之别，编辑工作的边界和范围也变得越来越模糊。应出版业界的这种变化，出版理论对编辑术语的含义亦应有新的思考与描述。当下对编辑含义的思考与描述的路径，可以用提升"编辑力"为引导。

"编辑力"是日本资深编辑鹫尾贤也在其《编辑力：从创意、策划到人际关系》一书中提出的编辑理念。他在阐述"什么是编辑"这一问题时，在总结自己编辑工作经验的基础上，认为"编辑力"主要是指编辑的综合能力。简言之，编辑力是指出版业编辑人员的执行力和影响力。鹫尾贤也同时论述了包括创新能力、策划能力、影响力、竞争力、学习能力、

---

① 林穗芳."编辑"词义从古到今的演变 [J]. 编辑学刊, 2001 (2)：13 – 18.

经营能力等在内的编辑应具备的 13 种编辑力。① 不难看出，鹫尾贤也总结的这 13 种编辑力，其实是对现代环境下编辑工作的新要求，即充分发挥编辑在出版活动中的主体作用，实现编辑理念的全链条"延伸"。另一位编辑学者松本昌次在《一个编辑的工作日志》中也提出了对编辑素质的认识，他认为编辑是全面动员自己的个性、人格、人生观、世界观以及知识、教养、技术，甚至日常生活方式等个人的一切，从事与专家、作者或创作书籍有关的工作。编辑需要的不是其中某些项目，而是综合上述一切的"完整的人格"。松本昌次还特别提到编辑要具备打理与作者关系的素质，即"从事与专家、作者或创作书籍有关的工作"。两位著名的编辑家，结合自己编辑工作的成功实践，从切身体会出发，描述了现代出版业对编辑工作角色的要求。这些言之切切的叙述，对我们思考如何通过延伸编辑理念来提升编辑力提供了鲜活的例证。

用"编辑力"这个概念来论证编辑理念延伸对形成现代编辑品格的意义时，还必须明确，我们不是忽略或轻视传统编辑工作中的文字加工工作，文字加工是编辑的基本功，是编辑理念形成并得以延伸的基础。这个基础可以从编辑工作的实际流程和编辑主体的基本欲望两者的相互联系展开说明。编辑力是编辑在出版工作中逐渐形成的综合能力。对于刚入行做图书出版编辑的新人，其工作范围往往是在做"来料加工"。将作者交到出版社的书稿进行文字加工、编排，在此过程中，一般会与作者进行有关书稿文字表达等方面的沟通，而这正是建立与作者良好的互动关系、延伸编辑理念的开始。随着文字编辑工作的不断展开，编辑编审书稿种类的增多，处理书稿经验的积累，与作者交流机会的增加，对图书市场感知逐渐形成，编辑理念延伸的欲望就会出现。吉尔·德勒兹曾这样论述欲望对塑造主体、客体的作用："我们深知只有通过一个外在的因果关系和各种外在的机制才能产生真正的客体，然而这种认识没有阻止我们相信欲望创造

---

① 沈瑞. 也谈"编辑力"［J］. 编辑学刊, 2012（6）：102 – 104.

自己的客体的内在力量。"① 编辑理念延伸的欲望会创造编辑自身的主体性，也会影响、塑造作为编辑的他者的出版诸要素，进而影响整个出版物的品质和特色。

用编辑力说明编辑理念延伸的意义时，还必须考虑编辑完整人格的形成。著名编辑家叶圣陶曾和朱自清一起编辑过书籍，叶老曾在 1948 年 9 月出版的《中学生》杂志发表怀念朱自清的文章，说朱自清先生一生作文、编书都极其用心。"'思不出其位'，一点一滴地去做，直到他倒下，从这里可以见到一个完美的人格。"② 完美的人格是一位编辑的最高职业追求，也是编辑理念延伸的不竭动力。编辑理念的延伸目的在于提升图书等精神产品服务大众、贡献社会的功能，编辑理念向出版全过程延伸要求编辑提升自己的编辑综合能力，如编辑的职业品德、知识的判断力、市场的感知力、与作者的交流能力等。这些能力与鹫尾贤也在谈论"什么是编辑"时所说的 13 种能力相似，是建构一个编辑完整人格的基本要求。

二、编辑理念在选题策划中的延伸

编辑关于图书的选题策划是在充分的市场调查基础上完成的。在图书市场上，一本书的读者面与读者的数量并非呈正相关关系，这正如只能生产大众化产品的企业，看似可以满足任何消费者的需要，但也有可能谁都不买它的产品。在图书市场上，若要产品得到读者的青睐，就需找到读者的迫切需要点，找到了这个点也就找到了书的主人。随着图书市场逐渐成熟，细分市场可明确图书的读者定位，目标读者的阅读需求，构成了图书选题策划的市场指向。选题策划是编辑在自己的头脑中勾画图书市场蓝

---

① 汪民安，陈永国，马海良. 后现代性的哲学话语——从福柯到赛义德［M］. 杭州：浙江人民出版社，2000：47.

② 郭良夫. 完美的人格［M］. 北京：生活·读书·新知三联书店，1987：1.

图，进而锁定目标读者的过程。这个过程的完成是从感性认识到理性认识，从无形到有形的过程。图书选题策划方案的完成是实现图书出版的第一步。图书选题策划方案的形成过程也是编辑关于选题理念的融入过程。如 2015 年，在纪念抗日战争暨世界反法西斯战争胜利 70 周年之际，暨南大学出版社策划出版了"日本近代对中国边疆调查及其文献研究"（五卷本）。该选题的策划出版源于该丛书的策划编辑多年来对中日关系史的思考。中日交往源远流长。千百年间，日本曾视中国为"圣人之国""礼仪之邦"。然而，进入近代，中国却变为日本侵略扩张的目标。日本何以将泱泱大国作为侵略的目标，令人深思。1868 年日本明治维新后执行脱亚入欧的政策，1894 年在中日甲午战争中两国实力对比发生了变化。还有一个重要的原因是日本近代对中国所进行的有组织、有预谋、近乎地毯式扫描的信息搜集。对中国全方位的信息扫描，数量极其庞大，其丰富程度、信息之准确足使其侵略的野心膨胀。清末民初，日本的一些组织或个人打着各种旗号来到中国，长时间居住在中国各地，从边疆到内地积极从事形形色色的所谓"调查研究"及其他活动，留下了为数众多的调查报告、见闻游记等文献资料。这类调查涉及面之宽广、文献资料之浩瀚庞杂，令人咋舌。这些文献史料在日本早已纷纷出版，现存于日本各大图书馆、档案馆。对中国读者来说这类图书很难读到，但了解这些图书内容对中国读者而言非常重要。选择这些文献资料中的军事侦察和所谓"学术调查"，将此译作中文出版，是策划编辑的初衷，这便有了 2019 年"日本近代对中国边疆调查及其文献研究"（五卷本）的正式出版。该译本对于我们进一步认识中日关系、研究中国近代史、中国边疆史等具有史料价值。

在中外出版史上，编辑理念在选题策划中的延伸，促成了许多优秀图书的诞生。1934 年，上海良友图书公司赵家璧策划了图书选题《新文学大系》，他策划这套书的主旨是要将新文化运动以来，中国新文学运动第一个十年（1917—1927），文学史上已有定评的文艺作品、文学研究理论成果，请文艺界专家选编出版，以期为后人研究中国新文学提供一份珍贵的文学史料。由赵家璧策划、主编的第一辑 10 卷本《新文学大系》于1935—1936 年正式出版。该丛书的总序请蔡元培撰写，各卷本的导言请各卷的选编人撰写，他们是郑振铎、鲁迅、茅盾、郑伯奇、周作人、郁达夫、朱自清、洪深、阿英。此书收录作品标准、选编内容的人选等都贯穿着赵家璧的选题策划理念，收录了新文学在理论研究及其文学创作方面取得成绩的作品。入选的理论文章要反映新文学运动以来文学理论的建构面貌，总结新文学运动发生、发展情况，新文学理论观点、组织活动、重要文学事件及文学创作等。入选的文学作品要精选新文学中具有代表性的小说、散文、诗歌、戏剧。在赵家璧的整体策划理念中还包括请蔡元培先生写序。当他向蔡元培先生介绍了这套书的相关情况及其进展后，蔡先生认为"这样一部有系统的大结集，早应有人做了，现在良友公司来编辑出版，很好"①。蔡先生爽快地答应了作序之事，这就是后来的《新文学大系总序》。赵家璧策划编辑出版了《新文学大系》第一辑之后，又陆续出版了第二和第三辑。《新文学大系》的出版作为对五四运动以来中国文学发展过程的总结，对中国文学理论研究及其文学作品创作指导意义重大。

编辑深度参与作者作品的出版，在中国现当代出版界也时有所闻。如周振甫与《文心雕龙》相关著作的出版，再如著名作家鲁迅、茅盾、冰心在谈到自己图书的责任编辑时，都有发自肺腑的感言，他们充分肯定责任编辑对自己出书的贡献。正如曾任日本讲谈社总编辑鹭尾贤也在《编辑力：从创意、策划到人际关系》中所言，作为图书编辑，不仅负责作者作品的出版，还要负责作者的创作生活，为作者提供必要的条件以帮助作者创作出好的作品。

许多外国文学名作的出版都与编辑的选题策划理念息息相关。如美国著名的文学编辑麦克斯·珀金斯，他所做的编辑工作不仅仅是对书稿文字

---

① 王醒. 编辑大师茅盾（四）[J]. 编辑之友, 1991（2）: 58 - 59.

方面的加工，而是深度参与作家的文学创作活动，包括作家创作作品的构架、人物形象的塑造、故事情节的安排、行文的语言风格等。正是编辑深度地参与作者的创作活动才有了文学名著名篇的出版，如菲茨杰拉德的《了不起的盖茨比》、托尔斯泰的《复活》、托马斯·沃尔夫的《天使，望故乡》、海明威的《丧钟为谁而鸣》等。

三、编辑理念在作者的选定及其书稿创作中的延伸

在图书出版活动中，作者的选定及其图书创作过程是实现编辑理念的重要环节，也是编辑关于选题策划理念延伸最为关键、最为复杂的环节。钱玄同劝说鲁迅停止抄写古书转而创作新文学、中国青年出版社出版红色经典《红岩》等生动案例，都在说明编辑和作者的关系对实现编辑理念的重要性。

（一）编辑的策划理念与作者的接受

编辑选择作者是编辑理念向作者方的延伸，作者的选定是编辑关于选题策划理念在作者方的落实。编辑关于选题策划理念向作者方的延伸实质上是编辑关于选题策划的思想向作者方传播的过程，在这个传播过程中编辑与作者是传播者和受传者的关系。选题策划的理念如何在两者间实现顺利交接，需要双方营造适宜的环境以及达成关于选题理念的共识。美国著名的传播学研究者威尔伯·施拉姆、威廉·波特在两人合著的《传播学概论》中写道："人们在大多数传播活动中寻求的信息就是传播活动的内容，其功能是有助于他们构造或组织环境，即与传播活动有关的环境。"① 在传播活动中，传播是双向的，因传播关系中有共享的信息符号。策划编辑与

---

① 威尔伯·施拉姆，威廉·波特. 传播学概论 [M]. 2 版. 何道宽，译. 北京：中国人民大学出版社，2010：41.

基本认同编辑的选题策划理念的作者共同构成特殊的信息传播活动环境。而对于编辑和作者来说，"所有的交往都带着一个满载信息的生活空间，带着丰富的经验储存进入传播环境中，借以解释自己得到的信号，并决定如何回应。如果编辑与作者之间想要达成有效的交流，他们的储存经验必须在共同感兴趣的话题上产生交互"①。编辑关于选题的理念向作者方延伸时，双方"交流的结果是理解随着交流的进行而逐渐加深。随着交流的进行，新的意义分歧也必然出现，这些分歧就必须靠进一步的交流来解决"②。在编辑与作者"信息汇聚"中形成了不成文的传播契约，契约要求编辑能够准确地阐释关于选题策划的信息，作者需要理解选题的确切内涵。编辑将选题的策划思想向作者方的延伸在传播关系中是以"劝说"为主要目标的传播活动。编辑可以运用传播手段达到自己的传播目的，挑选适合自己观点的信息，以最佳的交流方式，引起作者对自己传播信息的注意。在"劝说"这个传播过程中，编辑应尽量提供选题的全方位信息，意在改变受传者头脑中可能产生的其他想法，并最终改变他的行为。在编辑和作者的信息传播与交流中，编辑的传播不是将编辑思想的全部进行"思想迁移"。因每个人的思想具有个体性，在信息传播中，从发送者到接收者，没有维持不变的符号。最好的传播是将信息转化为催化剂，在信息接收者身上能够激出很大的力量。受传者是能动的，他将会根据自己的认知需要，调动各种资源和传播功能，决定是否接受传送者发出的符号。如果接受，他就按照自己的认知对这些信息符号进行加工。受传者的这种行为也验证了美国传播学者威尔伯·施拉姆提出的传播学"互动论模型"，即"参与者分享信息后，他们的立场会更加接近，在所论的问题上更接近于达成共识，未必能达成一致意见，但至少更了解对方法的所思所想、所感

① 威尔伯·施拉姆，威廉·波特. 传播学概论［M］. 2 版. 何道宽，译. 北京：中国人民大学出版社，2010：45.

② 威尔伯·施拉姆，威廉·波特. 传播学概论［M］. 2 版. 何道宽，译. 北京：中国人民大学出版社，2010：47.

所悟，更熟悉双方研讨的问题，同时也更接近于了解，在眼前情况下，各自能放心而舒适地做些什么"①。从传播效果上来讲，这是传播者和受传者共同作用的结果。编辑与作者的深入沟通、反复酝酿，对彼此想法的心领神会，使得他们关于编辑所策划选题的见解趋于相近，这样，各自就都能放心地做些什么了。这是作者与编辑共同努力的结果，编辑则实现了其策划理念向作者方的延伸。

在图书出版活动中，就图书稿源而言，一般有两种成书方式。一种是作者的自主创作成果，书稿的完成具有自我性。这类图书是作者在自己专业研究领域取得的科研成果，所承担研究课题的成果，也可能是申报项目的结项成果。这种图书是作者自身由内而外呈现的科研成果及知识创新，这些图书多为学术专著。另一种是作者按照出版社编辑策划选题的要求而创作的作品，书稿的完成具有为他性。其创作活动不是作者自为的想法，而是完成策划编辑的选题，是编辑根据策划选题的要求选定的作者创作的成果。

（二）编辑理念的延伸与目标作者的选择

编辑选择目标作者是一件艰苦的工作。编辑能够准确找到合适的作者，源于对作者执行力的全面考察。编辑需要研究作者的专业背景，掌握其科研成果，了解其有无出过同类书的经历，分析其写作风格及语言表达能力等，因为学术著作与教材、一般读物，其创作要求是不同的。同时，还要让作者充分领会编辑关于选题的要求，更重要的是编辑的策划理念能够得到作者的认同。想让作者认可编辑的选题思想，明确编辑的要求，这需要编辑和作者的充分沟通，使得编辑的编写要求与作者的创作思想并轨，统一思想认识，将编辑的策划理念转化成作者认同的创作指导思想，

---

① 威尔伯·施拉姆，威廉·波特. 传播学概论 [M]. 2 版. 何道宽，译. 北京：中国人民大学出版社，2010：230.

作者的创作思路便是编辑关于选题策划理念的延伸，这种延伸活动做得越系统、越细致，作者对编辑的选题策划理念理解就越到位、越清晰，在具体的书稿撰写过程中便能准确到位地贯彻编辑的策划理念，成为编辑策划理念的代言人。作者在创作中就能将编辑的策划理念时刻放在心头，头脑中始终装着编辑的要求，编辑的策划理念随时指导作者的创作活动，指引作者写作的方向。作者按照编辑策划的理念要求规范自己的写作活动，这样完成的书稿，既是作者创作的成果，也是编辑关于选题理念的呈现。书稿的完成便是通过作者的写作实现了编辑的策划理念，完成了编辑选题策划思想在作者方的延伸，而书稿的完成是图书出版的必要条件。

（三）选定能实现编辑理念的作者

图书出版工作重要的一环是选定实现编辑理念的作者，作者的学识修养、写作经验则是选定作者的基本原则。如《读懂马克思的〈资本论〉》为暨南大学出版社 2020 年出版的广东省重点图书项目，该图书的出版就充分体现了编辑的策划理念是如何引领作者的创作活动，实现编辑策划的要求，顺利完成图书撰写任务。

实现马克思主义的中国化，最基本的条件是读懂马克思主义最重要的经典论著。《资本论》以其科学的方法视角、翔实的资料占用、精密的逻辑展开、鲜明的实践指向而成为马克思主义最重要的经典著作。正如恩格斯所说："自从世界上有资本家和工人以来，没有一本书像我们面前的这本书那样，对于工人具有如此重要的意义。资本和劳动的关系，是我们全部现代社会体系所围绕旋转的轴心，这种关系在这里第一次得到了科学的说明，而这种说明之透彻和精辟，只有一个德国人才能做得到。"[1] 吸引读者特别是青年读者阅读《资本论》且读懂《资本论》，在百年未有之大变

---

① 恩格斯. 卡尔·马克思《资本论》第 1 卷书评 [M] //中共中央马克思恩格斯列宁斯大林著作编译局. 马克思恩格斯选集（第 2 卷）. 北京：人民出版社，1972：589.

局中掌握马克思主义的理论武器和科学方法，是编辑策划《读懂马克思的〈资本论〉》的基本理念。

循此理念，编辑在长期积累而成的作者库中，选定暨南大学经济学院的资深学者胡世祯教授。胡世祯教授1956年毕业于北京大学经济学专业，师从江诗永、熊正文、陈岱孙、周炳琳、徐毓枬、赵迺抟等我国老一辈著名经济学家。大学毕业后分配到中国科学院哲学社会科学部经济研究所，即把《资本论》作为自己的主要研究领域。后在暨南大学经济学院任教30年，发表与《资本论》相关的论文近60篇，还兼任中国《资本论》研究会常务理事。胡世祯教授的学术生涯中一直都在讲授和研究《资本论》，晚年更是厚积薄发，2012年出版专著《〈资本论〉研读》（上下卷），2014年出版专著《〈资本论〉研究文集》。《读懂马克思的〈资本论〉》的策划编辑还曾出版过作者的学术成长传记，了解其学术成就、写作风格，并在传记的编辑出版过程中与作者建立起了深厚的情谊。

这些信息的掌握对《读懂马克思的〈资本论〉》作者的选定工作只是完成了初步调查，可说是找到了实现选题目标的准作者，还需进一步深入了解作者，并做好作者的创作动员工作。胡世祯教授以毕生精力研究《资本论》，对包括普及在内的有关《资本论》的一切都拥有深切的情怀，所以编辑在动员作者写作该书时，主要从学术的现实关怀、学术的情感打动两个方面展开的，作者很快就认可了这一选题策划思想。经多次与作者商讨，反复推敲、琢磨，作者与编辑的思路逐渐统一，该选题在2019年成功申报为"广东省精品扶持项目"。编辑在引领作者写作本书过程中，也和作者一起确定了该书写作的最高目标，就是恩格斯在《〈资本论〉第三册增补》中所说的"像马克思这样的人有权要求人们听到他的原话，让他的科学发现原原本本地按照他自己的叙述传给后世"①。

在这样的理念目标指导下，《读懂马克思的〈资本论〉》的写作在兼顾

---

① 马克思.《资本论》（第3卷）[M]. 北京：人民出版社，2004：1005.

普及《资本论》的同时，对《资本论》原典中的难点、要点及其中国人在接受《资本论》过程中产生的误读、错读都做了细节性的阐述与纠正，形成了这部书的一个写作特色，也对"流行在政治经济学教科书中某些不符合《资本论》原著的不正确观点提出了质疑"①。这些阐述与质疑本身就体现着马克思主义的思维特点，自然也是作者长期的学术积累的结果。

（四）编辑策划理念在作者成稿中呈现

选定作者后，保证编辑的策划理念比较完整、准确地体现在作者的书稿写作中，是编辑和作者互动的重点所在，也是编辑理念延伸的重要节点。编辑在作者落笔前，需再次和作者明确本书的写作原则、指导思想、撰写内容、方式、读者定位等。目的是让作者带着编辑对该选题策划的理念进入创作过程，编辑和作者都明确本书"写什么""怎样写""写给谁"这三个重要问题。《读懂马克思的〈资本论〉》在作者动笔前，也是如此。这样，作者会清晰地将编辑的策划理念转化成创作活动的逻辑指引，即该书的撰写不需要按照《资本论》原著的顺序，逐篇、逐章、逐节地去解释，而是注重研讨原著中的要点和难点问题，将问题阐释清楚，能让读者明白就达到了写作目的。而这种释疑解惑，和作者在课堂上授课不同，是针对性很强的解答，并辅之以相关的研究成果，深化读者对问题的理解，以掌握马克思主义思想精髓，从而实现读懂《资本论》、理解马克思主义的目的。

突出问题意识，力求科学准确地阐释《资本论》原著，解决读者在学习中的难点、困惑，克服读者误读误解，实现马克思主义经典中国化，这是《读懂马克思的〈资本论〉》要达到的最终目的，也是策划该选题的主旨。作者在具体的撰写中将读者对《资本论》学习中的困惑归纳为11个主题，共40个问题，分别进行阐释。在阐述中帮助读者找到问题的症结，

---

① 胡世祯.《资本论》研读（下卷）[M]. 广州：暨南大学出版社，2012：262.

再结合自己多年的教研体会，将马克思在《资本论》中的阐述结合实例做到融会贯通。如书中第二章"商品和货币"，作者针对读者对"货币本质"理解的困难，提出了具体的解惑思路和方法，即可以通过商品的简单价值形式来说明货币的本质和来源。因商品交换的必然性和货币产生的必然性，所以货币是商品交换发展的必然产物，由此可知货币的本质。它是固定由贵金属来充当的一般等价物，货币也是商品，只是它不是普通商品，而是一般商品。作者通过商品的简单价值形式说明了货币的本质及其来源。①

《读懂马克思的〈资本论〉》一书的出版是编辑关于选题策划的理念顺利地向作者方延伸的典型实证。在这个过程中，作者与编辑的良性互动，保证了编辑策划理念由蓝图变成畅达的书稿。

四、编辑理念在图书出版过程中延伸的实践意义

编辑理念在图书出版过程中的延伸，其实践指导意义有以下三个方面：

其一，图书的选题策划并非一蹴而就，而是编辑多年出版经验的积累，是编辑理念在选题策划中的延伸。一本书的出版很有可能自带光环，蕴藏着潜在的资源而成就其他选题，编辑用心挖掘这本书背后的选题资源和作者资源，总会带来希望。如《〈资本论〉研读》选题的成功策划，让编辑对作者的研究与教学有了全面的掌握。编辑认识到作者在《资本论》研究方面的丰硕成果，了解了作者在国内《资本论》研究方面的深厚影响，这便是《〈资本论〉研究文集》的出版机缘。作者30余年高校《资本论》的教学经验和教研成果成就了编辑关于《读懂马克思的〈资本论〉》

---

① 胡世祯. 读懂马克思的《资本论》［M］. 广州：暨南大学出版社，2020：38.

的选题策划。而作者在《〈资本论〉研读》上卷第3—7章，有关马克思是怎样在极端艰苦的生活环境中完成了人类经典著作《资本论》的写作经历，将成为关于马克思、关于《资本论》第四个选题策划基础，这本书主要是从激励青少年的角度切入主题。

其二，关注专业作者，注重作者资源的积累与开发。这是关于作者资源开发及运用编辑理念延伸的体现，即用好作者资源，充分发挥作者的能动性。作者是图书出版过程中的重要因素，全面研究作者是图书出版工作中的重要一环。充分研究作者，从宏观上说，是要掌握作者的研究领域，了解作者在该领域的影响力，了解作者远期学术规划、近期科研动向、所申报项目的进展及结项情况，进一步了解作者的教研活动及其成果。从微观上讲，要掌握作者所专注的科研问题，论文发表的级别，核心期刊的发文情况，论文观点在业界的显示度和影响因子及引用量等。此外，还要熟悉作者的行文风格，驾驭语言的能力，以及其性格特点、做事风格、兴趣爱好等。这些都是编辑理念延伸的影响因素。作者资源是编辑的财富，为选题找到合适的"这一个"作者是编辑的职责。

其三，坚持高质量图书出版意识。这是编辑坚持图书出版高质量发展理念延伸的体现。现代编辑出版，编辑的专业背景直接影响图书的编校质量。若其专业背景与所编图书吻合将会提升图书的出版质量，因为这样的编辑能够站在专业高度，帮助作者发现书稿的不足，提出完善书稿的科学、合理的建议。一般认为，编辑是杂家，应该什么都懂，而事实上对各门专业知识做到都懂是不可能的，每个人都受制于自己的专业背景。对于常识性的一般读物也许还能撑得住，而专业性强的图书就需要专业能力强的学者型编辑把关，这是对编辑术业有专攻的要求，既要做编辑家又要成为学科专家。坚持高质量图书出版是编辑使命使然，是社会赋予出版人的责任，也是出版人"为人做嫁衣裳"追求的境界。

编辑出版视域下的华文教材选文策略研究

摘　要：建设中华民族现代文明是我们新时代的文化使命，也为我们反思海外华文教材的编辑出版提供了新契机。作为海外华文教育重要支撑，华文教材的编写水平决定着华文教育的质量。华文教材编写中的语料选材是实现教育目标、形成教材特色的重要因素。本文从编辑出版的视角对国内出版的华文教材在语料选材方面存在的问题进行分析，提出完善华文教材编写的可行性建议，即在华文教材的语料选择上实施经典性策略、文明互鉴策略及适应性策略。

关键词：华文教材；出版；语料；选材策略

华文教材是指为海外华侨华人学习中国通用语言文字而编辑出版的教材，中国以及华人所在国是其主要编辑出版地。华文教材的编辑出版有着悠久的历史，形成了独特的编辑出版品类。① 中国的华文教材编辑出版经历了传承海外华人的族群文化到传播中国优秀文化的过程。党的二十大后，中国又站在新的历史起点上，以中国式现代化实现中华民族伟大复兴的总目标要求我们在建设中华民族现代文明的总课题中，不断促进人类文明的交流互鉴。这为我们反思华文教材的编辑出版状况、在新时代文化战略思想的格局下谋划华文教材的编辑出版提供了新的契机。在这种契机和

---

① 北京语言大学主持"国际中文教学资源动态数据库"之"文化教材及辅助教学资源动态数据库"，动态统计从1901年以来出版教材名称、适用范围、销售数据等情况。

背景下，从编辑出版的角度讨论如何为海外华文学生提供实用、适用的华文教材，让教材使用者在学习语言文字与实用技术的同时通过华文教材了解中国经验、理解中华文化、体验中华文明的智慧，进而为人类文明共同体的构建作出贡献，就成为一件既有学术价值又有实践意义的工作。本文旨在通过对国内出版社出版的华文教材语料选文情况的分析，总结和分析当下华文教材出版在选文中存在的问题及其成因，提出完善、提升华文教材选文的可行性建议。

一、海外华文学校的华文教材及其使用概况

据《华侨华人蓝皮书：华侨华人研究报告（2015）》统计，全球华人华侨有6 000余万人。[①] 遍布世界各地的新老华侨华人是海外华文教育的主体，他们对桑梓的亲情和中国不断提升的国际地位，是他们学习华文的主要原因。较早的海外华文学校多由华人所在国的华人社团、文化机构创建，目的是学习祖语、传承族群文化，为中国文化"留根"。迄今海外华文学校已蔚为大观，海外各类华文学校已有2万余所，在校生有数百万人[②]。这些学校、学生是华文教材编辑出版的主要服务对象。

除华人所在国自编的教材外，海外华文教材主要源自中国大陆和台湾地区，使用中国大陆出版的华文教材的华文学校数量居多。蔡丽曾指出"印尼在使用外来教材中，中国大陆教材使用率最高，占48.47%"[③]。中国大陆编辑出版的华文教材主要有国务院侨办委托暨南大学华文学院编写

[①] 贾益民，游国龙，张禹东. 华侨华人蓝皮书：华侨华人研究报告2015 [M]. 北京：社会科学文献出版社，2015.

[②] 耿惠昌. 发展海外华文教育 推动共建"一带一路" [N]. 人民政协报，2019 - 08 - 29 (003).

[③] 蔡丽. 印尼正规小学华文教材使用及本土华文教材编写现状研究 [J]. 华文教学与研究，2011（3）：14 - 22.

的《中文》系列，厦门大学海外教育学院编写的《华语》系列，中国海外交流协会委托北京华文学院编写的《汉语》系列等。

海外华文教材的重要出版单位主要有暨南大学出版社、北京语言大学出版社、北京师范大学出版以及厦门大学出版社等。麻卓民认为"海外华文学校使用的教材大多是暨南大学的《中文》课本和《汉语》课本"。①这些出版单位对海外华文教育的发展起了重要的支撑作用。"现有的《中文》和《汉语》课本对海外华文教育的发展起到了十分重要的作用。二十世纪八九十年代初期，海外华文教材十分缺乏，有的选用中国台湾版教材，有的自编教材，正是因为有了《中文》《汉语》教材，海外华文学校教学活动才开始趋于规范"。②

海外华文学校的教学活动因为有了华文教材这一教学核心要素的支撑而变得规范，教学活动的规范也稳定地促进了华文教材的需求，带动了华文教材的编辑出版，逐渐形成了编辑出版、发行使用的全链条、成体系的知识生产与传播过程。知识的生产与传播要求其参与者以反思的姿态参与其中，反思华文教材在稳定的使用状态和持续的编辑出版过程中显现出的理论与实践问题，是完善华文教材出版品类、形成华文教材编写特色的切入点，也是打造华文教材品牌形象的工作着力点。在反思既有华文教材编写与出版的问题时，教材的语料选文问题尤其值得讨论，因为语料的选择直接影响着课本内容的针对性、科学性、文化特性和趣味性。这可从语文课学习者的体验与记忆中得到证明，人们对语文教材的体验和记忆，无论现代文也好，文言文也罢，其实首先体验和记忆的是教材里的选文。既有国内出版的华文教材中，小学版教材占比较高，其使用者主要是低龄初学汉语者，这个特点更凸显了华文教材语料选择问题的重要性。如暨南大学

---

① 麻卓民. 关于海外华文教育的再思考［EB/OL］.（2016－05－13）［2023－05－06］. http：//www. qb. gd. gov. cn/whjy/content/post_59498. html.

② 麻卓民. 关于海外华文教育的再思考［EB/OL］.（2016－05－13）［2023－05－06］. http：//www. qb. gd. gov. cn/whjy/content/post_59498. html.

出版社 2018 年出版、2019 年修订，在海外华文学校使用较广的《中文》小学版有 12 册。在编写前言里说明了该教材的编写原则："本教材的教学目的是使学生经过全套《中文》教材的学习与训练，具备汉语普通话听、说、读、写的基本能力，了解中华文化常识，为进一步学习中国语言文化打下良好的基础。"教材编者为了实现这个教学目标，在全套教材的 426 篇语料中，把云云、方方、亮亮、明明这样极具中国特色的名字融进由中国故事和文学构成的语料之中，来讲述中国的家庭伦理、社会道德、民俗文化、建设成就。这种设计思路，对于国内的学生和教师可能容易引起共鸣、共情，但对海外接受华文教育的群体而言，则不一定会有预设的效果。

二、华文教材在语料选材上存在的问题

当下出版社所编辑出版的华文教材，主要是为新一代华侨华人的华文教育服务的，新一代华侨华人在身份认同、文化认同方面，与老一代华侨华人已有了明显不同。这些在驻在国出生成长起来的华人，在其成长过程中已深深地打上了驻在国的烙印，驻在国的文化影响着他们的思想、行动，成为他们文化思想的主导部分。华文作为祖（籍）国的文化，对他们的影响已不同于他们的长辈。新一代华侨华人的这些特点，必然表现在他们在接受华文教育的全过程中。学习华文对他们而言已视同学习一门外语。面对新一代华侨华人，在华文教材的语料选材上要体现出新的时代特点，以满足当代华文教育的需要。而目前的华文教材编写较少考虑海外华文学生的这一学习背景及其学习特点，在已出版的华文教材中，其语料选材主要存在以下问题：

（一）华文教材选材来源单一
海外华文教材适用对象的特殊性，要求海外华文教材的编辑出版必须

具有针对性，要针对新一代华侨华人的文化背景、生活习惯、学习氛围等因素，组织编写教材。据"国际中文教学资源动态数据库"统计，进入21世纪，中国出版的海外华文教材进入了丰产期，这些华文教材的编写者多为高校对外汉语教学、国际文化学院或华文学院的教师，他们大多从事留学生汉语教学和对外汉语教学、研究方面的工作。其学术背景、教学经历都表明了他们对于华文教材的编写已具备一定的基础，但在华文教材的具体编写中，编写人员往往没有进行身份转换，没有将自己转换为海外华文教育者的身份，常常还是立足于为中国学生编写教材的角度，或者说是将华文教材的读者依旧定位为中国国内学生，在教材编写中缺少语料选材的世界眼光。

海外华文教育基本上是第二语言习得教育，因此华文教材具有明显的语言类学习用书特性，学习内容主要围绕着中国通用语的语音、文字、词汇、语法展开。教材的编写者通过合适的语料选择，将汉语言学习的相关内容嵌入其中，然后按着语言学习规律，由浅入深、由简入繁地将语音、文字、词汇、语法的知识点通过语料的选择呈现出来。在编写中，现有的华文教材的课文语料多用中国古代语料，如选"女娲""后羿""共工""嫦娥"等中国古代神话人物；选李白、杜甫、白居易、王维、孟郊、苏轼等中国唐宋诗人的诗歌；选《三字经》《百家姓》《弟子规》《千字文》等经典中国古代典籍；选孔子、孟子、老子、庄子等春秋战国时代著名的思想家。这些古代经典作品及思想家都是中国文化经典所在，但中国古典文化经典与语言学习，特别是通用语言的学习并非具有天然的一致性。更何况当今中国的鲜活经验，中国的文化智慧也需要通过各种途径传播，所谓讲好中国故事，并不只是要讲好中国古代故事。华文教材语料选材上中国元素的集中呈现，虽然传播了中国文化与价值观念，但课文选材的范围狭窄、单一，对新一代华侨华人的针对性不强，文明互鉴的理念不突出，这不仅削弱了课文所及内容的精度，也限制了学生对华文的学习兴趣。

（二）华文教材选材"他人"视角缺失

华文教材的语料选材与学生的现实生活脱节，鲜有体现华文学生驻在国当地文化背景的内容是华文教材编写中存在的普遍问题。华文教材编写者较多秉持"文化导入"①的思路来选材，按照中国人的思维方式来编写，基于中国人的文化背景确定选材的内容，设计课文内容话题，又从中国老师检查中国学生学习效果的角度出发设计课后的思考与练习的题目，没有考虑华文学生自己的母语，没有从海外华文学生驻在国的文化背景，或其他族裔学生文化背景出发，来选择语料编写课本。这一点正如卢晨晨认为的，"目前的汉语教材（对外汉语）选材往往为发生在中国人之间的事情，然后由教师将其中所蕴含的文化作为事实性知识传授给学生。这些教材的语料所呈现的是汉语母语者群体内部发生的交际，是单一文化背景下的交际，无法给学习者提供跨文化交际的引导"②。海外华文学生文化背景的构成是多元的，多元的文化背景塑造了学生多元的思维方式、行为方式及其语言表达习惯。在华文教材编写中，需要作者站在"他人"的角度选择教材的语料，在传授华文语言知识时，既要有中华文化知识的讲授，也要结合海外学生多元文化的背景，将各国优秀的文化知识编进教材，尤其是要结合学生的生活环境，将代表学生驻在国当地特色的本土文化内容编入教材，让学生在学习过程中对所学内容产生亲近感，沉浸在描述本土文化的氛围之中，在华文和自己母语之间形成自己的学习空间。在这样的学习空间里，学生学的语言是华文，但课文的内容是他们熟悉的，学生在学习华文中会产生课本是在说自己的事，跟自己的文化交流、对话的感觉，这样也在一定程度上避免了学生学华文过程中的排斥心理。

---

① 徐婷婷. 基于跨文化交际第三空间理论的高级汉语视听说教学选材新探 [J]. 华文教学与研究，2018（4）：19 – 24.

② 卢晨晨. 跨文化交际"第三空间"理论及其在国际汉语教学中的应用研究综述 [J]. 复旦汉学论丛，2020（0）：216 – 222.

（三）华文教材选材缺少华文教育指导性文件

在国内，中小学教材都有明确的编写标准可依，如《普通高中语文课程标准》《义务教育语文课程标准》等，而华文教材编写则缺少这样的标准。华文教材语料选材问题与标准的缺失有一定关系。早在 2014 年 12 月召开的第三届世界华文教育大会上，就华文教育的发展路径已达成了"抓住机遇，推动华文教育转型升级，促进华文教育向标准化、正规化、专业化方向迈进"的共识，但共识转换成标准文件还有一定距离。

随着世界范围内华文教育规模的不断扩大和学华文学生人数的增多，全面考察海外华文教育现状、特点及发展趋势，推进海外华文学校向着标准化、正规化、专业化方向发展，制定海外华文学校办学标准，为海外华文学校的设置、规划、管理及评价等提供参照性依据势在必行。海外华文教育指导性文件应包括《海外华文教育教学大纲》的编制。因为《海外华文教育教学大纲》是华文教育学科建设的基础性工作，构建一个规范性的教学标准可成为华文教育教学总体设计的主要依据。如在语言能力方面，遵循学习语言的基本规律，借鉴国外母语教学改革的经验，培养海外华文学生的华文听、说、读、写基本能力。《海外华文教育教学大纲》规定学生掌握的语言知识点和能力点，具备相应的语言知识、语言能力、学习策略和学习习惯以及口语、写作能力。掌握常用汉字、词语、语法，能用华文流利地朗读课文，流畅地进行口语表达；要求学生具备华文书写作力；具备认读和使用汉语拼音的能力等。而教育不仅仅是单纯的传授知识，还应该体现育人的过程，要把情感、态度、价值观的培养以及信仰的培养渗透到学科知识的教授中，体现在学生受教育的过程中。如在文化教育方面，要求学生了解世界各国文化知识，培育学生的思想情感和传统美德，塑造优秀个人品格。《海外华文教育教学大纲》提出的教学要求、教学目标应与海外华文教育的实际教学有机衔接。应拟定《海外华文教育课程大纲》《海外华文教育考试大纲》等，以此规范海外华文教育内容，指导海外华文教材的编写工作，成为海外华文教材编写的重要依据。同时，应尽快制定海外华文教育教材的编写准则，结合海外华文教育的研究成果及其华文教学实践，细化编写教材的各项要求，编写出适合海外华文教学，推进海外华文教育的华文教材。

三、第三空间理论对华文教材编写语料选材的指导意义

如何解决华文教材编写在语料选材上存在的问题，"第三空间"理论能给我们一些启发。"第三空间"概念由美国学者 Claire Kramsch 在其著作《语言教学的环境与文化》中提出。作者认为"语言学习应包括学习者在学习过程中对母语和目的语文化态度的调整"。第三空间的概念是建立在多元文化理论基础之上。J. Lo Bianco，A. LIddicoat，C. Crozet 认为"第三空间"是指学习者通过跨文化的探索和协商，创造性地摸索出本民族语言文化和外来语言文化之间的中间地带，在这里，母语文化和外来文化都会得到加强和深化，融合成一种新文化，让来自不同语言文化背景的交际者能成功自如地交流。① 这一观点为不同国家、不同文化背景下的人们跨文化交流提供了一种新的思考模式。有学者在研究第三空间理论时对这种跨文化交流思维模式进行了深入研究并予以具体化，提出了自己的观点，如王永阳认为，母语文化被视为第一空间，目标语文化被视为第二空间，而第三空间是学习者通过跨文化探索和协商逐渐摸索出来的两种文化的中间地带，在这里，母语文化与目标语文化可以和而不同，交融共存。② 从跨文化传播角度来讲，第三空间理论就是要求传播者打破单一的文化认同思

---

① 叶洪，王克非. 探索跨文化传播的"第三空间"[J]. 求索，2016（5）：42－46.
② 王永阳. 国际汉语教学传播与跨文化交际第三空间模式[J]. 云南师范大学学报（对外汉语教学与研究版），2013（1）：73－79.

维模式，根据传播的需要构建新的跨文化身份，在此基础上，寻找世界文化的公共接口，并以此为突破口进行文化的传播。

第三空间理论突出多元文化并存，相互渗透、相互融合、互相补充的思维特征。它强调在语言学习过程中学习者会对母语和目的语进行文化调整，在跨文化交流中构建自己的身份以实现其对目的语的掌握。将这一理论运用于外语教学领域可发现，该理论指明了学习者母语文化和目标语文化的关系，强调母语文化是跨文化探索的起点，在外语学习中具有与目的语同等重要的地位。对海外华文教育而言，华文教育具有跨文化的特点，在华文教学中存在着海外学生的母语文化与华文目的语文化之间的跨文化交流关系，海外学生驻在国的语言是他们的母语，属于第一空间的母语文化，海外华文教育属于"第二空间的目的语文化"，学生接受华文教育的过程，对华文的习得，属于母语与目的语的中间地带。华文教育不能在华文这一目的语文化空间孤立地进行，而是在学习者驻在国母语文化和华文目的语文化共同作用下的第三空间发生的一个渐进过程。"第三空间"概念的提出凸显了第一空间文化在华文文化教学中的作用。而在以往的华文教学中，我们往往对中国文化比较重视，对学生母语文化不够重视。而海外学生在学习华文的过程中，是带着自己母语的"文化图式"而来的。第三空间思维模式指导下的华文教学就是要运用一定的语言教学方法，帮助学生建立第三空间的思维方式，帮助学生建立母语文化和中国文化平等对话、和谐共处的学习空间。

华文教学如何运用第三空间理论的思维模式及其跨文化特点，华文教材如何适应海外华文教育的发展，如何适应海外学生的学习需求，在华文教学中如何实现学生的母语文化与目标语文化的相互融合，体现多种文化并存特征，华文教材编写在语料选材方面有以下建议可供参考。

四、华文教材编写在语料选材方面的策略

（一）华文教材选材的经典性策略

德国作家爱克曼在《歌德谈话录》中记述了 1824 年歌德谈 "艺术鉴赏与创作经验" 时的回忆。爱克曼写道 "接着我们就打开画册，来看其中一些铜板刻画和素描。歌德在这个过程中对我很关心，我感觉到他的用意是要提高我的艺术鉴赏力。他在每一类画中只指给我看完美的代表作，使我认识到作者的意图和优点，学会按照最好的思想去想，引起最好的情感"，接着歌德对爱克曼说："这样才能培养出我们所说的鉴赏力。鉴赏力不是靠观赏中等作品而是要靠观赏最好作品才能培育成的。所以我只让你看最好的作品，等你在最好的作品中打下牢固的基础，你就有了用来衡量其他作品的标准，估价不至于过高，而是恰如其分。"① 歌德引导爱克曼 "在每一类画中只指给我看完美的代表作"，"鉴赏力不是靠观赏中等作品而是要靠观赏最好作品才能培育成的。所以我只让你看最好的作品"。这一艺术鉴赏方法同样适用于指导读者对图书的选择，这一审美标准告诉人们阅读时应该怎样选择图书，即读书就要读最好作家的最好作品。歌德在这里强调 "艺术鉴赏" 要追求两个 "最好"，即最好的作家和最好作家的最好作品。作家要选最好的，作品要选最好作家的最好作品。歌德在这里强调的标准运用于读书的选择便是阅读的经典性要求，这一要求作为华文教材语料选材的标准，即选最好作家的最好作品编写进教材中，体现华文教材选材的经典性。因最好作家的最好作品是经得住时间考验的人类精神家园的智慧成果，是历史积淀的精华，是人类思考自然、社会、人生的文化财富。在华文教材编写中，根据学生的认知能力，将世界各国最好的作

---

① 爱克曼. 歌德谈话录 [M]. 朱光潜，译. 北京：人民文学出版社，1978：29.

家、最好的作品纳入其中，让学生在华文学习中接受世界各国最优秀文化的熏陶，在阅读人类最优秀作家作品中成长，以丰富学生的人文知识与素养，这样才能完成华文教育的使命。学生浸染在世界优秀作家用文字打造的真善美的精神世界，陶冶其情怀，增长其知识，完善其心智，才能在学习华文的同时提升其世界公民的综合素养。

（二）华文教材语料选材的多元文化融合策略

华文教材选材要将人类最优秀的文化成果纳入选文的范围，汲取其精神力量。华文教材在选材上也要努力为学生构建多元文化共存场景，构筑一个跨文化学习空间，让学生在多维的文化背景下接受华文教育，以改变现有教材取材范围狭窄、单一的状况。改变华文教学中学生驻在地本土文化缺失的现状。在跨文化融合思想指导下探索华文教材在选文方面的改革，就是要将华文教材的选材范围扩大，课本语料在选用中国元素的同时，一方面教材编写者根据教学的需要，将选材的眼光放至世界范围，择优编入世界各国所创造的人类优秀的精神财富、文化成果为教材所用；另一方面，语料的选材要充分考虑学生的社会文化背景，结合华文教材的学习者驻在国的地域文化、民风民俗、民族文化，择优编入教材，以增强教材的地域性特征，让教材的内容扎根于学生驻在国的文化土壤，增强学生的乡土亲近感，这也是激发学生学习兴趣、调动学生学习积极性的有力措施。将华文教材打造成中华文化与学生驻在国文化相互交融、多元共存的重要载体，在学习中华文化的同时，也能够加深学生对本国及世界各国文化的认识。

（三）华文教材语料选材的适应性策略

学生学习的过程也是学生身心成长的过程。在华文教育中，对学生听说读写的学习与练习要求应与学生的心智发育过程相适应，尊重学生学习过程中生理、心理的成长特点。如在语言学习过程中，年幼学生学习第二语言主要是依靠模仿，而不是依靠教师对语言规则的解释。学者李润新指出，在儿童教材中，一般不讲语法，编教材时可把语法点暗示其中。① 周健也认为，对少年儿童来说，语法教学的重点不要放在讲解语法理据上，语法的重点句型和特殊表达方式只要在大量操练的基础上，逐渐形成语言习惯就可以了。② 从学生学习语言的规律出发，依据学生成长的生理、心理特点，在华文教育中可根据学生的年龄差异，将华文学习过程分成不同阶段，并对应不同的学习要求和学习成果的检验方法，做到因材施教。对年幼的学生，华文学习通过语音的模仿习得，这个过程与学生学习其他外国语是相同的，掌握好发音是未来华文学习的关键，拼音教学是这一阶段教学任务的关键。在语音教学中需注重教材编写的趣味性，多采用情景法教学手段，引导学生进入华文语音学习的课堂。这一阶段以语音训练为主，多听与多说是关键，使学生在反复的听说中逐步掌握华文的发音特点和发音规律。随着学生年龄的增长，接受知识的能力逐渐提高，对华文的学习已经增加了一定程度的自主性与自发性，华文教材需注重趣味性与知识性的交融，在词语教学、文字教学、语言点教学及文化知识方面可以循序渐进地提高。教学目标逐渐落到具体词语的学与用之中，教学重点也从语音教学转向词语、汉字与语法教学，语言点教学成为教学的关键，重点词语、课文及练习体现出这一阶段华文教育的内容特点。随着华文听说读能力的提高，华文写作也从句子书写逐渐过渡到完整的主题要求写作。文化知识的介绍也由浅入深地伴随学生华文学习的整个过程，促进学生的文化养成及华文写作水平的提高。这样华文教材的编写可以较充分地体现学生身心发展的特点。同时，在编写容量上也要按照量化标准，以保证教材华文教材编写的科学性、规范性和适用性。

---

① 李润新. 世界少儿汉语教学与研究 [M]. 北京：北京语言大学出版社，2006：250.
② 周健. 汉语教学法研修教程 [M]. 北京：人民教育出版社，2004：233.

五、结语

华文教材的编写水平一定程度上决定了华文教育的质量，而华文教材语料的选择直接影响着华文教材的使用效果和接受程度。为此，在华文教材的语料选择上可采用经典性策略、文明互鉴策略及适应性策略，选择最优秀作家的最优秀作品，充分挖掘海外各国的地域文化资源，尊重学生的成长特点，将华文教学过程分步骤、分层次地循序渐进，如润物无声的细雨滋润学生求知的心田，共享人类优秀文化成果，这样，人类文化命运共同体的目标将成为现实。

（原载于《肇庆学院学报》2023 年第 6 期，有改动）

论误读的思维模式

摘　要：误读在审美接受活动中具有普遍性。由此，人们对作品意义内涵的追寻永无止境，使作品的意义由确定走向不确定，又由不确定走向确定，一切都在理解中获得意义的生成。本文运用审美心理学和现代阐释学理论，通过对具体文本审美接受活动中误读现象的梳理与分析，提出了误读的四种模式，即"求同一顺应式""求变—附会式""求新—创生式""求异—逆反式"，并为其进行了理论阐释。

关键词：误读；审美心理；模式

审美心理学的观点认为，审美心理活动遵循着一般的心理活动、意识活动的法则，同时，又有其特殊的规律。误读存在于审美接受活动中。审美接受活动既是对作品中艺术形象审美认识、接纳的过程，也是读者运用形象思维进行能动的审美再创造的过程。其中审美接受者通过求同、求异性探究，把握审美艺术形象的特征，审美接受者赋予作品的意义内涵与作家所给予作品的意义内涵，接受者创造的审美形象与作家创造的审美形象之间的矛盾、差异或达到和谐、统一，趋于认同；或保持差异、矛盾以确保接受者在审美创造中的独立性。在这一系列审美心理活动中，审美接受者遵循了一些具体的审美心理法则，其中主要是审美和谐原则和审美对立原则，运用这些审美心理法则，并结合读者的审美接受活动特点，探讨读者在接受、鉴赏活动中误读的具体表现形式，无疑具有一定的现实意义和美学意义。

　　解释学美学是把对作品意义的探寻作为自己追求的目的，它强调的是理解和解释的普遍有效性，同时它也在追寻着作品本文意义内涵。而读者对作品理解的客观性与主观性、本文解释与主体解释往往会发生冲突，由此形成了不同的解释形态。具体的解释活动是本文与读者相互作用完成的。所谓"本文解释"是以客观的态度注重追求本文的原意；主体解释则是突出阅读者个体主观的阐释活动，努力追求理解的创新。在这客观解释与主观解释之间，还有许多中间的解释情形，本文所论述的误读模式不仅包括以上所说的主观解释和客观解释，还包括了处于中间状态的解释形式，具体形式可归纳为以下四种：求同—顺应式、求变—附会式、求新—创生式、求异—逆反式。前两种是在审美和谐原则作用下产生的，后二者是在审美对立原则作用下产生的。

一、求同—顺应式误读

　　求同—顺应式误读是读者在审美接受活动中，对本文原意或原解释结论趋近、认同的解读。接受的效果是重复原有的解释，本文的意义内涵没有任何增殖。亦即读者对作者所创造的艺术形象、对本文所赋予的意义内涵持表同、顺从态度的解释读方法。

　　求同—顺应式误读是审美和谐原则作用的结果，其具体表现为：读者在审美接受活动中对作者所创造的审美形象及作品的意义内涵从差异、矛盾中发现内在同一性，从而使读者与作者在对作品的理解上趋于协调统一。审美和谐原则在具体的审美接受活动中表现为审美求同心理，其功能是审美接受者在解读活动中由于审美心理的同化、顺应作用，从而同化审美对象，适应、接纳审美对象以顺从他人的认识结果，协调矛盾思想，达到和谐统一。求同—顺应式误读是审美求同心理中归属作用及认同作用的结果，在审美过程中，审美归属作用表现在接受者自身与其他人在审美感受上的类属关系，其中，顺从心理、从众心理发挥着特殊的作用，使接受者在认识、顺从他人的过程中确定自己的归属关系，其结果是在归属、顺从过程中达到与他人认识的统一和谐并产生归依感。审美认同作用是接受者从文学作品中开掘、发现、确证与自己思想感情相一致的因素，从而认同他人的心理倾向。当这种认同确定以后，接受者便认同、顺从他人的观点，同他人的理解达到和谐状态，产生顺受的审美感受。

在接受者的审美活动中，当作品的内容表达的思想情感与接受者心理产生共鸣时，审美和谐原则的归属作用和认同作用便凸显出来，在阐释活动中表现为解释必尽可能地与原文本意或原解释结论相等或趋近，这种解释没有给被解释的本文或解释增添任何新的意义，解释者仅仅是在解说本文外显的意义或别人早已得出的解释结论，原地踏步式地重复别人的见解。这种对本文原意和原解释结论的符合或趋近，是一种"无创造性的解释"，并不能使对象的意义发生增殖，因而其自身的价值也极其有限。求同—顺应式误读正如美国解释学家赫希所认为的那样："理解即一种依照对象的概念和语言来构筑对象的意义的思维活动，一种对对象的顺应。"① 这种解释就是接受者对审美对象的同化和传达的过程。

求同—顺应式误读有时发生在一般接受者对文学作品的审美解读中，也常发生在作家这一特殊接受者的接受变形中。如郭沫若认为，他的第一部诗集《女神》就是吸收了歌德、雪莱和惠特曼作品的养料。的确，《女神》中有着歌德式的沉思、雪莱式的浪漫和惠特曼式的狂暴，但没有他们的神秘、忧伤和空泛。这样的审美接受促进了作家的创作。但在求同—顺应式误读中也存在着一种消极的接受变形，即统治阶级强制下的误读。在特定的历史时期内，由于统治阶级的思想在一定社会形态中是占统治地位的思想，意识形态的主流话语必然强制着对作品的解读，这样的误读往往

---

① 王岳川. 现象学与理解学文论 [M]. 济南：山东教育出版社，1999：5.

由一种权威误读演变成公共误读，人为地制定审美标准并使之绝对化。如果用这样的标准去衡量和接受作品，往往会对一些具有创新意味的作品加以绞杀，这属于权力运作下有目的的误读，是一种高强度的误读，一种强制性、命令式的导读。在我国历史上，秦朝的"罢黜百家，独尊儒术"、清朝的"文字狱"都是权力话语运作的结果。回顾文学史，20 世纪二三十年代压倒一切的异元化批评迫使作家洪深放弃了自己的艺术追求；曹禺的剧作《原野》的审美价值也一直被忽视。五十年代后期，文学逐渐演化为配合现实政治需要及意识形态需要的工具和武器。"文革"期间，只有八个"样板戏"独占舞台，其他文学形式荡然无存。这种典型的强制性误读，不仅造成文学作品中个人话语的减弱以至于消失，而且导致了作家个人创造性的萎缩和退化，文学创作中的个人独特性，作家独具慧眼的体悟和评价，他们的才华和创作风格都已淹没在众人一声、千篇一律的公式化、概念化的汪洋大海之中。读者的审美活动变得单调、困乏，成了强权压迫下的羔羊，这不仅是文学史的教训，也是人类文化史的悲哀。

二、求变—附会式误读

求变—附会式误读是读者在审美接受活动中，对作家创造的审美形象、赋予本文的意义内涵在容量上做有限增量的解读方法，是审美同求心理中同构弥散作用的结果。该方法并没有引起本文原意或原解释结论质的变化。

在审美接受活动中，如果读者与作者，或与作品中的艺术形象产生了同构弥散心理，那么，在本文的解读过程中读者就会用新的解释叠加在原有的解释之上，在对本文意义趋同的前提下使对象意义发生增殖。这种解释或者表现为在对本文加以有限的扩展，或是表现为赞同原解释基础上，加以新的补充。像旧红学对《红楼梦》的研究就是一种寻找小说中"隐"

去"本事"或"微义"的解读。蔡元培认为作者以描写林黛玉来影射朱竹宅①；杜士杰认为《红楼梦》中的贾宝玉是影射顺治皇帝。这种随心所欲的牵强附会对《红楼梦》的研究没有起到任何推动作用。新红学的研究，在其指导思想、理论方法等方面均有新的突破，虽在某些方面并未摆脱其窠臼，但对作品本身意义的探究已发生了一定程度的增殖。

同样是诗人拜伦，鲁迅在《摩罗诗力说》中十分感慨地叹道："呜呼！世有不甘巾帼之下男子乎，必掷笔投之矣。"②鲁迅期望中国也能出现一大批类似拜伦式的英雄，为了民族的利益，为了反抗侵略，甘洒一腔热血。当鲁迅在日本接触拜伦、雪莱等革命诗人的作品时，而彼时的日本正酝酿着爆发一场所谓弘扬"大和民族精神"的革命，日本有识之士正是在拜伦身上找到了那种敢于冒险、敢于牺牲的风骨。鲁迅从强烈的爱国主义立场出发，在拜伦身上不仅看到了敢于冒险、勇于牺牲、反抗侵略的表现，而且激发了他的强烈的反抗斗争精神。鲁迅对拜伦的认识同日本的有识之士对拜伦的认识相比更具创新意义。

三、求新—创生式误读

求新—创生式误读是接受者对本文加以创造或对本文的解释进行更具主观性发挥的解读，亦即读者在审美接受过程中，对作品的审美形象及意义内涵进行主观性、创造性探究的解读方法。

求新—创生式误读是审美活动中审美对立原则作用的结果。审美对立原则又称审美对比原则，它是探求审美活动各组成要素之间的差异、矛盾、对立，同时又有其内在同一性的原则。它集中表现在审美探究心理、审美求异心理之中。审美探究心理表现为审美接受者对审美对象的探求欲

---

① 郭豫适. 红楼梦研究文选［M］. 上海：华东师范大学出版社，1988：14.
② 马以鑫. 接受美学新论［M］. 上海：学林出版社，1995：129.

望和所做的探索思维活动。它包括审美求同心理和审美求异心理，它们都受审美对立原则的支配，都不同程度地体现着审美对立原则。相比之下，审美求同心理更能体现审美和谐原则，而审美求异心理则是审美对立原则更为集中、更为具体的表现。审美求异心理在审美接受活动中有两种思维表现形式：审美向心型思维和审美逆向型思维，前一种思维方式形成了求新—创生式误读，后一种思维方式形成了求异—逆反式误读。

审美向心型思维是从多种不同的审美角度、审美要求出发考察、分析同一审美对象，从而得出关于审美对象的多种不同的审美结论的思维方法。这种审美思维方式适应于审美活动中求新、求奇、求知的审美需要。读者在审美接受活动中有一种普遍的心理趋势，即刻意追求新的刺激、新的满足，要求审美对象新颖、独特，并能提供尽可能多的审美信息，使接受者从中探寻未知的世界，享受从未体验过的审美感受。

在审美活动中，审美接受者常常也是带着审美求异心理来阅读文学作品的。一般来讲，文学作品的审美价值体现为它是一种召唤结构，令人不断地加以理解和阐释，永远不能穷尽其意义内蕴。优秀的艺术作品之所以百读不厌，具有永久的艺术魅力，就是因其丰富而深厚的文化底蕴内藏着难以穷尽的审美价值，而且它不会因时空的变化、岁月的流逝而减损，只要我们进行深入的发掘，它就会不断有新意呈现，让人体验到从未有过的审美感受。就中国文学史来讲，从《诗经》、汉赋到唐诗、宋词、元曲及明清小说，其中的艺术精品总是让人时读时新，每一次创造性的品味都有新感觉、新发现，而且这些人类文化的瑰宝将随着社会文明的进步发展，永远载入世界文化宝库的史册。在域外文学作品中，一部卡夫卡的《变形记》，萨特从中发现了存在主义的内容，勃罗德从中悟出了宗教的意味，精神分析学派从中窥见了潜意识的奥秘，我们则从中看到了资本主义造成的异化现象。读者在接受作品过程中，由于各自的文化背景、道德规范、审美标准以及审美价值取向的不同，从不同的审美角度出发便会在同一部作品中看到不同的意义内蕴。由此可见，对作品的解读并不是一种文学技术上的归纳和知识的把握，而是接受者对世界意义的一种选择，是接受者的一种精神活动的存在方式。解释同理解一样，不能以人云亦云的结论作为自己解释的结论，而是用自己的存在显露出审美对象的意义蕴涵，探究出不偏不倚的、具有创新性的结论。

四、求异—逆反式误读

求异—逆反式误读是审美接受者完全否定审美对象已有的解释结论，以一种唱反调的形式对原有解释加以逆转的解读。亦即读者在审美接受过程中，对作品中已有的审美形象及意义内涵作矛盾的、对立性阐释的解读方法。

求异—逆反式误读是审美求异心理的审美逆向型思维的结果。审美逆向型思维是从某一特定的审美角度或某一侧面来考察同一审美对象，得出与原解释完全相反的结论。其思维特点是不顺从、不从众，重在立异，与原有的认识结论针锋相对，处于一种矛盾对立之中，并以此来探求审美对象的审美特征，从中达到自我发现、自我实现的目的。而这种需要也只能在能动的审美再创造中才可实现，在审美创造异于审美对象，异于他人的新的审美意象和物化新形象中实现，在自己审美再创造的成果中发现自己，从而确证了自己的本质力量。

在审美接受中，求异—逆反式与求新—创生式误读都源于审美对立原则，但二者之间的差异是明显的。求新—创生式误读所得到的解释结果与原解释结论之间是一种反对关系，各个新解释结论之间同样也是反对关系，各种解释虽是对立但并不矛盾。而求异—逆反式误读，解释结论与原有的解释是矛盾关系。郑玄等人对《诗经》的阐释，托尔斯泰对莎士比亚戏剧的认识等都属于求异—逆反式误读。《诗经》被郑玄、毛亨、孔颖达作序、作笺、作疏误读为君臣、百姓伦理道德的教义；曾被马克思誉为世界顶峰人物之一的莎士比亚，托尔斯泰却认为："莎士比亚的作品是抄袭的、表面的、人为的零碎拼凑而成，乘兴杜撰出来的文字，与艺术和诗歌毫无共同之处。"[①]《金瓶梅》自与世人见面之日起，便被认为是"淫书""决当焚之"，是"坏人心术""不堪入目"之作。而张竹坡却认为此书之意不在诲淫，而在于展示淫之恶果，以惩戒淫者，警醒世人。魏明伦在其《潘金莲》剧作中，更是对潘金莲这一形象作出具有现代性的诠释，把《金瓶梅》中的潘金莲改写成"始而不幸，终而沉沦"的悲剧人物。鲁迅、郭沫若等现代作家的历史题材作品中表现的历史观，亦当属此列。

在审美接受活动中，误读的存在使人们对作品意义内涵的追寻永无止境，使作品的意义由确定走向不确定，又由不确定走向确定，在这个审美的世界里，一切都在理解之中获得意义的生成。读者理解本文，读者也被本文所理解；本文有待解释，而解释者的自我也是一篇有待解释的本文。接受者在不断地探究审美世界的奥秘，同时也向审美世界展示着自己的本质力量。误读形态的多样性，体现了人类追寻世界意义内涵的方式和过程，它向读者表明："从理论上说来，我们在这里已经遇到了一切阐释的极限，而阐释永远只能把自己的任务完成到一定的程度，因此一切理解永远只是相对的，永远不能完美无缺。"[②]

（原载于《广东技术师范学院学报》，2000 年第 2 期，有改动）

---

① 杨周翰. 莎士比亚评论汇编［M］. 北京：中国社会科学出版社，1979：519.
② 里克曼. 狄尔泰［M］. 殷晓蓉，吴晓明，译. 北京：中国社会科学出版社，1989：330.

误读的美学意义

摘　要：审美活动是动态发展的过程，误读伴随其始终。读者理解文本，逐步接近其内涵本真，完善审美心理结构，积累审美经验，拓宽期待视野。误读反馈信息，是作家创造新文本的审美创造动力。误读具有普遍性，但也有其界定范围，读者的审美接受必须以作品所提供的信息储存为依据，作品对其有制约性。

关键词：误读；美学；意义

误读是对文学作品的别有所解，是对文学作品、文学现象在一定时期内不能穷尽其文本内涵的解读现象。误读是在审美接受过程中发生的，不断揭示审美对象的内涵，逐步接近其审美价值本真的解读形式。误读是以作家的作品为基础，由读者来实现。正因为审美接受中误读的存在，文学史上才有说不尽的莎士比亚，道不完的歌德，才使文本的审美形象、意义内涵不断被理解、挖掘，被发现和探寻，才使接受者不断丰富审美个体或群体的审美经验，不断构建、完善其审美心理结构，逐渐提高接受者的审美能力和鉴赏水平。误读对作家的创作具有反馈作用，促进、影响着作家新作品的创作。

一、探寻文本意义内涵的本真

审美活动的本身是一个动态发展的过程，文学创作是"一种吁请，写作就是向读者提出吁求，要他把我通过语言所作的启示化为客观存在"①。而读者的"接受决不仅仅是读者、观众同作品作者之间的交往，想象中的争论或辩难，而是对生活中新的东西的一种发现"②。因此，误读在审美接受中对探寻文本意义内涵的本真发挥着主导作用。

由于读者能动性的存在，文本的意义内涵并非完全出自文学作品，文本的意义是他在的，其意义内涵存在于读者对文本解读的具体过程之中，是文本与读者相互作用的结果。文本阅读的美学价值及其社会审美意义只有通过读者的阅读，通过读者对文本的具体展开才能表现出来。

对读者而言，任何艺术的文本都是一种开放性结构，这种结构为误读的产生创造了条件。文本的开放性结构是一个包含了无限可能性的开放体系，具体表现在文本结构中充满了若干的"空白"和"未定点"，这引导读者对作品进行探索，对其意义内涵进行填充。由于每个人填充的方式不同，以及填充的质与量的不同，作品的意义内涵便产生了或大或小的变形，而这种变形正是读者误读作品的结果。由于本文的结构是开放的，充满着作家并未言说、无意言说或隐含言说的许多空白话语地段，这样文本便形成了对读者的暗示，解读文本也就成了对文本意义进行填充、追寻的过程。鲁迅写《阿Q正传》《祥林嫂》《故乡》等作品，其目的只是"揭出痛苦，引起疗救的注意"，事实上，在当时鲁迅也无从解释痛苦现象的根源，更谈不上开出疗救的具体"药方"。因此，在他的作品中就留下了

---

① 萨特. 萨特研究 [M]. 施康强，译. 北京：人民文学出版社，1991：9.
② 梅拉赫. 创作过程与艺术接受 [M]. 程正民，等译. 郑州：黄河文艺出版社，1989：110.

无数的"空白"之处，让人回味、咀嚼。时至今日，阿Q形象是何种国民性的象征？祥林嫂呼喊的"灵魂"意味着什么？《故乡》的内蕴在哪里？诸如此类的问题引起人们的思考，究其原因在于鲁迅创作中的不确定性给读者的误读留下了广阔的空间，调动了读者进行审美再创造的积极性，对作品的意义内涵作各种不同形式、不同深浅的探索、挖掘。

由于文本意义的他在性、结构的开放性，读者对作品误读的产生不可避免。因此，对某一文本或艺术品真正意义的发现是无止境的，这实际上是一个无限循环的过程。不仅旧的误读被不断克服，而使意义得以从遮蔽它的那些事件中敞亮，而且新的理解也不断涌现，并揭示出全新的意义。① 正因为文本意义的可能性是无限的，文本的意义内涵才处于不断生成之中。

此外，文学作品能够超越产生它的那个时代，在不同时代中被重新理解并不断产生新的意义。因此"文学对每个时代而言都是当代的"②。文学作品是一种永恒的现在，因为在文学作品的误读中永远包含有接受者当下的理念。文学作品的真正内蕴必须通过审美理解的历史性才能得到呈现，而同一文学作品的无限多样的意义也只能在审美理解的嬗变中得到确证。正是读者的误读，将自己的生命感知投入其中，文学作品的未定性才得以确定，文学作品的审美价值才得到实现。文学作品审美价值的发现和实现是一个漫长的历史过程，只有对作品进行不断理解，才能不断发现其审美意义，才能逐步接近文学作品的意义内涵本真。

二、完善读者的审美心理结构

文学接受是一种比较复杂的心理活动过程，它是以读者的审美心理结

---

① 伽达默尔. 真理与方法［M］. 洪汉鼎，译. 上海：上海译文出版社，1992：265.
② 伽达默尔. 真理与方法［M］. 洪汉鼎，译. 上海：上海译文出版社，1992：115.

构为基础的。由于阅读作品的群体或个体的审美心理结构不同，因此他们在作品中所看到的东西也就不同。由读者的审美心理要素构成的审美心理定势及读者的期待视野制约着读者的审美接受活动，同时也形成了对作品意义内涵发现的差异。正如马克思所说："对于我来说，任何一个对象的意义 ……都以我的感受所及的程度为限。"

心理定势是以一定的方式满足需要的准备，审美心理定势是审美活动得以展开的前提条件，具体表现为审美活动中各组成要素相互作用形成的审美心理结构。

读者对作品的审美接受活动是以其独特的审美心理结构为中介来完成的，文学作品中的美只有同接受者的审美心理结构相互作用，接受者的审美活动才得以实现。而接受者的审美心理结构具有自己相对稳定的审美知、情、意体系及各种心理形式组合而成的复合结构。阅读审美心理结构的形成除了有先天遗传因素外，更主要的是取决于后天的因素，即包括个人的社会关系、审美关系以及特别的生活境遇，还包括个人的审美实践活动、教育熏陶、对人类优秀文化遗产的继承以及在个体的审美活动中对自己审美心理结构的自我调节与重构等内容。随着读者具体的个人化审美活动的进行，对文学作品的意义内涵误读的频繁出现，读者对艺术审美规律的认识就会不断深入，审美经验得到积累，审美标准得到提高，判断方法逐渐丰富、完善，同时也就提高了审美心理定势的质量。这种审美心理定势一旦形成，就会释放出一定的势能，使读者在审美活动中舍弃与审美对象不相关的因素，使人们在审美活动中表现出既定的选择性、强烈的情绪性及理解的主观性。

审美心理定势的形成基础表现为两个方面。其一为文化方面的因素，包括文化素养、知识水准、道德观念、价值信念和生活体验等。其二为心理方面的因素，包括接受者的需要、情绪、心境、潜意识等，文化和心理方面的因素共同作用，形成了读者对文学接受的一种"特殊组织的准备"，它们按照特殊模式组织起来，在接受具体作品时成为一种标准和框架，投射到读者的接受活动之中。这就是读者在审美接受活动中的"期待视野"，期待视野是读者审美接受活动得以展开的前提条件。根据认识发生论的理论，读者在阅读活动开始时，头脑中已存在了一个图式。这个图式包含读者本人已经形成的文化习惯、预先具备的概念体系、预先作出的假设。这三方面内容构成了读者接受活动中的期待视野。期待视野实际上是读者在接受文学作品时已经潜在的一种审美尺度，内在的审美判断的标准，它潜移默化地影响、制约着读者的审美接受活动。读者在审美接受活动中，有了特定的期待视野，它让我们认识到，任何文本的意义和价值都不可能是永恒的、封闭的、绝对的，而是暂时的、开放的、相对的。它给读者对作品的误读留下了广阔的空间，正因如此，也使得读者在接受作品时对作品意义内涵的追寻不断深化。读者因个人的期待视野不同，对作品的审美价值及审美意义的认识也不同，对作品空白的填补和意义的阐释亦不同，因而使作品的潜能得到不同程度的实现。

总之，审美接受活动是调动接受者全部审美经验对作品的"空白"结构加以想象性补充、充实的过程，是一种融注了接受者的感知、想象、情感等多种心理因素的审美再创造活动。无数审美主体共同创造的艺术想象，总体上比作家赋予的主题要深邃得多、全面得多。

三、丰富、发展个体的审美经验

艺术接受过程是对艺术品不断创造的过程。正是在这生生不息的创造过程中，接受者不断总结、积累、丰富和发展个体的审美经验，并在审美活动中得到验证，使个体的审美经验不断完善、充实，发展成为理论体系，并用以指导后来读者的审美接受活动。H. 帕克指出："所谓良好的鉴赏力就是完完全全按照这样的过程形成的。我所看到的第一部艺术作品，如果使我中意，就成为我的第一个衡量标准。如果我看到的第二部作品，它要想博得我的赞许，就必须或者能满足第一部作品所引起的期待，或者超过它。在后一种情况下，通过新的试验，就创造了一个同旧标准略有不同的标准，在我欣赏过大量艺术作品以后，作为欣赏这些作品的结果，就形成了一个标准——一个同任何具体作品都不再有联系的典型或型式。"①历代读者都把自己富于个性、民族性、时代性的审美经验赋予艺术品，对作品作出特别的阐释，这种赋予和阐释又成为后代接受作品的基础，不停地积淀并影响着后代人的审美接受。这种不断更新和重新阐释，使作品内涵不断创新、建构，使其意义蕴涵形成越来越大的螺旋体，从而赋予艺术品以永恒的艺术魅力。读者正是在这一过程中，不断完善审美心理结构、积累审美经验，拓宽期待视野，使审美接受活动变得更主动、更自觉。

误读能够帮助读者探寻、追问文本内涵的意义本真，能够完善读者的审美心理结构，也能激发作家创造出新的文本。误读作为一个反馈的过程，把接受者对作品的审美趣味、审美要求、审美标准反馈给作家，影响着作家的审美创造。作家通过对反馈信息的整理、分析、研究，调整自己的创作，写出新的、符合时代潮流和读者审美需要的作品，因此，误读成为作家审美创造的一种动力。

误读虽然具有普遍性特征，但也有其界定范围，读者的审美接受必须以作品所提供的信息储存为依据，不能漠视作品对接受者误读的制约性。正如伊瑟尔所说：作品也制约着接受活动，以使其不至于脱离文本的意向，而对文本作随意的理解。对作品进行的误读，用萨特的话说，是"一种被引导的创造"。那种认为对文学作品的误读就是随心所欲的、可以完全脱离作品的构思和内容的解读，不是本文所论述的误读范围。在误读过程中，尽管作品的意蕴会发生程度不同的变形，但这并不意味着它不是作品中的客观存在，接受者的创造和理解活动归根到底是限制在文本结构所

---

① 帕克. 美学原理 [M]. 张今，译. 北京：商务印书馆，1965：116.

提供的可能性之内的，作品本身对理解和接受过程始终起着一种驾驭作用。读者的接受只是根据作品的意向，按照作品留下的空白来发挥自己的想象力，使其具体化和感性化。如果超过了这个范围，接受和阐释就会成为杜撰，不是对作品的真正误读。

(原载《学术研究》，2000 年第 6 期，有改动)

误读的文化阐释

摘　要：误读是文学接受过程中普遍存在的一种审美文化现象。读者在文学阅读中，其接受活动受制于诸多因素，除了个性、喜好等个人因素外，还受到历史、传统、环境、时代等文化因素的影响。这种文化背景的"规范场"影响读者的接受情感及其接受方式，也使审美活动形成动态的系统，使不同文化背景下的读者在审美接受活动中彼此相互区别，审美接受的结果生生不息。

关键词：误读；文化；读者接受；作家；作品

误读是人们在审美活动中普遍存在的一种文学接受观象。针对文学的阅读过程而言，误读就是对文学作品的别有所解，是对文学作品、文学现象在一定时期的不能穷尽其文本内涵的解读现象。进一步来讲，误读就是在审美活动过程中发生的、不断揭示审美对象的内涵、逐渐接近其审美价值本真的解读形式。误读是对文本的解读，是由读者来实现的，而读者又是生活在一定社会文化氛围之中，这样阅读过程中对审美对象接受的变形便不可避免，由此产生了文学史上说不尽的莎士比亚，道不完的歌德。误读本身也成为一个多元的话题，本文仅就误读与社会文化关系展开探索，分析误读形成的文化原因。

误读作为文学接受过程中普遍存在的一种审美文化现象，它既是一种意识的交流——读者的意识与作者意识，也是一种文化的对话——读者的文化背景与作者的文学创作，读者的文化背景与作品中的内涵文化。

读者在阅读作品过程中，读者的接受活动受制于多方面因素，其中除了个性、喜好等个人的因素外，还取决于历史、传统、环境、时代等文化"大气候"的因素，这些因素实际上就构成了一种制约，文化制约造就了色彩斑斓的读者群体，促成了形形色色的文本误读。不同文化背景下的读者在审美接受中彼此相互区别。

一、误读与社会价值观念的积淀

"文化"，按照英国人类学家泰勒的观点（认识），"是一个复合的整体，其中包括知识、信仰、艺术、道德、法律、风俗以及人作为社会成员而获得的任何其他的能力和习惯"。[①] 泰勒之后，美国的两位文化学家克罗伯和怀特汇集了当时所见的欧美文献中各种关于文化的定义，找出了文化所包含的 5 个元素，其中最后一点指出："文化既是人类活动的产物，又限制人类的活动。"[②] 人的本质力量对象化为物质文化与精神文化，同时作为全部人类史的产物，不断地形成人们的内在尺度，所以文化既是外显的，又是潜隐的，文化在积淀之中成为人们价值的观念及其判断的基础。而人们在衡量任何事物时，决定其取舍的是价值观念。美国思想家 E. 拉兹格认为"文化是受价值引导的体系。…… 文化满足的不是身体的需要，而是价值标准的需要。价值标准决定文化实体内人们对理性、感情体验的深刻意义、想象的丰富性和信仰的深度的需求。一切文化都同这种超生物的价值标准相应"。[③] 当然，价值本质并不是凝固不变的，可以说，不同民

---

① 克莱德·克鲁克洪. 文化与个人 ［M］. 何维凌，高佳，何红，译. 杭州：浙江人民出版社，1986：3.

② 帕克. 美学原理 ［M］. 张今，译. 北京：商务印书馆，1965：116.

③ 冯利，覃光广. 当代国外文化学研究 ［M］. 北京：中央民族学院出版社，1986：2.

族、不同国家，不同地区其价值观念是不同的；不同时代、不同历史、不同环境其价值观念也不同，甚至一个人在不同历史时期，不同文化背景下的价值观念也不一样。生活在各种文化氛围中人们其所见、所为、所断定必然受制于生存其中的社会文化背景，以及由此而形成的价值观念的约束，人类的审美活动也不例外。在文学作品的接受过程中，由于读者所处的社会文化氛围不同，价值观念不同，民族的文化心态、时代的文化差异使审美接受必然产生一定的变异，形成了对作品各种不同意蕴的理解，导致误读的产生。

二、误读与传统文化的积淀

文化具有历史性。在文化概念的外延之中，民族审美文化传统作为文化外延诸要素之一，它是一个民族在其历史发展过程中不断积淀、传承而形成的，它对这个民族中每一个成员的重要性、依赖性如同人们生活中不可或缺的空气，读者的审美接受活动只有凭借一定的文化与特定的审美传统才能实现。正如德国的文化学家巴尔纳所言，如果没有传统，文学的接受以及文学的效果史是无法想象的，也是无法研究的。没有传统文化的特征，就没有任何一个读者去接近一部作品。传统文化特征所给予的是背景和理解方向。对于由不同的传统审美文化滋养成长起来的人们在审美接受活动中，各种积淀的文化思想形成的价值观念，价值指示取向就会描绘出读者思维的进展路径，行进的轨迹规定制约着读者头脑中的作品形象及其对作品意蕴的领会，各得其解。

三、误读与时代审美风尚的影响

文化具有现代性。作为文化外延之一的审美风尚，它是某个时代各种审美取向、价值判断诸因素综合作用的结果，它包括当时流行、崇尚的欣赏趣味、审美价值取向等，它们构成一种特定的时代风气和氛围。处于不同时代不同审美风尚中的人们，由于身在其中，潜移默化地受其影响，以至于会在不知不觉间接受其审美导向，规定着人们审美活动的展开。如果说民族的审美文化传统具有相对稳定性的话，那么时代审美时尚则具有多变性，各个时代的审美时尚始终处于一种变动不居的状态，其辐射力扩展到人们生活的方方面面，作为文化活动的审美接受也不例外。

民族的文化审美传统和时代的文化审美风尚共同作用于审美接受活动，其结果是形成某一社会一定时期对文学作品的审美判断标准。这不仅影响文学作品在该时代向读者发出怎样的意义召唤，而且影响着读者的审美趣味，决定着读者对某一作品的具体接受状况和效果。有文学家曾说，一部作品的效果主要应当归功于当时读者的口味状况和归功于一个长久的传统，正是这个传统认为该作品富有价值并向当时的时代推荐的。当人们的审美判断标准发生变化后，接受的效果又是另外的样子了。

四、文化因素作用下的作家、作品的命运

由此，我们就有可能解释为什么同一个文学形象或同一部文学作品在不同时代会经历不同命运。郭沫若为历史人物曹操平反，《水浒传》中施耐庵笔下持否定态度的潘金莲的形象，成为魏明伦笔下受欺侮、值得同情的妇女形象。接受美学创始人尧斯曾拿福楼拜的《包法利夫人》与费多小说《法妮》进行比较，这两种小说的题材相同，都是写外省市民阶层通奸行为，所不同的是叙写形式。《法妮》采用抒情、忏悔的诱人笔调和辞藻华丽的风格，而这种风格恰恰迎合了当时读者的审美期望，因此，该书的出版在当时引起了轰动效应，仅一年之中就重印多次。相比之下，以不掺杂个人感情色彩为叙述特征的《包法利夫人》却黯然失色。然而几年后，

由于读者的审美标准、审美期待的变化，情形也发生了颠倒，《包法利夫人》被公认为长篇小说史上的世界性成果和现实主义小说的新规范，这一规范也使《法妮》成为明日黄花。这种接受情形的出现是文化因素作用的结果，接受者自身的审美文化传统的制约，以及所处时代的审美风尚的变化，使得审美接受的结果大相径庭。

可以看出，读者的审美活动都是在一定社会文化背景下进行的，这正如作品的主人公是在特定的生活环境中被塑造一样，环境塑造着人物性格，揭示着人物的命运，反映着生活中某些本质。读者亦是带着一定文化背景、民族的审美文化传统和时代的审美风尚去审视作品中人物的性格，探讨人物的命运，理解作品作者的意旨、作品本身的意蕴。这种文化背景的"规范场"影响着读者的接受情感及其接受方式，也使审美接受活动形成一个动态的系统，接受的结果生生不息。

（原载于《语文月刊》2000 年第 6 期，有改动）

语言的艺术

——论王朔小说的语言特色

摘　要：文学是语言的艺术，以王朔为代表的新潮小说家，在其小说创作中改变了对文学语言工具性的认识，开始把语言作为创造的要素，进行了小说语言运用的革命。王朔在他的中短篇小说创作中用语言的智慧描写世界、创造文学世界，完成了批评家所赋予他的新京味小说概念，同时具有了叙述方式的影视化、故事的模式化特色，而这又导致了王朔靠语言作小说所形成的虚构性。

关键词：王朔；小说；语言；艺术

中国当代小说的审美取向，在相当长的时期内一直偏向于对主题和题材的开掘。文学是语言的艺术这一命题，被人们解释为把语言作为主题和题材的附着物，被理解为具有鲜明、准确、生动属性的工具，新潮小说家的出现，改变了对语言工具性的理解，开始把语言作为创造的要素，进行了一场小说语言运用的革命。

王朔的小说创作活动，开始也是从题材入手的。《空中小姐》，便是在题材方面作刻意的追求。航空、旅游、甜蜜多磨的爱情，是这篇小说所要突出的，叙述是靠故事块来完成的。但也正是从这个中篇小说起，王朔开始注意到自己的语言建设，由此他找到了自己的语言感觉，到了《一半是火焰，一半是海水》，他已开始用语言"创造"小说了。可以说，没有对语言的追求，王朔的题材、故事是不会给他带来文学的、商业的高效益的。即使是像《动物凶猛》这样纪实性很强的小说，语言也在其中起着极其重要的作用。王朔没有打出拥抱语言的旗帜，也不是语言的执意探索者、实践者，但是以"写字匠"自诩的他，对于语言的操作，确实使语言上升到"本体意义"了。

一、理想：创造世界

王朔的语言理想，是用语言的智慧描写世界，创造文学世界。他所喜欢的作家有两类，一类是刘震云这样的把"我们这种波澜壮阔的历史全部庸俗化"和"新写实"作家，另一类就是用语言写作的作家。他尤其羡慕后一类，曾不止一次地谈到苏童、孙甘露等先锋派作家的创作技巧。王朔看重苏童用语言创造世界的能力，并把它作为自己语言的理想。王朔把语言理想与他对世俗的关注结合起来，形成了自己的语言理想，这便是用语言来解释世界、创造世界。相比较而言，王朔更热衷的是语言的智慧，而不是语言的复杂排列技巧。

语言是思维的物质形式，特别是王朔对语言智慧性的追求，使我们有理由将王朔小说的思维方式作为说明其语言的基本逻辑起点。王朔小说中的人物思维方式，也包括叙述者的思维方式，具有强烈的平民色彩，它主要以两种类型来实现主体与世界的联系。对世界作出世俗的解释，用平民的世俗法则来创造世界。一是降低自己、作践自己，譬如真心实意、毫不愧色地宣称自己是流氓，最起码也得说自己不是东西；二是标榜自己。这两种表达方式，都是局部地说明真实，整体地偏离真实，对这样思维方式的表达便形成一种语言上的技巧，作为主体"为自己开道的方式"。从逻辑意义上讲，它是语言的伪陈述，把这种伪陈述作为进攻的技巧来操作，就形成了一种矫饰的侃的效果，又由于侃的庸俗美形态，使读者不自觉、心甘情愿地在这种语言与语言的对象之间构架一座沟通的桥梁，当读者掩卷细思时，发觉这种语言技巧的用意，感叹自己为技巧牺牲了感情时，这座桥实在已经架完，所能做的只有一笑了，这便是王朔用语言对世界的创造。

二、变异：新京味

北京作为首都，有着独特的文化风格。在20世纪30年代，沈从文、萧乾尤其是老舍以经过加工的北京口语，创造出以北京市中语言写北京市中生活的京味小说。老舍的成功，开创了京味小说的未来。而后，汪曾祺、邓友梅等则是丰富、加强了老舍开创的京味小说。而王朔的出现，却是老舍的京味在20世纪末的变异。

王朔的成长年代与京味小说家的历史差异，必然导致"变异"的出现。当然，王朔的小说是既不"帮官"，也不"帮闲"，他虽以文为生，但他还未把小说当媚上逐利的"糊口之末技"，所谓的"卖艺不卖身"。不过由于他所处的特殊历史年代，他对京味语言的变异确实有着"近官""近商"的原因。王朔成长于由大规模的政治运动为中心到以经济建设为中心的、特殊的历史年代，政治运动中所产生的特殊语言，英雄时代的豪言壮语，培养了王朔最初的语言操作能力，这一点是京味作家所不具备的。另外，商品经济使城市的运行节奏加快，流行语日渐丰富且流行周期也在缩短，这些又为王朔对京味实行变异行动成为可能。为王朔新京味的形成提供了基础，王朔语言特色的最后形成，还得归功于他对语言操作的追求。

王朔虽不是有意地对京味语言进行"变异"操作，但他的语言追求本身客观地形成了新京味的语言。王朔对京味语言的变异，是赋予他所吸收的社区口语的新的功能，这就是不求京味的那种纯熟、祥和、圆滑甚至有些迂腐的特色，而变为追求调侃、反讽、恢宏、富有弹性的风格，用这样的语言来解释世界、创造世界。对京味的最明显的变异是王朔以新的技巧操作语言，造成一种陌生化效果，主要是消解词汇的历史意义而赋予它一种暂时的、不稳定的语境意义；利用特定的语境使词汇形成一种模糊意义，增加阅读的弹性；在时间性的语言叙述中，努力增加空间因素，使语境更能表现自己的意图；为了调整庸俗美所带来的阅读疲惫，采用语言游戏的方式，增加作品的可读性（如《橡皮人》中取消标点的段落，《一点正经没有》中"卷帘子"的游戏），大量运用对话，靠对话推动情节，缩短与读者的感受差异等。靠这些技巧，王朔完成了批评家所赋予他的新京味概念。这些技巧的运用，使王朔的小说同时具有了叙述方式的影视化、故事的模式化特色，而这两点，又导致了王朔靠语言作小说的所形成的虚构性。

三、结果：虚构性

王朔对靠语言智慧创造世界、解释世界的语言理想的追求，为其小说的虚构性创造了自由的空间。虚构是小说的法律，它产生于一种心理活动，并能达到暂时的心理认同的真实。要实现虚假的真实，主要靠对语言的操作，没有对语言技巧的追求，便不能实现小说的信假为真的效果，王朔靠我们论及的技巧，实现了这种虚构性的效果。具体表现为叙述方式的影视化，虚构故事的模式化。

王朔小说的特点是大量地运用室内剧式的对话来叙述，用蒙太奇来转换话题与空间。对话是构成王朔小说语言的主要形式，就是像《玩的就是心跳》这样有推理意味的和《我是你爸》这类"深沉"的小说，对话也占有相当大的篇幅，对话是王朔对影视大众特点的借鉴，是对大众化读者的一个商业策略。

王朔小说的故事设置有明显的模式化倾向，他有两个基本模式贯穿其创作始终。一个是爱情模式，在这个模式中，往往一个以流氓或痞子自居的男子，在一个或两个纯情少女的疯狂追逐中，显示出操纵全局的、创造世界的能力，其间几经波折，最后出现难以预料的结局。《空中小姐》《一半是火焰，一半是海水》《浮出海面》等这类言情小说自不必说，《橡皮人》《玩的就是心跳》《无人喝采》《过把瘾就死》，甚至《动物凶猛》都有这类模式存在。另一个是更普遍地运用英雄模式。王朔的小说，自始至终没离开过英雄，尽管他总是极力逃脱英雄，但他的小说中往往有一个无所不能的人以特殊的方式存在，由他操纵全局，情节似乎难以预料，其实结局早已注定。由虚构性而导致的王朔小说的这两个模式，还产生了一个副模式，这便是在虚构的掩护下，把人物推向善或恶的极致，使之产生出一种港台室内剧常见的效果，这就是在吸引读者的前提下，尽可能地逆读者的大众愿望而动，引发读者的激动情绪。这个模式最明显的运用，是在中篇小说《刘慧芳》中，王朔"残忍"地将各种不幸集于刘慧芳这个好人身上，最终使人普遍认为刘慧芳只是个善的符号。

王朔用自己的语言花珠纺织起的这三种模式，作为庸俗美的外壳，成为他的作品的重要组成部分，王朔在这种模式之下日行万里，向社会贡献出自己的作品，使他最终成为畅销书作家有了物质保证，使20世纪末的中国文学出现了新的契机。

（原载于《内蒙古民族学院学报》1994年第1期，有改动）

女性镜像中的焦虑

摘　要：王朔用"女性—'镜子'＋旅行"的模式来表达焦虑情绪，该模式主要集中在他自己所谓的纯情期。笔下诸女性都被作者赋予"镜子"的意义，由此映照出男主人公告别英雄初始时焦虑的"镜像"。正如惠特曼所谓的"女人是灵魂的大门"。"旅行"在这一时期的作品中，不但被王朔赋予了形式方面的功能，而且有逃脱焦虑内容方面的意义。

关键词：王朔小说；焦虑；女性镜像

一

20 世纪文学最突出的成就，就是以空前的热情，对人类自身所不可摆脱的悲剧给予充分的关注，痛苦与绝望的主题得到前所未有的抒写。在世纪之初的 1918 年，德国人斯宾格勒就曾预言，20 世纪的世界，将是全面走向"没落与崩溃"的世界。他认为世界是以一系列的单独文化统一体的形式而存在的，就像有机生命一样，所有的世界文化都分为上升、繁荣和下降、瓦解两个阶段，他把前者称为"文化"，后者界定为"文明"。① 斯宾格勒断言，20 世纪将是个"文明的"世纪，"迄今看来像是世界历史直线上升的最高点，事实上它乃是可以从每一个文化中观察到的，生命的一

---

① 斯宾格勒. 西方的没落［M］. 齐世荣，等译. 北京：商务印书馆，1963：28.

个阶段，而且已经达到文化的极限，这一生命阶段，并非以社会主义、印象主义、电气铁路、鱼雷与微分方程等为其特征，而是以已经文明化的精神状态为其特征"①。这个中学教员并未料到，他所描述的"文明"社会，首先会在文学作品中受到了强烈的关注，文学家们面对急剧发展的工业社会，特别是两次世界大战，感到世界已变成了无秩序的"荒原"，作家们为了使人类挣脱这可怖的悲剧命运，悲壮地在"四月"，这个"最残忍的季节"②，开始了对救世"圣杯"的寻找，所有这些构成了20世纪文学的主旋律，而痛苦与绝望又是这旋律里最强的音符。正像有的论者所指出的："绝大部分现代艺术，只是我们绝望的储藏室和博物馆。"③ 然而，事物往往在为人们所忽视的一面产生出显著的结果。20世纪世界的运行，并没有完全依从斯宾格勒所设计的轨迹发展到世纪末，世界经济并未崩溃，反而有所发展。科学技术的迅猛发展，"冷战"的结束对核装备的有效控制和削减，使世界从崩溃的理论中走向新的结构，并在这新的结构之中，形成了一种新的文化审美机制，世界文学逐渐从痛苦和绝望的储藏室中解放出来，出现了新的格调。王朔的作品就是这种格调的一个方面的反映。

中国文学由于鲁迅等人的出现，开始了与世界同步运行，但对世纪性的世界没落感并未形成强烈的情绪。到了1985年，出现了刘索拉、莫言等作家，他们对人类不可摆脱的悲剧命运作出了自己的思考，但这深刻的思考并未感染全体国民。20世纪末中国民众的最主要情绪，是在由英雄氛围向平民本真的转移中，所产生出的是既不同于绝望，也有别于信心的焦虑情绪，由于社会价值观念的变化，民众自己的社会理想受到强烈震动，甚至颠覆，于是焦虑成了一种普遍的社会情绪。焦虑具有不稳定的特质，它是绝望与信心的中介质，它的正向发展是信心与希望，负向作用是绝望与

---

① 斯宾格勒. 西方的没落 [M]. 齐世荣，等译. 北京：商务印书馆，1963：35.
② 艾略特. 荒原 [M]. 赵萝蕤，译. 北京：中国工人出版社，1995.
③ 古茨塔夫·勒内·豪克. 绝望与信心 [M]. 李永平，译. 北京：中国社会科学出版社，1992：24.

悲观。前者是浪漫主义文学的取向，后者是现代主义文学的归指，而王朔所做的则是对焦虑的垂直解脱，使焦虑的情绪上升转化为都市平民的美学理想，用一种游戏式的悖论，将焦虑情绪淡化，表现出消解的趋向。这使王朔在做出商业性的选择时，不自觉地使自己有了文化的意义。

二

王朔的创作分为纯情、调侃和深沉三个阶段，这三个阶段不论是其叙述形式，还是所追求的审美态度，都有很明显的区别，特别是第一阶段与第二、三阶段，更容易发现其不同的追求。但笔者认为，在王朔的作品中，也有一以贯之的基本情绪，这就是在由英雄情结向平民文化转变过程中所产生的 20 世纪末的焦虑情绪，这一点在第一阶段的作品中，表现得更为突出。也就是说，在王朔所谓的纯情爱情之中，渗透着 20 世纪末中国普通民众的一种普遍情绪。事实上王朔在爱情描写中，是把女性作为一面镜子，来映照男主人公的焦虑梦。王朔在他第一阶段的主要作品《空中小姐》《一半是火焰，一半是海水》《浮出海面》中都有关于男主人公照镜子，或者是男主人公从少女纯洁光润的脸颊看出自己的形象的描写，这些为人所忽视的描写，其实是解读王朔的重要途径。

当代精神分析学代表人物雅克·拉康认为，人（婴儿）首先从镜子中看见自己，通过自己在镜子中的镜像，"认出了自己"。最初他把镜子中的镜像看作一个现实事物，后来把它看作他人的镜像，最后才把它与自身主体联系起来，主体形成了基本人格的同一性。因此"镜像"预示了主体存在的全部辩证法。王朔对纯情爱情的描写，所赋予女性的正是惠特曼所说的女人"你是肉体的大门，你也是灵魂的大门"① 的属性，在女性这面

---

① 惠特曼. 草叶集 [M]. 赵萝蕤, 译. 上海：上海译文出版社, 1991：180.

灵魂的镜子里，男主人公看到了自己的镜像，由此展开了一系列的"狂想"。

在第一阶段，王朔的故事模式、叙述视角都已基本定型，他这时的作品，大都是由以"我"或石岜等人的视角，来叙述一个平凡而又动人的故事。"我"是王朔小说中极其重要的人物，这是因为，"我"始终是王朔小说中的叙述人，王朔小说情节大都是由"我"展开的，"我"以及石岜、方言的性格发展，有着固定的历史前提。这是一个在军舰上让青春闪过光的青年，复员后重新选择生活时，中国已发生了与他入伍前迥异的变化，改革开放已使传统的文化结构和价值观念发生了极大的变化。小说中"我"的主要行为是与曾经在军舰上做过的英雄梦告别，在告别过程中，他感到了焦虑的存在，于是他试图通过爱情解脱这种焦虑，而这种努力却是一个悖论，爱情反而使他更清楚地看到了自己的"镜像"。

《空中小姐》是王朔的成名作，也是表现焦虑情绪的第一部作品。在这部作品中，王朔开始了与英雄告别的历程。还是在"我"做英雄梦的时候，出现了一个对"我"的英雄精神热情崇拜的少女王眉，此时的王眉，已成为"我"的潜在镜子。这种英雄崇拜，规定了王眉的悲剧结局。对越自卫反击战后不久，这个有着8年军龄的英雄追寻者，离开了军舰，也离开了他的英雄理想，开始小心翼翼地与英雄梦告别。在一次旅行中，与已经成了空中小姐的王眉重逢，此时的王眉正是"我"当年做英雄梦的年龄。英雄梦想使王眉和"我"很快相爱了，王眉之于"我"的镜子关系已经开始有实际意义了。他们之间的爱情，除了例行的缠绵之外，一开始便注定要以悲剧结局，因为此时的"我"已在焦虑的情绪中开始了对英雄的逃避，而王眉则还在为英雄梦而奋斗。当王眉写信说"应该生活在奋斗的漩涡里"时，"我"的反应是"冷对镜子，让我再来看看我是个什么人吧！镜子里，是个胖子，又白又暄的那种胖子，爱吃油炸东西，爱洗澡，爱睡觉，不爱动"。这时的"我"已从两个镜子里，辨认出了自我"镜像"，由英雄梦想者变为爱吃油炸物的普通胖子，这一镜像使"我"人格中的焦虑情绪陡然凸显。英雄梦使"我"焦虑，焦虑梦又使"我"想到英雄梦想。英雄梦是"我"此时解脱焦虑的最直接方法，正因为如此，才有"我"和王眉的恋爱。王眉也是她英雄梦的镜子，是她英雄情感的外现。欲当"三八红旗手"的王眉，实际映射的是"我"几年前的梦想，然而焦虑的情绪已使"我"开始了对英雄的逃避，所以王眉死了，英雄的镜像连同镜子一起破碎了。王眉的死，不仅仅出于使爱情故事动人的商业需要，更是"我"的焦虑情绪的必然结果。

如果说在《空中小姐》中，"我"的焦虑梦因王眉的死而得到了充分强化的话，那么《一半是火焰，一半是海水》则是依靠道德和法律的力量使焦虑梦受到了暂时的抑制。在这部引起争议的中篇小说中，焦虑梦的表现形式仍是一种镜像式的，是男主人公张明通过女大学生吴迪和浪漫少女胡亦来实现"自我辨认"的。在这部小说的上篇里，王朔尝试着让焦虑情绪作水平的负向发展，于是张明的焦虑为堕落所代替，焦虑的情绪发展到绝望的级次，使他涉足犯罪行当。张明冒充警察设计诈骗外商钱财，与亚红等堕落女性在一起纵情酒色，这是张明的焦虑情绪负向发展到极限的结果。王朔意识到了焦虑情绪发展到绝望级次的可怕，于是为张明设置了一面纯情的"镜子"，吴迪出现了。当吴迪以自己的青春来映照张明的绝望镜像时，张明认出了自己的堕落，焦虑情绪又开始从绝望的级次向回退缩，绝望重新变为焦虑本身，特别是吴迪因张明的绝望而以极端的形式显示他的镜像时，张明受到了强烈的震动，正如他自己所说的"我真成了感情冲动的傻瓜"。吴迪的"镜子"意义，在她与张明最后一次见面时获得了充分的展示："屋里又陷入一片黑暗，她走了。那最后一闪而逝的是一张什么脸哟！那样姣好、美丽，又充满了深深的绝望和惨淡。那天晚上，我们都感到了巨大危险的迫近和前所未有的恐惧。"① 张明终于从吴迪这面

---

① 王朔. 王朔文集（第1卷）［M］. 北京：华艺出版社，1992：40.

"镜子"中，实现了镜像与主体人格的同一，再一次辨认出了自己的人格，痛苦地感到了焦虑情绪已负向地发展成绝望，而张明却并不想在绝望的级次上长久停留，因此他才在感到绝望的同时，也感到了前所未有的恐惧。此时，吴迪的镜子作用已经完成，于是吴迪自杀了。吴迪的自杀是对张明绝望极点的最后一次映照，王朔及时地让这面承载着绝望镜像的镜子破碎，使张明从这破碎的镜像中得以逃脱，展开新的"狂想"。王朔把这"狂想"规定在法律的力量之中，限制于道德的责任之内，靠法律和道德的力量，使张明从绝望之中返回焦虑之梦。为此，王朔在写张明劳改之后，又选择了一面新的"镜子"，这便是胡亦。

胡亦是吴迪美好青春的"破镜重圆"，她使张明重新看到了自己的"镜像"。张明是靠对英雄梦想的恢复，实现从绝望中走出的。胡亦这面"镜子"，首先使他想起了曾经存在的英雄镜像。"我把她埋起来，只剩下一颗美丽的头颅，随着沙土的堆积，她脸上的顽皮和笑容消失了，长长的睫毛盖住阖上的眼睛，脸色变得安详、平和、苍白、熟悉，像梦里时常浮现的那张脸。"张明在此时获得了一种幻觉的镜像，这是他过去的主体，是他幼时便幻想，并在潜意识中储存着的英雄梦和对美好向往的复活。王朔曾多次谈起幼时的教育使他所产生的英雄梦，"从小我的最大愿望是解放全人类"，王朔的这一理想，始终是他小说人物的一个基本性格因素。王朔用对这一因素的回忆，来反对文学中的英雄情结，这种悖论式的写作方式，是王朔的一种基本叙事策略。如果张明以这个幻想的镜像为契机，让英雄和美好替换这幻觉镜像，那么他也就不可能有焦虑的情绪了。可这时的张明，只能是对着虚幻的镜像展开儿时英雄的"狂想"，他已无力将这虚幻镜像变为真实的主体。尽管他曾试图依靠法律和道德的力量，但焦虑的恐怖仍不可摆脱。"那是个可怕的瞬间，就像童话里外婆幻变成狼一样。我抚了一下她的脸，想抚去幻形。她睁开眼，温柔地冲我一笑，缓缓倒流去的时空又倏地切回现实。"从英雄镜像返回现实的张明，已经感觉到了解脱焦虑情绪的必要，首先他极力阻止焦虑向绝望的极限发展，并尝试着阻止焦虑负向发展的方式，他寻找到的是法律支持下的道德力量，当他发现胡亦这面纯洁的镜子有可能毁于污浊的外力时，便以自己的体力和智力，极力维护这面镜子的光洁与完整。这种道义感最终在法律的支持下发挥了力量，他的焦虑情绪获得了唯一一次正向解脱，不稳定的心绪似乎也找到了安静的家园。为了躲避焦虑而流浪到海滨的张明，终于充满信心地踏上返回家园的途程。由流浪到回归家园，焦虑的情绪像海水一样撞击着他的心灵。他迷途知返，决心寻找自己的世界，这个过程，始终是通过如王眉、吴迪、胡亦这样纯洁女性的"镜子"映射出来的。经过几番挣扎与尝试，王朔逐渐地为他的主人公找到了解脱焦虑的方式，于是他的风格也开始"浮出海面"了。

如果说《空中小姐》中的王眉，《一半是火焰，一半是海水》中的吴迪、胡亦是作为一面镜子，来反照男主人公焦虑的灵魂的话，那么1985年王朔发表的《浮出海面》则较之更进了一步，他通过主体与"镜子"两个视角来写主人公石岜的焦虑。这是王朔唯一一次将叙述视角交给"镜子"，石岜的妻子于晶晶在小说的下篇，作为叙述人，改变了王朔小说中女性作为"镜子"的单纯映射作用。这标志着王朔小说中男主人公的"镜像阶段"的完结，这个贯穿王朔小说始终的男主人公至此已完全地实现了"自我辨认"。由于完成了镜像阶段的戏剧，这时的石岜已没有必要再为认识自己而顾"镜"自怜了，他因为"自我辨认"，已在社会中找到了自己的位置，所以这时石岜焦虑的情绪开始因为爱的滋润而获得了片刻的宁静，在这短暂的宁静中，他找到了解脱焦虑的方式，这便是调侃，而这调侃仍与英雄梦想有关，是从英雄梦想开始的。

小说《浮出海面》的上篇以石岜为视角叙述，小说一开始便写到石岜以一张"电影票"的价钱，看了一场关于英雄的舞蹈。这时作为王朔作品主人公的石岜，对于英雄已是敬而远之了，所以看到舞台上补天匡世的英雄时，"觉得扫兴"，倒是对卸下英雄面具的女演员本身产生了浓厚的兴趣，他认为"不该让一个女孩子向成年人表现雄壮、慈悲"①。除此之外，给他留下深刻印象的是舞台上英雄的死亡，但这并非出自英雄毁灭而带来的悲壮震撼，只是对女孩的表演技巧的感慨。作品写道："我对这个女孩子印象深刻，因为她表现功成名就后接踵而来的死亡很传神，简直可以说死得洋洋得意。"这时作品展示给读者的是前两篇作品所描述的英雄逃遁过程的结果，英雄梦想破灭的焦虑已经为英雄的逃遁所代替，并对此表现出"洋洋得意"的快慰。在这部中篇小说里，作者要求于晶晶这面"镜子"，反射出石岜因对商品经济的适应而产生的宁静，在这面"镜子"面前，石岜这样描述自己的镜像："我寻思着，官不是人人都做得的，学问也不是拨拉个脑袋能干的，唯独这钱，对人人平等，慈航普渡。"② 而这时于晶晶这面"镜子"，所映照出的也正是这在经济大潮中听出乐音的灵魂。"我说我就喜欢你是因为和你在一起可以不谈人生大道理，我感到轻松。"③在这种"感情生活"中，主体和镜子实现了同一，主体曾为焦虑所困扰的情绪，因为爱的甜蜜和被镜子的认同而获得了转移与消解。正因为如此，小说叙述视角的转换，并不是为了取消女性作为镜子的作用，而是主体的镜像与镜子同一的结果，因为同一，主体便是镜子，镜子也是主体，一种主体与客体和解的境界出现了。在小说的结尾，有一段关于镜子的叙述，可以说是这种境界的写真。"我开始一杯接一杯地喝酒，和石岜对着干。很快，我醉了。原地不动地觉得像在溜冰，一圈圈旋转，屋里的景、物、人一一飘逝，又一一再现。我仍然喝着，不知过了多少时间，发现只剩下我和石岜两个人了，只剩下两张皮肤紫涨眼睛血红的脸，这两张脸像镜子一样互相映照，忽而年轻，忽而苍老，忽喜忽悲，你中有我，我中有

① 王朔. 王朔文集（第 1 卷）[M]. 北京：华艺出版社，1992：51.
② 王朔. 王朔文集（第 1 卷）[M]. 北京：华艺出版社，1992：213.
③ 王朔. 王朔文集（第 1 卷）[M]. 北京：华艺出版社，1992：237.

你。"① 镜子的互相映照，使石岜感觉到了彼岸世界的到来，只要向上浮出焦虑的海面，便能看到你所要得到的。至此，王朔的小说，彻底完成了男主人公的自我辨认，女性作为镜子的使命也已完成，主人公将其焦虑情绪垂直转化为与客体和解的中庸情感。此后王朔小说中虽对焦虑情绪也有所表现，如《橡皮人》《我是你爸爸》等作品中都有或显或淡的表现，但总的说来王朔并未让焦虑情绪肆意发展，更没有让它发展到绝望的级次。王朔在后来的作品中，更突出的是让这种情绪转化为一种庸俗的审美形态，最终实现平民社会的全面构建。

三

这一阶段王朔的小说表现 20 世纪末中国平民社会焦虑情绪的特别之处，还因为王朔在小说中有着对旅行的热衷。

王朔小说所描写的空间，大都集中在北京。写北京人在北京发生的事，是王朔小说的基本构成。但值得注意的是，王朔在这一时期主要的三部作品中，每篇都刻意安排了对旅行的描写。这些旅行描写，不仅仅是为了给缠绵的爱情增添现代的浪漫气息，以便调整叙述节奏，增强作品的可读性，更主要的是这些旅行情节的描写，客观上传达了旅行者对焦虑情绪的解脱愿望，从而使焦虑情绪得以进一步的外化。

描写旅行是叙事文学所常用的一种形式技巧。对于这种技巧，中外文学都有成功运用的范例，如《鲁滨孙漂流记》《西游记》《老残游记》等都是以旅行为手段来完成叙述的。利用旅行技巧的作家，主要是把语言的时间性和旅行的空间性相结合，利用读者的探究心理，发挥旅行行为易于实现的"陌生化"效果，使读者与作者的情感相沟通，达到同步运作的效

---

① 王朔. 王朔文集（第 1 卷）[M]. 北京：华艺出版社，1992：293.

果，实现"登山则情满于山，观海则意溢于海"①的境界。所以旅行的作用，最终是内容方面的，尤其是受某种外力作用的被迫旅行，其内容的意义就更明显了。

王朔小说中有关旅行的描写，多是受焦虑情绪驱使而无可奈何的行为。尽管旅行的地点，不是风光旖旎的海滨城市，便是景色秀丽的都会，但作为旅行者的终极选择，则是要借旅行寻找一种解脱焦虑的方式。《空中小姐》中的男主人公，有两次主要的旅行，一次是他从部队复员后无所适从，焦虑的情绪迫使他来到中国南方旅行。这是一次逃避性的被迫旅行，当他在南方找到了王眉这面镜子后，这被迫的旅行又有了一种寻找的意味，他所要寻找的是王眉所唤起的英雄镜像。当王眉作为英雄梦想的外现消失后，他又感到了英雄梦想破灭的恐怖，于是又做了一次道义上的旅行，在南方重新寻找英雄梦想破灭的过程，以此作为向英雄告别的最后仪式。

《一半是火焰，一半是海水》中的旅行是男主人公张明与女主人公之一的胡亦同时进行的，他们一个是为躲避难耐的焦虑，另一个是为了逃避家庭的严肃，寻找自己的天地，结果躲避的反而进入得更深，寻找的却抱恨而归。这次旅行作为小说上下两部分的联结，既有形式方面的功能，又有内容方面的意义。这种功能在《浮出海面》中有着同样的作用。石岜和于晶晶相识，便是由一次旅行引起的。这篇小说是以旅行为叙述开端的，石岜本来是为旅行结婚的朋友送行，可侃得忘了下车，出于这种偶然，他与于晶晶联系在一起了。这偶然性的巧合通过石岜的青岛旅行转化为必然的结局。这次旅行是因为于晶晶这面"镜子"映出了石岜是个"浑浑噩噩三十年，身无一技之长"，整日胡吃穷聊的俗人，于晶晶欲离他而去，他的焦虑情绪浮出了海面。为逃避这种情绪，他只身一人来到他曾服役的海滨城市青岛，投入了大海的怀抱，在这里他可以尽情地向人们展示他当年

① 周振甫. 文心雕龙选译［M］. 北京：中华书局，1980：132.

水兵的泳技，也可以静心追忆青春时代的英雄梦想。而所有这些，都可以将他的焦虑情绪涤荡得一干二净，使自己从中获得暂时的解脱。这时他的心情是愉快而宁静的。"海面愈开阔，海水就愈明静，流霞漾彩，光华炫耀"①，这欢快的语句，正是他此时的心境，大海也像镜子一样照出了石岜的这种心情。这次旅行之后，王朔已给自己的主人公规定了解脱焦虑的结果，这是一种与公众社会所推崇的优美或崇高的对立。作品是通过大众传播媒介对石岜的拒斥来表现这种对立的，正当石岜欣赏着映在"镜子般的光亮结实沙滩"上自己的镜像时，"一家电视台的人扛着摄像机拍海滩夕照，喝令我走开"②。石岜的镜像此时还不能为社会的镜子所接受，也就是说，他已与社会意识形态的一般标准形成了一段隔离带，而这正是王朔所刻意追求的空间。也就是在这空间里，他为文学营造出了新的天地，从此以后，王朔的小说中就很少出现以逃避为目的的旅行，而且小说中的旅行描写也明显地减少了，这是因为王朔一方面给自己的主人公规定了一种限制焦虑、逃避焦虑的结果，另一方面也找到限制焦虑的方式和比旅行更吸引人的手段，这便是调侃。王朔小说艺术和其主人公的情绪都因此找到了一个停泊地，从此英雄梦、焦虑梦都作为潜流，在王朔的作品中汩汩流溢。

（原载于《海南大学学报》（人文社会科学版）2000年第18卷第3期，有改动）

---

① 王朔. 王朔文集（第1卷）[M]. 北京：华艺出版社，1992：218.
② 王朔. 王朔文集（第1卷）[M]. 北京：华艺出版社，1992：219.

漂泊者的哀歌

——读白先勇的小说《台北人》《纽约客》

摘　要：在文学创作中，思乡和恋土是永恒的主题。白先勇的小说作为台湾文学特殊时期的产物，描写了两类人的命运，从大陆到台湾的大陆人和从中国台湾去美国的游子的情感经历及其理性思考。他笔下的台北人、纽约客寄托了自身内心深处的缕缕情思，与中国文学的"怀故国"主情调相通。白先勇在创作中巧妙地将传统主题融进现代主义因素，不可摆脱的漂泊感，使其作品与中国传统凄艳心理产生共鸣，扩充了小说的历史容量。

关键词：白先勇；小说；《台北人》；《纽约客》

作家白先勇的小说创作，应该说是台湾文学特殊时期的产物。与日据时期的台湾文学不同，他的创作背景是由大陆人变成"台北人"的一个复杂而残酷的过程。这种变化，虽说不是"逾淮之橘"，但总让人有旧时王谢之感。这样的背景，很容易也很自然地与中国文学的"怀故国"主情调相沟通，更重要的是，这种沟通是白先勇式的沟通。

由于特殊的历史原因，台湾文学从 20 世纪 50 年代中期开始的现代主义思潮，很快就被感时伤怀的优秀文学作品所覆盖。像聂华苓、林海音、於梨华、白先勇等作家都先后涉笔于此，这些人在作品中大都描写了两类人的命运，描绘了从大陆到台湾和从中国台湾到美国的人们的情感经历及理性思考。但无论是於梨华对"无根一代"的抒怀，还是聂华苓对"失根人"的追问，或是林海音对时代风貌的追溯，他们的作品中都能让人感到所希冀的光明。而白先勇的小说创作却独辟蹊径，以"漂泊者的哀歌"为主题贯穿其中，这是作者在"产生了所谓认识危机"后，"对本身的价值观与信仰都得重新估计"的结果，亦由此有了他这一时期的代表作《台北人》和《纽约客》两部小说集。

《台北人》中描写的"台北人"其实是从大陆迁居台北的人。因此，大陆和台北成了他们共同的心理负担。曾记否，他们在大陆时，或者少年得志，或者官场得意，或者夫贵妻荣，或是有倾国之容貌。然而白云苍狗，汹涌的海峡使之成为过眼烟云。少年变得老成，美貌已成憔悴。但他们怎能忘记，大陆有着他们生活的过去和亲人。而陌生的生活环境和新的生活方式，使他们怀念故国，在怀念中又不得不接受现实的一切。白先勇的《台北人》正是这种现实思绪的诗化。

在《台北人》中，白先勇着意刻画了两类人的命运历程。一类是由高官、将军、富贾、贵妇等人物构成的上层社会；另一类是由仆人、舞女、妓女等构成的上层社会的附庸。虽属于两类人物，但承负着同一种命运，即所有的辉煌都已是明日黄花。昔日叱咤风云的将军，此时只能躺在"荣民医院"里呻吟了。像文集中《岁除》里的赖鸣生，是参加过台儿庄战役的英雄，而今却是孑然一身、漂泊流浪，甚至在中国人最重要的节日春节，也只能寄居在朋友家中，借他人之酒，浇自己内心之苦愁。他最高的理想，也就是能把"几根骨头"埋在老家——大陆。虽身在台北，但根在大陆，他魂牵梦绕的仍是故国。《梁父吟》中的王孟养，困死于台，临终前的愿望也是"无论如何要把灵柩移回家乡去"。大陆在这些"台北人"看来，永远都是他们魂灵的归宿，思乡、归根情未了。尽管作者成为台北人时还是中学生，但刚战胜病魔不久的他，敏锐地感觉到了失去故土的人们是怎样怀恋过去的。更难得的是，他找到了一个动人的视角来叙述这一历史变化，这个视角就是白先勇小说创作中的女性形象。

可以说在白先勇的小说创作中对女性形象的成功塑造始终占有着重要地位。而他所描写的女性又大多出身微贱，其中的幸运者成为贵妇人，而有些则沦为妓女。作者通过对这些女性生活今昔对比的描写，展示着作品中人物命运的变化，往昔的荣华富贵总是追随着凄恻的现实。《游园惊梦》《永远的尹雪艳》《金大班的最后一夜》《一把青》《孤恋花》等作品，都是以这种基调展开叙述的。这些小说中的女性，不是在一种无奈的惆怅中追忆逝水年华，便是在无尽的自怨自艾中感叹命运的捉弄，即使是那些仍然享受荣华富贵的女性，也投射了某种不祥的阴影在难以预料的前面晃动。《游园惊梦》，本是汤显祖《牡丹亭》中的悲艳故事，白先勇以此作为小说的名字，本身就给人一种悲艳的感觉。而他所写的也正是一群贵夫人的悲艳命运。其中的钱夫人，曾是秦淮河畔的名伶，后被国民党军官钱将军看中，入主将军府，成为贵妇人。之后随着钱将军的病逝以及国民党的退入台湾，往昔天堂般的生活也就此结束了，曲终人散，剩下的只是钱夫人的回忆和由此所带给她的更浓的孤寂。《永远的尹雪艳》中的主人公尹雪艳，比起钱夫人来要风光许多，虽到了台湾，但仍是门庭若市，可在此之余，尹雪艳已感觉到自己的风韵并不能真的永葆，悲伤、哀怨便成了伴随她豪华生活的影子。惠特曼曾讲："女人是肉体的大门，更是灵魂的大门。"白先勇便是穿过这扇灵魂的大门，走进了台北人的心灵深处，他通过这扇女性大门的敞开，给人们看到了更真切的凄凉。"追怀故国"是残酷的，而这扇大门却被白先勇打开了。

如果说《台北人》描写的是迁居台湾的大陆人的感时伤怀，那么《纽约客》则描写了从中国台湾到美国的游子对生活方式乃至生命的彻底绝望。"上、上、上，上台大；去、去、去，去美国"。这曾一度是台湾青年人的生活理想。美国能拯救感伤的灵魂吗？这是作者所要告诉我们的，梦里亦知身是客，《纽约客》或许就是白先勇给人们制造的美丽而凄惨的梦。

来到美国的"纽约客"们，在不同的文化背景中产生了不能自拔的惆怅，最后都以死为归宿，带着无限的情思和感伤，离开了这个既向往又陌生的世界。他们"尽管不能摆脱对异国文化方式的种种依赖，但理智上却充满了对它的失望和相应在情感上对民族文化的向往"。他们承认自己血管里流淌着的是自己民族文化的血液，而现在他们不得不接受西方的思想。作品《芝加哥之死》和《谪仙记》便充分地表现了白先勇的这种思考。作品中吴汉雄经过自己的刻苦拼搏，终于在美国获得了博士学位。但就在戴上博士帽的同时，他却又觉得失去了什么，他失去了永远的根，无奈的空虚死死地缠住了他，最终因觉得在偌大个地球上"难找到寸土之地可以落脚"而匆匆地离开了这个地球。

在文学作品中，描写思乡、恋土情结并以此为主题的可谓比比皆是，但白先勇作为特殊地域、特殊氛围中的作家，他描写台北人、纽约客，描写了他们的思乡、恋土，其蕴涵便不仅如此，他是借作品中人物的描写之笔，寄托其内心更深处的情思。白先勇巧妙地将传统主题融进了现代主义的因素。不可摆脱的漂泊流浪，使白先勇的这类作品深深地与中国传统的凄艳心理发生了共鸣，扩充了他小说的历史容量。

(原载于《名作欣赏》2000年第3期，有改动)

关于纯文学与俗文学的思考

摘　要：马克思关于艺术生产同物质生产的发展不平衡理论思想指出，"关于艺术，它的一定繁荣时期决不是同社会的一般发展成比例的，因而也决不是同仿佛是社会组织的骨骼的物质基础的一般发展成比例的"。马克思强调了这种不平衡是在"特定历史时期内"。改革开放初，我国艺术生产中纯文学与俗文学的发展体现出这种不平衡过程，但从整个人类的艺术实践来看，物质生产与艺术生产的发展是平衡的。

关键词：纯文学；俗文学；艺术生产；不平衡

马克思在论述特定历史时期内物质生产同艺术生产发展的特殊关系时，指出艺术生产同物质生产的发展是不平衡的。他说："关于艺术，大家知道，它的一定繁荣时期决不是同社会的一般发展成比例的，因而也决不是同仿佛是社会组织的骨骼的物质基础的一般发展成比例的。"[1] 古希腊曾创造了丰富多彩的神话和史诗，开创了历史上第一个艺术繁荣时期，然而那时的生产力、物质生产的发展水平却很低。18 世纪后期至 19 世纪初，在德国经济发展十分落后的情况下，却出现了杰出的文学家和思想家，如歌德、席勒、康德、黑格尔等，正如马克思所说，"如果说是艺术本身的领域内部的不同艺术种类"[2] 存在这种不成比例或不平衡的现象"，"那么，

---

① 　陆贵山，周忠厚. 马列文论导读［M］. 北京：作家出版社，1991：292.

② 　陆贵山，周忠厚. 马列文论导读［M］. 北京：作家出版社，1991：292.

在整个艺术领域同社会一般发展的关系上有这种情形，就不足为奇了"。①

　　马克思的这段关于艺术发展不平衡的理论突出强调了在"特定历史时期内"物质生产与艺术发展的特殊关系，是从艺术整个发展过程出发，针对某一特定历史阶段而言的。现阶段随着我国经济建设的深入发展，艺术生产出现了相对的缓慢，与经济发展不平衡，若深入到艺术领域的内部，在艺术领域内部的不同艺术种类间也出现了不平衡，具体表现在纯文学与俗文学的发展上，由此导致了社会精神生产与物质生产发展的不平衡。

　　纯文学与俗文学在其性质、特征、目的及作用上是不同的。纯文学作为"优秀的规范和标准的继承者"，它所关注的是永恒的审美价值，而俗文学旨在创造短期的流动效应，这由它追求商业经济价值所致。纯文学所求的是严肃性、创造性等审美价值，而俗文学则是复制性的，追求的是无个性、标准化和直接的媚俗性。纯文学仅限于少数专业学者的范围，主要用于专业研究的提高，俗文学则强调社会轰动效应，把文学作为一种工业来生产，主要用于追求商业利润，由于这两种文学存在诸种不同，二者始终处于矛盾的发展之中。一方面是由于纯文学由其自律性特征所决定，有它自在自为的一面，具有审美的属性；另一方面是由于俗文学由其他律性的特征决定，有其他在他为的一面，具有商业的属性。如果说自律性表明了纯文学关注自身的审美本性及规律，以审美价值的追求为归宿的话，那么他律性则昭示了俗文学关注更多的是审美以外的商业价值，并以其为宗旨。由于二者的对立，导致了在文学艺术领域内部发展的不平衡，纯文学的路仿佛越走越窄，门庭冷落，而俗文学却兴旺发达、热闹非凡。

　　由于科学技术的迅速发展，生产力的不断提高，全民劳动生产率的逐步提高，人们有了越来越多的闲暇时光，闲暇日益成为人们的生活方式之一，这是满足绝对需求所需要的劳动时间留下的从事其他活动的剩余时间，是用于享受和发展的剩余劳动时间。劳动效率的普遍提高也造成了人

---

① 陆贵山，周忠厚. 马列文论导读 [M]. 北京：作家出版社，1991：292.

们身心的过度紧张、疲劳，当他们有了闲暇，便需要彻底地放松自己，寻求精神的彻底解放，不想再费力劳神，而具有这种需要的人不在少数。作为俗文学的制造者，为实现经济利益便投大众之所好，取其文化发展繁荣的捷径，以批量的生产方式、让人费解的速度制作出一批批文化产品，投放市场，满足消费者的精神需要。他们或是粗制滥造，或是任意编排、互相模仿。快速大量的复制，也形成了所谓的"文化热"。正如文波在考察了图书出版情况之后，在《中华读书报》中所讲："近年内，国内一些图书在选题运思与出版运作上相似与相连现象越来越多，使看似繁荣的图书市场出现了相对集中的热点，有的是由求新补缺起始，而后趋之若鹜，变成相互重复；有的则是由投机取巧主意，在争名夺利上不约而同又互不相识。"其中，有些是出于媚俗和投机，而多数则因求益求利逐渐趋同。这样也造成了读者队伍的不断扩大，俗文学销售量不断增长。有些"地摊文学"一版再版，眼看着兴旺起来，俗文学日益发达，最根本原因是他律性。纯文学在其发展中相对萧条，除了有客观上的经济体制转变的原因，更有其自身的缘故。纯文学一般都是专业性较强，针对某一特殊领域，限制着读者的接受能力、水平以及阅读者的数量，这类专业书籍是写给具有一定专业基础的特定的读者群，这样就限制了读者的范围，而出于不能不考虑经济利益的出版社有时也无奈。在图书市场，有些优秀的专业书籍的印数及销售情况略显尴尬。

纯文学与俗文学发展的不平衡是文化转型的表现，是处于这一特定经济条件下的文化发展状况的浮躁表现，也是人们在这特定的历史发展时期需求的浮躁表现。随着社会政治、经济发展的不断完善，人们将对这一时期的文化作深刻的反思。随着人们文化素质、文化层次、道德修养、审美情趣、审美价值的不断提高，人们将会对精神产品有更高的要求，也会对俗文学提出更高水平的阅读要求。

俗文学的发展冲击着文化市场，有时也带来了某些负面影响，但从文学发展的整个过程来看，对俗文学的认识也应采取辩证的观点。

追溯文学史，中国古代小说总体上属于俗文学，这是因为长期以来被奉为文学正宗的是诗赋散文。"小说"从开始便被视为"小道"，但因为它们或多或少记载了一些事实，可以弥补正文之不足，或者反映了一些民情民俗，可以为统治者提供制定政策的参考，才获得了一席之地。魏晋南北朝的志人志怪小说曾兴盛一时，但它们并不是文学意义的小说。唐代传奇小说是贵族的沙龙文学，属于雅文学的范畴，但它也重政事，因而可以通过改编为"说话"和戏曲这些形式向俗文学转化。随着儒家道德的恢复，"文以载道"成为主流观念，小说便被文人疏远，传奇小说渐渐俗化，明末清初传奇小说终于与通俗小说合流，这时的小说还比较朴拙和浅俗。嘉靖万历年间，由于文人的参与，话本小说和长篇小说迅猛发展起来，终于产生了以《红楼梦》为标志的小说的顶峰。《红楼梦》所采取的是章回体小说的通俗文体形式，但它表达出了十分丰富而深邃的思想内涵，达到了雅俗共赏的艺术境界。《红楼梦》能够满足一般人听故事的要求，因它生动地描述了一个哀怨凄凉的爱情故事。同时，它的思想内涵也是含蓄深远的，不但揭示了同宝黛爱情悲剧交织在一起的封建家庭的兴衰，而且淋漓尽致地描绘了整个大观园里人与人之间的权势和利益的争斗。这样，《红楼梦》既满足了一般读者的接受需要，又展示了更深层次的思想内容，呈现出了主题多元化、意蕴多层次的特征。《红楼梦》作为我国古典优秀小说的集大成者，已不能简单地归入俗文学的行列之中。

但是，无论从理论上推导，还是从经验上证明，作为人类文化进步阶梯的纯文学的发展，才是一个国家或一个民族文化水平发展的最终标志。

面对文学发展的现状，肩负着人类文化使命的中国知识分子怎样度过文化的转型期，为人类文化宝库增添财富，推动文化事业的向前发展呢？

第一，正视现实，客观冷静地分析纯文学的发展状况及其处境。俗文学的市场繁荣是一时的，纯文学的发展必然步履艰难，但它是民族文化进步的标志，具有儒道传统思想的中国知识分子能够继续担起发展文化的重任，正所谓"路漫漫其修远兮，吾将上下而求索"。

一些文化人形象的自我塑造也能给我们以启示。鲁迅曾把"改造国民性"作为他毕生革命实践的课题。他的"改造国民性"实际上是要改造中国文化的整个体系，但在他追求这一伟大目标实现的漫长过程中，常处于种种困境之中，但鲁迅能坚韧不拔，保持精神的独立，他曾力劝一位感慨社会堕落的朋友"大可趁此时候，深研一种学问，古学可，新学亦可，既是自慰，将来亦仍然有用也"①。也就是从这个时候起，鲁迅屡次计划要排除"琐事"，专门创作和研究文学史，而且明确说，"这是一种绝望之后的自我保卫，往往自视亦如轻尘，然亦偶自摄卫，以免为亲者所叹而仇者所快"。写小说也罢，做研究也罢，其实都是这样一种"自摄卫"。这种"自摄卫"就是鲁迅始终要保持自身独立的人格、文品的精神个性。鲁迅在其精神追求中也有过苦闷、彷徨，但为了改造中国国民"不幸，不予"的劣根性，他能够在极其恶劣的环境中继续摸索，探寻人生追求的解决路径。钱钟书的治学是把中国文化作为人类文化一部分进行反思和整理，拆除时空间隔，回避中西体用之争，"择其善者而从之，择其不善者而改之"。这种特殊的建设眼光，对于我们面对纯文学与俗文学的发展，不失为一条研究和发展的道路。

第二，知识分子应该守住文化精神的家园，把纯文学的发展作为自己的主要职责。在纯文学的艰难跋涉中，仍有一批知识分子坚持着纯文学的根本方向，他们往往以学院派知识分子为核心，尽心尽力地完成着传承知识的使命。在这里知识的积累和知识的整理占有重要的位置，这需要把积累和整理好的知识以整体系统方式让年青一代接受过去，以成为他们进一步创造的根基。如古汉语专业知识，在当前社会中没有对现实的文化发展作出直接的贡献，但作为一门知识，对中华民族的文化发展是不可或缺

---

① 鲁迅. 鲁迅选集. 第四卷 ［M］. 北京：人民文学出版社，1983：462.

的，它需要有人掌握它、研究它。然而在俗文学繁荣之时，这些方面的知识可能会受到轻视，但当社会文化发展相对平寂下来，这类专业性课题便会显得重要起来。从本质上讲，"为学术而学术"是知识分子的社会愿望不得实现后的一种战略退却方式，但这种退却并非具有消极性，它是使文化布局重新舒展开来，使知识的各个领域恢复正常发展状态，在特殊的时刻采取特殊的措施，这也不失其为一种文化发展策略。

某一时期的纯文学和俗文学以其发展的事实证明了马克思关于物质生产与艺术生产发展的不平衡理论。马克思这一理论中还蕴含着更深一层的思想，即在特定时期，物质生产与艺术生产的发展是不平衡的，但从整个人类的艺术实践来看，物质生产与艺术生产的发展是平衡的。

（原载于《东北师范大学研究生学刊》1994 年第 1 期，有改动）

试论高职教材编写如何适应高职教育发展的需求

　　摘　要：高职教育是我国高等教育的重要组成部分，其教育目标是为国家培养实用型人才。高等职业教育教材是实现我国高职教育目标的重要环节。本文结合我国高职教育的发展方针及其实施纲要的指导思想，探讨高职教材在编写中如何融入职教发展理念，其编写内容如何从"跟随式照搬"到"项目教学"，从"工学结合"到"课程思政"进行转变创新，以及在此过程中逐步形成的高职教育教材特色。高职教材作为高等职业教育理念的载体，其内容只有与时俱进才能适应时代对高职教育的要求，才能不断提升我国高等职业教育水平，推进我国高等职业教育的创新发展，完成为国家培养合格人才的重要使命。

　　关键词：高职教育；高职教材；项目教学；工学结合；课程思政

　　职业教育是我国教育事业的重要组成部分。2022 年实施的《中华人民共和国职业教育法》总则第三条明确指出"职业教育……是促进经济、社会发展和劳动就业的重要途径"。① 2022 年发布的《国务院关于大力发展职业教育的决定》提出"明确职业教育发展的目标。进一步建立和完善适应社会主义市场经济体制，满足人民群众终身学习需要，与市场需求和劳动就业紧密结合，校企合作、工学结合，结构合理、形式多样，灵活开

---

　　①　教育部. 中华人民共和国职业教育法［EB/OL］.［2022 – 05 – 24］. http：//www. moe. gov. cn/jyb_sjzl/sjzl_zcfg/zcfg_jyfl/202204/t20220421_620064. html.

放、自主发展，有中国特色的现代职业教育体系"。① 同时指出，加强对职业教育的领导和支持，以就业为导向的改革与发展职业教育逐步成为社会共识。国家"实施职业教育必须贯彻国家教育方针，对受教育者进行思想政治教育和职业道德教育，传授职业知识，培养职业技能，进行职业指导，全面提高受教育者的素质"。在职业教育的保障条件中指出"县级以上各级人民政府和有关部门应当建立、健全职业教育服务体系，加强职业教育教材的编写、出版和发行工作"。《国务院关于大力发展职业教育的决定》在"坚持以就业为导向，深化职业教育教学改革"中指出，进一步深化教育教学改革。根据市场和社会需要，不断更新教学内容，改进教学方法。大力推进精品专业、精品课程和教材建设。加强职业教育信息化建设，推进现代教育技术在教育教学中的应用。加强职业院校学生实践能力和职业技能的培养。高度重视实践和实训环节教学，大力推行工学结合。在国家政策层面强调职业教育教材的编写、出版和发行工作，将之纳入发展职业教育规模，提升职业教育品质的重要环节，这既是针对我国职教发展的现状而作出的具有指导性的基础性引领，也是研究高职教材建设的意义所在。

在高等职业教育中，教材的编写与出版，一端连接着教什么，另一端关系着如何学。教材既是专业建设、课程建设的重要载体，也是国家教育发展方针的具体体现，以及国家意识形态再生产的核心场域。因此，结合我国职业教育的办学实际和国家需要，如何在科学、与时俱进的职业教育理念指导下，编写好、出版好高职教材，一直是职教界、出版界关注和探索的重要问题。纵观近年来高等职业教材，从内容设计到整体呈现方式都体现出我国高等教育改革的步伐，体现出我国高等职业教学的办学宗旨，记录着高等职业教育逐步走向现代先进职业教育行列的前进轨迹。

---

① 中国政府网. 国务院关于大力发展职业教育的决定 [EB/OL]. [2022 - 05 - 24]. http：//www. gov. cn/gongbao/content/2005/content_129495. html.

高等职业教材体现职教理念，其在内容编写上的与时俱进，主要表现在以下四个方面。

一、高职教材实现从直接照搬普通高等教育教材到自觉体现高等职业教育特点的转变

1. "照搬式"教材编写方法

20世纪八九十年代，是我国高等职业教育发展的起步阶段，当时高职教育教学还没有专门从职业教育角度编写的教材，和普通高等教育使用相同的专业教材。从事高等职业教育的教师和研究者虽然已经意识到职业教育有别于一般的高等教育，但想要从教材编写上体现出职业教育的特色，一时还难以实现，所以当时就出现了高等职业教育教材对普通高等教育教材"换汤不换药"地借用情形。当时众多的高职教材，虽冠以"高等职业教育教材"的名称，但其实只是换了个丛书名或书名，从内容框架到知识点采集，从教学理念到使用方法，完全照搬普通高等教育教材的内容，而且这样的教材在当时比比皆是。

2. 自觉体现职教特点的教材编写理念

随着高等职业教育的发展，人们对职业教育的认识逐渐深入，在借鉴国外，特别是德国、新加坡等职业教育做得好的国家的经验的同时，结合中国职业教育的现实，职教教师开始有意识地将职业教育的教育理念融入职教教材的编写中。开始从职业教育的根本出发，确立了以"传授职业知识，培养职业技能，进行职业指导"为教材编写的指导思想。如在专业课教材的编写中，对"专业理论"的介绍和阐释以"够用""适用""实用"为准。摆脱一般高等院校专业课教材编写中对"理论"内容全面、系统的长篇大论，而是根据高职教学大纲的要求，从学生的培养目标出发，以未来职业角色的实际需要为着力点，介绍、讲解相关的理论思想，理论内容

讲到适用、实用为止。在简要讲解核心概念和基本理论的同时，重视对学科发展最新动向、前沿科技成果的介绍，这种开放式的编写理念，基本解决了传统高职教材编写中内容陈旧的问题。

二、高职教材实现以"项目导向，任务驱动"为核心编写理念的转变

1. 关于"项目教学法"的教育理念

随着高职院校培养应用型人才教育教学目标的逐渐明确，以"项目导入，任务驱动"为主的教育教学理念逐步成为高等职业教育的教学指导思想。该教学理念的核心是"项目教学法"的实施。"项目教学法"概念的提出，最早见于美国教育家丽莲·凯兹和西尔维亚·查德合著的《开启孩子的心灵世界：项目教学法》。他们的核心主张是"知识可以在一定条件下自主建构获得；学习是信息与知识、技能与行为、态度与价值等方面的长进；教育是满足这种长进需要的有意识、有系统、有组织的持续交流活动。"项目教学法是指在教学过程中，将教学内容分成若干个项目，整个教学过程成为师生共同完成项目任务的活动过程的教学方法。围绕一个项目的目标，又可将该项目分解为多项任务。项目的完成是随着多项具体任务的完成而完成的，项目的设计则是根据课程教学大纲的教学目标而规划的。对于高职教育来说，项目教学理念打破了传统高等教育中以专业理论传授为主线的教育教学方式，以项目带动教学，以完成任务的工作过程为教育教学的主线。

项目教学法针对性较强，适合以就业为导向的高职学生的心理特点，能激发高职学生学习的主动性。学生在学习怎样完成某个项目及任务的过程中，积极参与教师设计的实操训练，其中既有成功的喜悦也有失败的沮丧，在真实的成功与失败的体验中，学生能增强自我认知，将掌握的知识

转化为技能，在解决实训任务问题的同时，提升了与他人协同合作、沟通交流的综合能力。

2. "项目课程" 教材编写法

随着高职教育以提升高职学生专业能力、职业技能为教育教学目标的明确，高职教育在教学理念上开始向 "项目导入，任务驱动" 教学理念转变，高职教材的编写理念也随之发生变化。在具体的教材编写中，开始采用 "工作过程导向" 的 "项目课程" 编写方法。任课教师在多年从事高职教学经验的基础上，根据实际工作岗位需要，将要完成的工作设计为一个个项目，即以项目为单位，按照工作流程的顺序编排教学内容，注重、强化专业知识与技能的有机结合，以典型案例及其解析导入项目教学，再将每一个项目分解为项目目标、项目重点、项目背景、项目分解、综合训练、项目评估、项目总结等环节。在每一级项目下设若干任务，每一任务由任务描述、任务实施、知识链接、拓展训练等构成。学生的学习过程，也就是项目的完成过程，学生在完成任务的过程中逐步掌握项目教学的专业知识与专业技能。

这样的教材编写思路，可有效帮助学生掌握专业基础知识，提高其实操能力，并提高相关职业素养。如高职高专应用型规划教材《实用写作教程》（暨南大学出版社 2015 年版）的编写方法即是如此。该教材对 "企业常用文书" 的介绍即是以 "项目化" 为内容编写的思路。书中将各类文书按性质和使用范围分为若干项目，以项目为单位按 "任务导入—例文借鉴—知识储备—技能掌握—病例解析—知识链接—实训演练—自我测试" 顺序编排企业常用应用文的教学内容。这种编写方式，增强了教材的实用性。这种 "项目化" 的编写理念体现在教材中，就是以企业的业务活动为背景，以岗位工作为项目和导向，以岗位的工作任务为驱动目标，以完成工作任务所需要的文书文种为线索精心组织教材的内容，贴近企业工作的实际需求，使学生在完成工作项目的过程中了解工作岗位的内容，掌握各类文书写作的技能和技巧。秉持这样的教材编写思想，教材便于学生学习，也增强了其实用性和可操作性。接受"项目化"学习训练的学生，在学校就已经提前进入未来工作岗位的角色，为将来顺利上岗做好了专业知识及技能的思想和行为准备。

三、高职教材实现"实训模块"进教材的编写理念的转变

1. 关于"工学结合"的教育理念

"工学结合"教育理念源于二十世纪初英国在高等工科院校实施的"三明治"教育思想，其核心是"与工作相结合的学习"理念。即课堂教学与社会实践——生产劳动相结合，这种教学理念适合应用型人才的培养。在高校与用人单位共同参与培养的过程中，学生参与生产工作是教育培养计划的重要内容，并要把此项成绩的考核列入学生的成绩单中。学生通过生产劳动的锻炼，将学与用相结合，实现学习内容与工作实际的对接，这样的学习方式为学生检验学习效果提供了真实的空间，实现了学生在"学中做"和在"做中学"的自主学习教学目标，同时也增强了学生的自我发展能力。

在当下的高职教育中，顶岗实习便是"工学结合"教育理念的具体化，也是教育部对高职高专人才培养工作的规定项目。具体内容是要求学生在读期间按学校规定，在一定的时间内暂时离开学校的学习环境，转移到实际工作岗位进行实践学习。目的是让学生将课堂上学习的理论知识、技能知识，运用到实际工作中，在实际工作岗位上将学习的知识转化为实际工作能力，适应工作岗位要求，增强岗位责任，以期在未来的工作中尽快进入角色，胜任岗位。

2. "实训教学"教材编写法

"实训教学"进教材是"工学结合"教育理念中"顶岗实习"思想在

高职教材编写中的具体体现。工学结合的指导思想在具体教材编写中有两种呈现方式，早期的实训教材是独立成册的，编写者这样做的目的是凸显实训教育的重要性和特殊性。但这样设计的结果是有"工"而无"学"的，由于该实训教材是脱离对应的专业教材而单独编写的，在内容上有"无源之水"的感觉。没有专业课相关理论知识的铺垫，实训教材的使用效果不佳，指导性也不强，直接影响学生对实训教材的接受度。

教材编写者发现这一问题后，改变了实训模块的编写策略，不再单独成书，而是将"实训教学"融入专业教材内容的编写中，用单元模块的组合形式，把实训内容融入专业课的系统知识体系中，列在每章的章末，以"本章实训"栏目形式呈现给教材使用者。如此一来，既体现了知用合一的理念，又强调了实训的特性。实训模块的编写，一般按照"实训目标、实训目的、实训方法、实训要求、实训案例、分析思考、实训考核"的标题形式设计，再通过"案例分析与思考"具体模块强化学生对实训内容的反思与评价，实现将各章的主要学习要点及技能要求落实在实训过程中的目标。

高职高专财经专业系列教材《管理学教程》（第三版）（暨南大学出版社2015年版）的编写即是如此。该书的编写在体现"工学结合"上具有一定的创新性。在内容的具体编写上克服了管理学教材集中于理论的传授与讲解的不足，以及仅以要领理解和原理分析为目的的案例教学，把管理教育的重心转移到培养、提高学生的管理技能上来。该教材在介绍适用的管理学理论知识的同时，采用案例分析与思考、模拟设计、游戏、参观走访、辩论、讨论等现代管理实训内容与方法，融管理学教育、兴趣、知识传授、技能培养于一体，力求理论知识深入浅出，实训操作可行，帮助学生体会管理学思想。在学习内容的编排上，采取"教、学、做"三者结合的教学方式，作为学习主体的学生在具体的学习过程中边学边想边做，不仅可以激发学生的学习主动性，而且在实训教学环节可以培养学生的公平竞争意识和团队合作精神，从而实现教师设计实训的教学目的。

四、高职教材编写融入思政内容的转变

1. 关于课程思政建设教育理念

教育部曾在 2018 年发文要求高校教育开展课程思政的改革，强调"全面加强课程和专业思政建设，强化每位老师立德树人意识，把思想政治教育有机融入每门课程，建设一批思政教育效果显著的精品专业课程，打造一批思政师范课堂，选树一批课程思政优秀教师，推动形成专业课教育与思政课教学紧密结合，同向同行的育人格局"①。对高校教育提出了"全面加强课程和专业思政建设"的要求。2020 年 5 月，教育部又印发《高等学校课程思政建设指导纲要》（以下简称《纲要》）指出，"把思想政治教育贯穿人才培养体系，全面推进高校课程思政建设，发挥好每门课程的育人作用，提高高校人才培养质量"②。教育部对高校全面推进课程思政建设提出了具体的实施要求，"就是要寓价值观引导于知识传授和能力培养之中，帮助学生塑造正确的世界观、人生观、价值观，这是人才培养的应有之义，更是必备内容"。在课程的教育教学中，"课程思政建设内容要紧紧围绕坚定学生理想信念，以爱党、爱国、爱社会主义、爱人民、爱集体为主线，围绕政治认同、家国情怀、文化素养、宪法法治意识、道德修养等重点优化课程思政内容供给，系统进行中国特色社会主义和中国梦

---

① 教育部. 教育部关于加快建设高水平本科教育全面提高人才培养能力的意见［EB/OL］.［2022 - 05 - 24］（2018 - 10 - 17）. http：//www. moe. gov. cn/srcsite/A08/s7056/201810/t20181017_351887. html? from = timeline&isappinstalled = 0.

② 中国政府网. 教育部关于印发《高等学校课程思政建设指导纲要》的通知［EB/OL］.［2022 - 05 - 24］（2020 - 06 - 06）. http：//www. gov. cn/zhengce/zhengceku/2020 - 06/06/content_5517606. htm.

教育、社会主义核心价值观教育、法治教育、劳动教育、心理健康教育、中华优秀传统文化教育"。

《纲要》对高校的专业课及实践课的思政内容提出了具体可行的指导意见。对专业课的思政要求是，"要根据不同学科专业的特色和优势，深入研究不同专业的育人目标，深度挖掘提炼专业知识体系中所蕴含的思想价值和精神内涵，科学合理拓展专业课程的广度、深度和温度，从课程所涉专业、行业、国家、国际、文化、历史等角度，增加课程的知识性、人文性，提升引领性、时代性和开放性"。对实践类课程的思政要求是，"要注重学思结合、知行统一，增强学生勇于探索的创新精神、善于解决问题的实践能力。创新创业教育课程，要注重让学生'敢闯会创'，在亲身参与中增强创新精神、创造意识和创业能力。社会实践类课程，要注重教育和引导学生弘扬劳动精神，将'读万卷书'与'行万里路'相结合，扎根中国大地了解国情民情，在实践中增长智慧才干，在艰苦奋斗中锤炼意志品质"。教育部关于课程思政改革尤其是对专业课和实践课的具体要求为高校的思政教学及教材编写指明了方向。

2. 高职教材的课程思政建设

《纲要》的指导思想迅速得到高职教材编写者的响应。高等院校应用型规划教材《市场营销学》（第四版）的修订版（暨南大学出版社 2020 年版）即是。作者根据 2018 年教育部发布的《普通高等学校本科专业类教学质量国家标准》中的工商管理类专业人才培养目标，融入思政内容的市场营销学课程的教育培养目标可以定位为培养适应国家经济建设发展需要，具有人文精神与科学素养，掌握现代市场营销理论知识和营销技能，践行社会主义核心价值观，具有社会责任感、国际视野、本土情怀、创新意识、团队精神和沟通技能，能够从事基础营销工作的应用型、复合型和创新型人才。相比之前的专业课学习要求，标准改革后，教学在强调培养学生基础营销理论知识和技能的同时，应更多关注对学生社会责任感、创新精神、职业道德及社会主义核心价值观等人文素质的培养，而市场营销学课程的教学内容与教学形式正是据此进行了教学改革与创新。"市场营销学"是营销学专业的基础理论课，营销思政教育作为市场营销学课程的教学内容，其教学目标在服从营销专业人才培养目标、服从营销课程教学目标的同时，作者深入挖掘市场营销课程内容在当今社会发展中的思想价值、精神内涵，并将其提炼出来作为"知识点"融入教材编写。

在《市场营销学》（第四版）的修订中，作者以贯彻和落实教育部的文件精神为依据，将精神中的各项要求作为完善和改进教材的指导思想，具体体现在该教材的多媒体资源部分，即每章增加一项"课程思政点及融入方式"，以方便使用教材的师生学习。具体而言，如书中有关"价格策略"的课程思政元素的设计：结合定价考虑的综合因素等，结合实际说明企业制定价格要遵守政府有关政策和法令，比如《中华人民共和国价格法》《中华人民共和国反不正当竞争法》等，以此培养学生的法治意识，引导学生深刻领悟习近平总书记关于全面依法治国的思想，牢固树立法治观念，坚定走中国特色社会主义法治道路的信念，深化对法治理念、法治原则、重要法律概念的认知，提高运用法治思维和法治方式维护自身权利、参与社会公共事务、化解矛盾纠纷的意识和能力。与课程相关的思政内容的融入增强了教材的现实指导意义，也是教材内容在编写上的创新，由此，该书主编崔译文老师主持的"营销学原理"课程被广东省教育厅评定为年度广东省课程思政示范课，该课程教学案例同时荣获广东省本科高校在线优秀教学案例一等奖。

五、结语

高职教材作为高等职业教育宗旨的重要载体，是实现我国高职教育办学理念的重要环节。高职教材的内容编写只有与时俱进，才能符合时代对高职教育的要求，才能不断提升我国高等职业教育水平，推进我国高等职业教育的创新发展，共同完成为国家培养合格职教人才的重要使命。

(原载于《广东职业技术教育研究》2022年第3期，有改动)

试论现代数字技术在职业教育教材出版中的应用

摘　要：随着当代科技的发展，数字技术不断融入职业教育教材的出版，实现了传统教材质的飞跃，使教材内容的呈现形式发生了根本性变化。从光盘媒体的引入到 MPR 出版技术的采用，职教教材实现了从传统的纸质阅读到同步的可视可听的跃进。数字技术关联下音视频植入纸质教材，助力职教教材的升级，充分发挥了教材的教育指导作用。

关键词：职教教材；出版；数字技术；应用

为教学科研服务是大学出版社的宗旨，出版高校教材是大学出版社的出版内容之一，大学出版社在教材出版形式上一直进行着积极的探索。为满足高校师生对教材内容的需要，大学出版社联合编写教材的作者，根据教材的内容要求及上课的实际需要，不断地学习新科技，采纳科技新手段运用于教材的出版之中，以适应现代教育的发展需求。新科技融入教材的呈现形式之中，使教材的内容得到最优化的表现，形式的变化也带来了内容的充实，新科技的运用克服了传统教材以文字为主要信息载体的弊端，可以让教材的内容不再仅仅为抽象的符号，静止在书里。可以让所学习的内容通过可视形象展示出来，直观而具体，而且可以扩大教材的内容容量。让纸质教材成为学习内容的逻辑线索，具有学科的基本框架，学科内容的基本概念、原理、案例、演算过程及相关的理论阐释。而将该学科的拓展学习内容、案例解析、综合实训、相关链接等全部植入新形式的载体中。新的科技手段运用于教材内容表现形式的变化，对高校教师的教学法也有积极的推动作用。教师利用新科技手段可以充分调动学生的学习兴趣，加强学生自主学习的积极性，参与到教与学之中，变被动的接受知识为主动吸收知识。新科技手段的运用也避开了纸质图书出版对字数的限制，从环保的角度考虑，也是对纸质图书出版的完善、优化和提升。

一、职教与职教教材

教育的功能在于培养人才。在社会发展中，科学技术是重要的生产力，教育具有基本生产力的作用。正如马克思所指出的："凡是工人有这种支出（专指在教育上的）的时候，这种支出都是生产的，因为教育会生产劳动能力。"近年来，随着我国教育事业的蓬勃兴盛，职业教育也有了长足的发展。职业教育在办学理念上坚持从我国社会发展的实际国情和社会主义市场经济目标的实际需要出发培养各类实用型人才。在办学方法上博采众长，多方借鉴世界先进国家在职业教育方面培养人才的经验为我所用，逐步探索适合我国社会发展的职业教育道路，为社会政治、经济发展补充合格的职业劳动者。在职业人才的培养中进一步明确职业教育就是让受教育者获得某种职业或生产劳动所需要的职业知识、技能和职业道德的教育理念。即职业教育是为社会培养具有一定文化水平和专业知识技能的应用型人才和社会主义劳动者，满足社会发展过程中对具有一定专业水准社会财富创造者的需求，以推动社会生产力的发展，加快国家产业结构的调整与转型。

国家发展职业教育，推进职业教育改革，在职业教育中坚持"项目教学""工学结合"的教学理念已深入人心。为提高职业教育质量，国家在办学方向、办学层次、教学内容、职业培训及对职业教育管理等方面都主动适应社会经济发展需要。使职业教育培养的人才成为国家各个地方发展地区经济和文化的生力军。职业教育不仅培养了具有扎实动手能力和专业技能的专业人才，而且全面系统地职业教育也有利于提高劳动者素质，促进社会就业率提升。

毋庸置疑，教育离不开教材，教材对于教学活动的展开至关重要。在职业教育体系中，职业教育教材是实现职业教育目标的必要条件，而办好职业教育就应该有和人才培养理念一致的教材。职业教育要求教材内容务实，并做到与时俱进。一本与人才培养目标一致的教材是教师传道授业的基本保障，同时是学生学习知识的重要工具。职业教育的目标是为社会培养"生产、建设、服务和管理的应用型人才"。所以职业教材的内容编写，要求在保证其科学性的同时，突出理论的适用性与实用性。目的在于使理论与实践对接，加强学生对所学专业的技能训练，为今后的职业选择或自主创业做好理论知识、技能和专业思想的准备。在教材的内容编排上注重教材类型、结构、体例的创新，以凸显和人才培养目标的一致性，与相关课程协调，增强时代感等特点。教材的设计需把学生对理论知识学习的视野引向工作岗位，融入经济社会，让学生能够体验到理论指导实践取得成果的快乐，学了就会用，学了就有用。这样的教材贴近社会需要，贴近实践需要，贴近学生需要，对提高教学水平、提升教学效果功不可没。

二、职教教材出版与现代数字技术运用

职业教育教材的内容编写不仅要与时俱进，其有科学性、实用性、时代感，也需要有与内容相匹配的呈现手段，这样教材的内容和形式才能相辅相成、相得益彰，共同完成职业教育的重要使命。概括职业教育教材的出版，其形式变化与现代数字技术发展的关联程度，主要经历了下面几个阶段。

（一）传统职教教材出版

传统职业教育教材是以文字为主要呈现方式的职教教材。与早期其他

传统教材的编写方式一样，职教教材的编写也是以文字为主要的表现手段。形式单一的文字担负起全部教材内容的呈现任务。一本教材从头到尾几乎全是文字，占满全书的每一页。限于当时的各种条件，大多数的书稿也是按着出版社教材编写体例要求，作者将教材的全部内容逐字写在稿纸上，写好后交到出版社，编辑也是面对作者的手稿逐字逐句进行内容的编辑加工，完成三审的书稿交给排版公司，排版也是按着审定的作者手稿逐字逐句进行铅字编排。从作者写稿到编辑加工书稿再到书稿的排版，所有环节的工作量及使用的时间都是较长的。一本书的出版周期也在这一过程中被拉长。受当时编辑及其铅字排版印刷等条件所限，出版一本教材是一件很漫长的事，读者也要有足够的耐心等着它出版后才能读到。这种传统的职教教材，在内容上能够做到知识性、系统性的全面阐释，但对读者而言，在知识的接受形式上较单一、枯燥。

（二）光盘引入职教教材出版，增加了教材内容的可视可听功能

随着科技发展、计算机应用的普及与提高，激光照排技术应运而生，极大地促进排版的进步与发展。中国激光汉字排版系统，1988 年越过第一二三代，直接推出了第四代激光汉字照排机，实现了‘一步登天’，全国3000 余家报社和出版社、印刷厂告别了铅与火的时代，走进了光与电的新纪元。

1. 光盘与教材内容的呈现

随着北大方正等专业化电脑排版软件在书籍和期刊出版领域广泛应用，将教材内容刻录光盘成为可能。光盘的刻录主要是依靠光盘刻录机来完成，而刻录机是利用大功率激光将数据以"平地"或"坑洼"的形式烧制在光盘上，以此实现文件内容的转换。在职业教育教材的出版过程中引入光盘，让教材实现了一次革命性变化。光盘作为存储数据的载体，是一种辅助存储器，它是以光信息作为存储手段，可以存放文字、声音、图像等多媒体数字信息。从存储信息的角度来说，光盘可以看成一种新型介质的纸，一张直径 5 英寸 CD 光盘，若存放文字，可存储 600 兆字节。相当于 15 万张 16 开的纸，可以容纳几百部文字作品。而 DVD 刻录的数据约有 4.59G，其信息的承载容量更大。CD 光盘支持文字、图像、音乐、动画、影像等各种媒体文件格式。光盘引入职教教材的优点是教学模式新颖、教学媒体内容丰富、数量增多，可将传统教材及参考教材上的资源变成教师和学生同时可利用的共享资源。教师的主导作用和学生的主体地位得以充分发挥。教学资源的丰富，激发了教师的教学热情和学生的学习兴趣，可使学生主动参与学习过程。光盘在教材中的使用，是教材表现形式的变革，在走向媒体化教学进程中迈出的令人惊喜的一步，使得传统教学实现了教学手段的媒体化。一方面可以丰富教材的内容，另一方面实现了教材形式上的革新。职教的特点是注重实操性教学，教材配上光盘后，学生学习知识就不仅仅停留在对书本文字的关注，而是能实现学习中教材的可视与可听。由于光盘的数据存储量很大，将光盘用于教材的出版之中，作为教材内容新的载体形式，将会极大地提升教材的内容承载量、教材的呈现方式，丰富了教师教学法，也在一定程度上提升教师的教学质量、学生的学习热情及其学习效果。

2. 光盘运用于职教教材的开发

满足职教教学要求和教材需要，努力打造适合职校师生需求的教材一直是高校出版社努力的目标。暨南大学出版社 2013 年出版"中等职业教育烹饪专业精品规划教材——粤菜粤点系列"，便采用了光盘技术。该系列教材包括《粤菜制作》《粤菜原料加工技术》《粤菜烹调技术》《粤式点心基础》《粤式点心制作技术》5 种图书（见图 1）。教材的编写根据培养高素质技能型人才的要求，与国家职业工种标准中的中级烹调师、中级中式面点师职业资格标准接轨，以粤菜厨房生产流程中技术岗位工作任务为主线。在教材编写中，编者以就业为导向，以技能培养为核心，将突出知识实用性与技能型结合，注重传统烹饪技术与现代餐饮潮流技术的结合。编者充分考虑中职学生的认知特点，在教材编写中充分体现教学实践一体化，在教学理念、教学手段、教学组织和配套资源上有所突破，以实现创新教学的需要。该系列教材的编写着眼于全国中职粤菜烹饪教育，将其打造成广东现代烹饪职业教育特色教材。

图1　粤菜粤点系列教材　　　　　　　图2　《粤菜制作》光盘

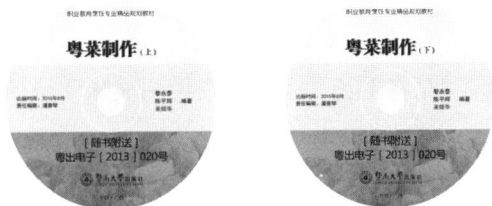

3. CD、DVD 与《粤菜制作》教材内容的展示

根据该系列教材对应课程的教学特点和教师在具体教学中的实际需要，教材出版时，将部分纸质教材的内容配套 DVD 视频光盘（见图2），实现了职教教材从传统教材到新媒体教材的转变，这一形式上的变化，将教师课堂上授课内容及其授课形式丰富起来，学生在"粤菜制作""粤式点心制作""粤菜原料加工"等课程的学习中对粤菜原料、粤式点心配料的加工要求、技术规范就不用再死记硬背，在教师讲解课程内容的同时，伴随着观看 DVD 视频，各种制作要求的规范做法便直观展示在学生眼前。这些实操性的技能展示，若用纸质教材的文字说明，还只是纸上谈兵，文字是抽象的符号，学生只看文字内容的描述，是远远不够的，犹如隔靴搔

痒，不知其所以然。采用视频光盘媒体，可以让纸质课本上抽象的文字，以眼见为实的姿态展现无遗，是一种实实在在的代入式教学。如该系列的《粤菜制作》中，对制作"什锦鱼青丸"的描写。首先介绍了该菜式的"原料""烹饪方法"，在其"工艺流程"及"制作工艺"部分，在文字描述的基础上，对两部分内容采用了光盘媒体以呈现其"工艺流程"和"制作工艺"过程。通过光盘中影像，展示了"什锦鱼青丸"①的"工艺流程"，即切改配料、挤出鱼青丸—浸鱼青丸—煸炒配料—调芡—肉料拉油—炒制勾芡—造型、装盘。在"制作工艺"环节用影像展示其全过程。通过影像一步步具体展示以下五个步骤：一是将鱼宰杀洗净，横切厚约1.2厘米的鱼件，调入绍酒、姜片、精盐、味精、麻油、花椒粉，腌制10分钟。二是将腌好的鱼件滤去水分，去掉姜片，加入鸡蛋、干淀粉，拌匀。三是将上汤、生抽、白糖调成味汁待用。四是猛镬阴油，将鱼件平放在镬中，用中慢火煎制成两面金黄、有焦香味，仅熟，取出倒在笊篱里。五是烧镬下油，放蒜片爆香，放入鱼件，溅入绍酒，调入味汁，加镬盖略焗，待吸入味汁后加尾油拌匀、装盘、造型、成菜。在影像中教师对"什锦鱼青丸"的"工艺流程"和"制作工艺"的逐一展示，发挥了光盘媒体的辅助教学作用，内容丰富、形式新颖，实操性强，且沉浸式的多媒体内容，充分发挥了教师在教学中的引导作用，体现了学生在学习过程中的主体地位。

4. 光盘的优缺点

在职教教材出版中，对于实操性强的课程，在教材编写中就适合采用配以 DVD 视频，以展示纸质教材中语言难以描述的或抽象或过细的规范要求，发挥 DVD 视频形象直观展示的优势，恰好能弥补传统纸质教材的这一短板，教材形式上的这个变化极大地提升了教材的编写水平和使用效果。

---

① 黎永泰，陈平辉，巫炬华. 粤菜制作 ［M］. 广州：暨南大学出版社，2013：104.

但在教学过程中，教材中的光盘也有它的缺点，即光盘的信息传播是一个单向的传输过程，播放模式单一。每一次播放都要从头到尾完整的播放，每次播放都要一次性播完，不能在单位时间内重复播放其中的某些内容，若想再看某些内容需要再重新播放一次才能实现。这一缺点也预示着光盘必将被取代的命运。

（三）MPR 出版物将多媒体复合数字技术应用于教材出版，增强学习者同步视听功效

1. MPR 出版物内涵与特征

MPR 为 Multimedia Print Reader 的英文缩写，中文意思是"多媒体印刷读物"。2012 年 11 月，新闻出版总署发布关于贯彻实施《MPR 出版物》系列国家标准的通知①，MPR 出版物正式成为一个新的出版物种类。该标准规定了 MPR 出版物的定义。MPR 出版物是一种以唯一性关联编码为基础，以特定的矩阵式 MPR 二维码为机读符号，对多种出版载体和表现形式进行整合和精确关联，形成以纸质印刷载体为基础的多媒体复合数字出版形态的一种出版物。MPR 出版物由 MPR 书或报刊、MPR 数字媒体文件和使二者精确关联的 MPR 码三个基本要素构成。MPR 书或报刊是 MPR 出版物的主体，是 MPR 出版物中唯一固定的物质载体形态，它是以传统常规的印刷方式将图文和 MPR 码符号印制在页面上。MPR 码符号通过阅读设备进行光电识读，而 MPR 书或报刊的页面与普通书或报刊无明显差异。MPR 数字媒体文件是经过与 MPR 书或报刊内容关联处理的声音、图形、图像等数字媒体内容的集成文件，该文件通过互联网发布，读者下载该文件，通过相关设备扫 MPR 码，就可以同步播放该数字媒体文件中与 MPR 码符号相关联的声音、图形、图像等，以获得同步视听的效果。

---

① 新闻出版总署关于贯穿实施《MPR 出版物》系列国家标准的通知. 新出字 305 号，2012 – 11 – 21.

MPR 出版物作为多媒体复合数字出版是将数码信息技术应用到纸质印刷的出版物上，通过特定的信息符号将印刷物的图文内容与对应的多媒体音视频内容文件产生关联，使读者获得同步的视听内容。在职教教材出版过程中，采用这项技术，在纸质教材需要视听的内容处印上 MPR 码，并将其与图文内容对应的声像内容文件以书为单位传输到 MPR 读书网上，读者使用下载了该出版物音视频文件的 MPR 阅读器，扫描书中的 MPR 码就可以实现视听的同步进行。

2. MPR 出版物的制作

在实际操作过程中，需将 MPR 码符号落实到纸质图书中，具体的做法是将 MPR 码嵌入纸质书文本的行距之间，码符号的呈现形式类似双下划线的二维码，其作用在于标识和建立纸质出版物与数字媒体的关联关系，通过手机等终端设备扫描 MPR 码符号就能获取与纸质出版物关联的图文、音频、视频等各种媒体的数字内容。嵌入 MPR 码符号的教材在内容上具有丰富性和拓展性，能够实现教材与多媒体资源的融合，让读者获得直观生动、丰富有趣的同步学习体验。

作为暨南大学出版社出版的"粤菜粤点系列"教材升级版"粤菜师傅"工程系列的"烹饪专业精品教材"就采用了 MPR 出版物的现代技术手段，将同步呈现音视频的现代数字技术融入教材的出版中，从而实现了该系列教材的升级换代。利用这种现代技术手段不仅免去教材配置光盘的负载和纸质教材的负重，也省去了刻录光盘的成本，减少了教材的出版成本。运用 MPR 出版物的现代技术手段制作教材，只需在教材中需要视频展示的文字下方嵌入 MPR 码符号，通过"泛媒关联"App 的扫码功能或"泛媒阅读"App 的"扫一扫"功能，就能获得关于教材的多媒体内容。该系列教材的升级版同样包括五种图书《粤菜制作》《粤菜原料加工技术》《粤菜烹调技术》《粤式点心基础》《粤式点心制作》，如图 3 所示。《粤菜制作》为该系列教材之一。

图3　带有MPR标志的"粤菜师傅"工程系列教材封面

　　该教材依据国家职业标准中中式烹调师资格标准，对应广东餐饮业粤菜厨房热菜生产过程中的砧板、助镬、上杂、候镬等岗位职责及其技能要求而编写。本书的编写重在粤菜菜肴制作的实训内容，融知识性与热菜制作技能为一体，让学生能够综合运用已掌握的烹饪基础知识和烹调方法，学习烹制粤菜菜系中的广州菜、潮州菜、客家菜中代表性菜肴，扎实掌握粤菜基本烹调技法，提升独立操作烹饪技术的综合能力。在教材编写中，除常规知识性内容，诸如菜肴小知识、烹调方法、风味特点及原料、制作工艺等介绍外，作为"粤菜制作"重要的环节便是"工艺流程"即一款粤菜具体的"制作流程"，这是学习粤菜制作的核心内容，而粤菜的制作流程是一个展示的过程，可操性强，凸显菜式制作的动手能力，制作中的一招一式是形象具体的，需要通过教师现场工作实景中真实的一步一步地操作才能实现其指导学生的教学目标。

　　MPR出版物技术植入教材便实现了情景教学的目的。这种技术的运用不仅克服了纸质图书的短板，同时也克服了CD、DVD光盘的单向传输弊端，实现了职教教材出版的又一次质的飞跃。如《粤菜制作》的作者将书中 106 种粤菜作为 106 个项目进行教学，将具体的"菜式制作"作为每一个项目的重点学习任务，通过 MPR 制作技术进行视频教学。学生在学习过程中只需用手机扫一扫每个项目对应菜式名称下的 MPR 码，如图 4 链例上的链码符号所示。若想学习"金华玉树鸡"这道菜是如何制作出来的，就可以用手机扫描"金华玉树鸡"标题文字的下划线，即扫描这道菜的 MPR 码，扫描成功后，便进入了这道菜制作视频的界面，伴随着美妙的音乐开始了"金

图 4　视频链码示例

华玉树鸡"制作学习之旅①。在视频中将看到这道粤菜菜式的制作工艺流程，视频中的教师边做边讲。展示这道菜的主料、配料、调料；主料、配料加工成型、起镬烹饪、上盘造型；从原料切工、烹饪制作、装盘、造型、菜式制作一气呵成，真实具体、形象直观。学生可以在看视频的过程中观察老师制作粤菜中的一招一式，以这种眼见为实的方式领会粤菜制作的一般要求，掌握其技术要领。采用 MPR 码的教材进行教学可以实现学生课上学习与课下温习同等的指导效果，学生对收看过程中需要反复收看的细节内容可以进行多次即时重复，增加了视听学习的灵活性。

3. MPR 出版物的创新优势

MPR 出版物突破了传统教材的局限，多媒体数字音视频技术的介入是纸质版教材出版的创新。将这种技术运用在语言学习类出版物中，其特色

---

① 黎永泰，陈平辉，巫炬华. 粤菜制作［M］. 广州：暨南大学出版社，2020：58.

优势尤为凸显。如 2017 年暨南大学出版社出版的《普通话水平测试教程》（第三版）①，如图 5 所示。该书在我国出版史上是具有特殊的意义，只因其是我国正式出版的第一本 MPR 出版物，即第一本将多媒体数字技术融入出版物的 MPR 图书。该书的首版是 2011 年出版，第二版是 2014 年出版。在前两版图书中，该书因具有自身的内容特色和优势，深受师生好评。这主要是源于该书的编写针对性强。该书是专门为普通话教学和普通话水平测试，根据普通话教学、练习和水平测试的要求来编写。包括语音训练、词汇训练、语法训练、朗读训练及命题说话训练。书中还提供了各种表格帮助学生正音，归纳出多音字表、轻声儿化词语表、普通话异读词审音表等，以加强学生学习的针对性。该书编写的最大特色是"地域性强"。因为该书主要是为广东学生，尤其是广东潮汕地区的学生而编写，同时兼顾客家人和其他地区的粤语读者。该书根据闽、客、粤三种方言与普通话的异同来阐述和剖析发音理论与方法，突出强调偏误辨正方法。在词汇、语法训练方面也将闽、客、粤方言与普通话进行对照，根据各方言特点，因材施教，帮助学生克服方言对普通话测试的影响。该书的初版和二版虽受到了学生的好评，但作为普通话水平测试的指导书，有一个很大的缺憾，即只能阅读，看文字，不能听书、听声音。而普通话考试考的就是应试者的发音和表达的正确、标准、规范。如果让书能说话，阅读时也能听到内容的声音，这对普通话水平测试者来说是至关重要的。在倾听标准音朗读的语音训练中学生通过模仿才能不断地正音，直至接近正确的发音。基于该书的实际需要，此时又恰遇 MPR 技术引入图书出版，两相见面，可谓相见恨晚，一拍即合。该书作者为此特邀天津市津南区广播电视台主播协助录制完成音频资料。音频后期制作完成后，在出版过程中，就将该书的音频文件以链码形式标注在每处需听到声音的内容之下（见图 6）。然后，利用手机的"泛媒阅读"App，使语音训练、词汇训练及朗读训练 60 篇作

---

① 余铋珍，等. 普通话水平测试教程［M］. 3 版. 广州：暨南大学出版社，2017.

品，标准的发音，规范的朗读，字字、句句、篇篇入耳。这种学习方式对提升学习者的普通话水平，尤其是潮汕方言区人们的普通话的水平效果更为明显。

图5 《普通话水平测试教程》（第三版）书影　　　图6　音频链码示例

三、结语

在职教教材出版中，随着现代科技的发展、数字技术不断融入出版领域，教材出版也在逐步提升其内容表现形式，从光盘媒体的引入到采用多媒体数字技术的 MPR 出版物，实现了纸质图书的飞跃式进步，也充分地发挥将教材作为工具书的指导作用。在这不算太长的发展历程中，科技的力量一次次助力纸质图书的出版，也在不断提升着纸质教材的品质。高科技还将怎样助力教材的升级，我们充满信心，满怀期待。

图书评论

图书评论即书评，简单地说，书评是对出版物的评价，指的是评论或介绍书刊的文章。关于书评，在中国历史上早已有之。春秋时孔子"笔削春秋，删定诗书"时是按照一定的标准进行取舍的，而删诗之后，孔子和他的弟子又为删诗的依据写文章专此说明，这个说明便是我们今天见到的"诗序""书序"，是我国最早的书评。我国历朝历代都不乏书评，更不乏书评撰写者，古今皆然。读中文专业毕业的编辑没有谁不熟悉曹丕的《典论·论文》，陆机的《文赋》，刘勰的《文心雕龙》，钟嵘的《诗品》，严羽的《沧浪诗话》，李渔的《闲情偶寄》等中国古代文论典籍。这些著作或评论作家，或点评作品，饱含孟子"以意逆志""知人论世"的评论思想，这些文字都属于书评。

一、编辑与书评

书评作者可以是专业学者，也可以是图书编辑或读者。就工作职责而言，图书的责任编辑应该是书评的主要撰写者，也可以说，撰写书评应该是编辑必备的基本功，凡编辑经手出版的图书，在其出版后都应该及时为其撰写书评。

图书的责任编辑撰写书评是义不容辞的责任，编辑写书评本来也有优势。编辑本身的工作性质、内容及工作范围就已为书评的撰写打下了基础，做好了评写素材方面的充分准备。撰写书评首要的条件是了解作者、了解图书，系统全面地掌握图书的内容、形式，这样才能在书评写作中做到有的放矢，中肯、客观、科学地评价作家及其图书。这一点图书的责任编辑能够做到。若一本书的策划编辑又做了本书的责任编辑，就会非常了解作者，了解作者的写作意图，写作手法及书稿。编辑同时也是最了解书稿内容的人，一本书从交稿到正式出版，一般会在编辑手上经历几个月的时间，在这段时间里，编辑始终和书稿在一起"摸爬滚打"，这包括对书稿的初审、接受复终审的指导、确认一二三校的存疑、通读通校及质检后的核红、蓝样审核，直到图书付梓。整个流程走下来，编辑对书稿了如指掌，书稿的内容质量、学术水平、写作特色、审美价值等了然于胸，所以由责任编辑来写书评最能切中图书的肯綮。

编辑在实际工作中也应该养成撰写书评的习惯。在编辑的工作生涯中担任责任编辑出版的图书数量很多，出书的选题范围也较广，若做一位有心的编辑，可在每一本书出版后都及时为其撰写书评。笔者也曾对自己有过这样的要求，在每本书出版后写上一篇书评，因书刚刚出版，对书的一切都是熟悉的，这时候撰写书评能够准确把握书稿的内容，能够客观、公正、理性地对图书的内容价值、出版意义、作者的学术创新及其特色作出判断，凭着对书稿鲜活的记忆、深刻的解读，带着书稿在运作之中与其生成的深厚感情。

许多出版人在提到自己责编的图书时都由衷地谈到一点，编辑做一本书的过程就如同母亲养育自己孩子成长的过程，孩子成长的过程也是母亲对其琢玉的过程。期待孩子一点点长大，在孩子成长的各个阶段，及时帮助他克服缺点、发扬优点，帮助他不断完善自我、不断提升自我，茁壮成长，直到成为真正的自我，成为对社会有用的人。编辑做书也是一样，在整个出版流程中，通过三审三校，通读通校，质检，一步步完善书稿，提升书稿的质量，直至付梓，走向读者，成为对社会对读者有积极影响的文化产品。

编辑撰写书评是对自己编辑出版一本书的总结，为一本书的出版过程画上一个句号，而这个句号是有意味的。

二、书评的意义

在我国历来有重视书评的传统，不仅有专门的书评杂志，在较多的学术杂志及其他刊物上也专门开辟专栏，以书评的形式向读者推荐图书，引导读者的阅读活动。一般而言，书评的意义有以下三点：

1. 引导读者的阅读

撰写书评作为编辑工作的内容之一，目的是宣传图书。有数据统计显示，近些年，我国每年出版的新书品种接近30万种，读者在这茫茫书海中要找到自己想读的书并非易事，此时读者可以参考相关的书评，通过书评读者可以较全面、系统、快捷地了解某类图书的内容及其特色，对其是否为自己想要读的书作出判断。此时编辑的书评就能够为读者的阅读予以引导，成为读者阅读的参谋，在某种程度上解决读者选书难的问题。书评在某种程度上还可以激发读者的购买行为，读者从购买图书到阅读活动的发生，实现了图书传播知识的目的。

2. 助力作者的后续写作

编辑撰写的书评能够较全面地评价图书的学术价值、艺术价值及其社会影响，能够对其著作的知识性、创新性、科学性作出理性的描述，在肯定其出版价值的同时，也指出其存在的问题、论述中的缺陷等，这在一定程度上可以帮助作者全面认识自己的著作、自己的学术能力和水平，裨益于作者后边的学术成果出版。编辑也在书评的撰写中，不断提升自己的业务水平，对学术书的出版要求不断提升，对作者的学术素养、写作要求不断提高，促进学术发展，提升图书的出版质量。

3. 为图书的营销导航

当今的图书是"酒香也怕巷子深"，面对每年数以几十万计的新书，编辑的书评对图书的营销也起到了一定的促进作用。在书评中有编辑对图书内容的系统介绍，有对图书特色的客观评论，有对图书专业水平及创新成果的判断，有对图书读者的准确定位。营销人员通过编辑的书评可以细分图书市场，准确地将图书推荐给目标读者，扩大图书的销售，读者通过书评也可以准确判断是否购买。

三、书评的内容及写作手法

书评的撰写内容没有限制，可以是关于图书内容的，也可以是关于图书作者的，还可以是关于图书编辑出版的，关于图书读者的。可以就图书整体而言，也可以就某个专业问题而论。评论的问题没有大小之分，只有评论的见识是否为真知灼见，对图书是否品论中肯，对读者是否有所裨益。不同的图书在书评的写作手法上也各有不同。

1. 书评的内容

书评的内容较为宽泛，编辑在日常审稿中所写的审读意见就是书评，包括对图书内容的简介、对作者的简介、对图书的整体评价、对图书特色的概括、指出图书的不足以及完善书稿的建议等。图书的内容提要也是一种简短的书评，言简意赅地对图书作出简明评论。图书品种不同书评的内容也不同，学术书的书评不同于教材，也不同于一般性图书。如对学术著作而言，从图书内容方面来看，可将图书的思想价值、学术价值、审美价值作为评价标准，概括图书的内容价值取向，表明编辑的评论观点，引领读者的阅读行为，增强读者对图书价值的认识，这种引领不是强制性的，只是引导读者、带领读者去认识图书，形成读者自己的价值判断。

2. 书评的写作手法

书评的写作手法灵活，编辑可以根据需要，将自己对图书的感受，根据图书的题材选择行文的章法，一般书评是采用论文的形式，以说理为主，突出问题意识，有理有据，以理服人。书评也可以采用散文的笔法、小品文的文风进行书写。有一点比较重要的就是写作者需要具备一定的写作能力和水平，平时多写勤练，坚持写就能写好。

四、书评的写作要求

撰写书评虽无固定的章法，创作的自由度较大，但在具体写作时应注意以下几点：

1. 实事求是

编辑在撰写书评中应秉持实事求是的态度，对图书的内容作出客观、公正的评价。好便是好，缺点便是缺点，实实在在，不过誉也不贬低。无论是对图书内容做宏观上的概述，还是涉及图书的某些具体观点表达，无论是对图书学术价值的评判，还是对个别学术见解的主张。出版家陈原老先生在其《书林漫步》中谈到撰写书评时，曾说"我总是抱着实事求是的科学态度，认真读原著，力求做到恰如其分地评介，决不漫无边际地互吹乱捧"。书评是编辑对图书的评论，并不能完全代表读者的认识，只要客观表述编辑的认识，给读者留下思考的空间，图书的价值由读者根据自己的认识去判别，编辑的书评只为读者的阅读创建期待视野。

2. 突出重点

一本书出版后，作为责任编辑有许多感想要表达，但不可能将所有的想法一并写进书评，对图书做面面俱到的点评。编辑需要冷静地沉淀，确定评论的范围和角度，综合各种思考，提炼出最主要的问题，抓住要点，或是从本书的成就方面即思想价值，或是学术价值的角度，或是从审美视角等进行评论，也可以从读者、作者、编辑、出版角度进行评论。

3. 知识储备

编辑撰写书评需具备出版专业的理论修养，包括马克思主义理论思想，党和国家的政策方针，图书出版的各项规章制度，图书质量标准等。同时编辑撰写书评要有一定的专业知识支撑，有专业研究的造诣，有专业领域知名度支持的书评会产生感召力，对图书作出专业评价，指出图书的价值及不足，分析有故、评述有理，因编辑关于专业的学术前沿、学术创新，理论体系的完整性、系统性掌握得全面，能够帮助作者发现未发现的价值。也能够通过书评内容开拓读者的视野，丰富读者的认识，对读者有一定的指导性和启发性。读者也希望通过书评进一步认识作者的学术思想，在该领域的创新成果，为其铺就相关阅读路径。

撰写书评是编辑的分内事，是编辑对自己责编图书负责任的表现，也是编辑对作者、对读者负责任的表现，同时，编辑通过书评不断地总结自己的工作，收获经验也反省失误。坚持写书评，必将促进编辑工作能力的提升及专业发展。

《花笺记》"第八才子书"重归故里

——评梁培炽《花笺记会校会评本》

《花笺记会校会评本》系美籍华人学者梁培炽先生以巴黎国家图书馆所藏康熙五十二年静净斋版《第八才子花笺》为底本，参考十余种版本，精校细勘，详考慎证而成，由暨南大学出版社出版。此书的出版，为《花笺记》的研究揭开了崭新的一页。1998 年 4 月 8 日，在广州举行该书首发式，梁培炽先生专程从美国赶来，并在首发式上作专题发言。国务院侨办文教宣传司司长丘进博士及海内外有关专家、学者、新闻界人士对该书及其出版都给予了高度评价，认为梁先生为中国优秀文学遗产的继承和发展做了一件十分有益的工作，《花笺记会校会评本》堪称新版古籍整理中的善本，极具珍藏价值。

《花笺记》成书于明末清初，其故事内容在广东粤语地区及海外华人社会广为流传。已发现的最早版本是康熙五十二年的静净斋藏本。此后的几百年间又陆续出版了十余种版本。但康熙五十二年静净斋版本国内尚未发现，据说谭正璧曾藏有此书，但因谭氏已故，书藏何处难以知晓。而对《花笺记》的研究，国内尚属空白。此种现象实在是中国文学史上的一个遗憾。梁培炽先生经过几十年的努力，收集、整理、研究了《花笺记》的各种版本，在此基础上进行辑校、标点，完成了集各种版本优点之大全的《花笺记会校会评本》，这不仅弥补了国内《花笺记》版本失传及研究薄弱的遗憾，也是对世界文学的一大贡献。

被称为"第八才子书"的《花笺记》是一部极具文学价值的韵文体长

篇叙事唱本作品，讲的是才子佳人曲折动人的恋爱故事，人物生动，语言优美。它在中国文学史特别是在中外文学的交流史上起过非常重要的作用。1927 年，郑振铎先生在巴黎国家图书馆读到静净斋版《第八才子花笺》后非常兴奋，赞叹此书"颇能脱出一般言情小说的窠臼"，清代各种花笺版本曾为法国、英国、德国、丹麦、荷兰等国家收藏并译为法文、俄文、德文、荷兰文、越南文等多国文字出版。1824 年，英国人汤姆斯（P. P Thornes）将《花笺记》译成韵文体的英文书，最早将之介绍到西方。1825 年，巴黎《亚洲学报》上刊载了法国汉学家芮牟沙（Abel Remusat）的法文评介文章。1826 年，俄文译本在莫斯科面世。1836 年，德国人古尔慈（H. Kurz）用散体译成德文。从中外文学关系史的角度看，至少有两点引起了我们的兴趣：

一是《花笺记》在东南亚的传播与影响。

1866 年，东方学者施力高（G. schlegel）将《花笺记》译为荷兰文，在荷属印尼出版。而《花笺记》对越南文学的影响则更为直接，约于 18 世纪前半期就在越南流传，传播时间比在西方早得多，而且影响着越南喃字文学的发展。尽管喃字是越南希望创造自己独特文化的开始，但作为文化重要组成部分的喃字文学的原型多取自中国文学。越南喃字文学中最优秀的作品之一《花笺传》便是取材于《花笺记》而写成。以后虽经由不同作者修订、润色，但内容与故事情节仍与《花笺记》基本相同。

二是被鲁迅称为"日尔曼诗宗"的歌德与《花笺记》的关系。

歌德在完成其长篇《威廉·迈斯特》之后，以 78 年的生命体验，阅读了《花笺记》的汤姆斯英译本，这是歌德一系列中国阅读中的一部分。这种阅读对他的思想和艺术观有所触动，这在爱克曼的《歌德谈话录》中和歌德的《中德四季与晨昏合咏》中有明显的表现。特别是在创作《中德四季与晨昏合咏》中对中国格调的运用，表明歌德对中国精神的某种理解和接受。这组诗原名即是《中国四季》，直到 1830 年发表时才更名为《中德四季与晨昏合咏》。歌德通过《花笺记》等书对中国精神和情趣产生了深刻理解，这又与他后来提出"世界文学"有着逻辑上的联系。反过来讲，有关"世界文学"的理论，也有助于我们认识《花笺记》的价值，歌德在 1827 年 1 月 31 日的谈话中提出了"世界文学"的概念，并阐明说"我愈来愈深信，诗（poesie）是人类共同财产""世界文学的时代已经来临"。

"读书宜择善本"。梁培炽先生对《花笺记》的辑校、标点有着高远的立意，且用力甚精，极力使《花笺记会校会评本》成为版本学中之善本，使其在《花笺记》研究、传播中发挥里程碑的意义。在梁先生及暨南大学出版社的共同努力下，《花笺记会校会评本》具有如下特点：

首先，《花笺记会校会评本》是以法国巴黎国家图书馆所藏康熙五十二年静净斋藏本《第八才子花笺》为底本，以《花笺记》的 14 种不同版本为参照本，其中 9 种为校本，即芥子园本或会文堂本、文畬堂本、考文堂本、胜源堂本、牛津本、静评本、汤本、翰经堂本、明秀堂本；5 种为参校本，分别是以文堂本、醉经堂本、五桂堂本、薛汕校本、陈汝衡校本。根据十多种版本认真、细致地对一种书进行对校、互校，这在校勘史上也并不多见。可以说，梁先生对"第八才子书"《花笺记》进行的辑校、勘误、标点，几乎达到了完美无缺的程度。对于原版中有碍于一般读者阅读的粤语方言词语，梁先生也作了必要的注释。全书的校后记共 620 余条，足见梁先生用心之细、功力之深。

其次，《花笺记》的各种版本中，有些有朱光曾的序，有些则无；有的版本有钟戴苍的点评，有的却无；有的版本有"二酉斋花笺文章"，有的无；有的版本有人物绣像插图，有的则无。在梁先生的《花笺记会校会评本》中，把朱光曾的序、钟戴苍的序及评，还有钟戴苍的总论，以及"二酉斋花笺文章"等经过辑校、标点汇集于书中，又精选了原版插图数十幅，编排在有关回目的前后，使之成为完璧。此外，已有的《花笺记》

各种版本，回目也有不同，有的回目是 60 回，有的是 61 回，有的是 64 回，梁培炽先生经过考证、研究后，发现增加的回目，内容有明显的封建迷信色彩，因此，不予编入会校会评本，使本书仍保持 60 回的原貌。对此，梁培炽先生已在序言中加以论述，并在校后记中加以点明。可以毫不夸张地断言，《花笺记会校会评本》是自明清以来内容最完善的花笺版本。

最后，梁培炽先生在辑校、标点和整理《花笺记》时，将钟戴苍对每一回的首评、腹评及尾评依原来位置穿插其中，而对"二酉斋花笺文章"则结合文中内容分别编排在各回目之后，使原文与评点、评论浑然一体，利于读者深入领会故事内容与艺术手法。钟戴苍对各回的点评仿效了金圣叹评《离骚》《庄子》《史记》《杜诗》《水浒传》及《西厢记》的笔法，至细至微，又大胆泼辣、个性鲜明，值得我们注意。特别是梁培炽先生为《花笺记会校会评本》所作的两万字的长篇前言，对《花笺记》的成书年代及其在国际上的影响，对《花笺记》被称为第八才子书的因由，对《花笺记》的作者、批评者以及所辑的各种版本等问题都作了精辟的、系统的论述，完全可视作中外学术界研究《花笺记》最具权威的结论性成果，它向我们展示着《花笺记》的无穷魅力，并把我们带进了繁花似锦、美不胜收的"花笺世界"。

（原载于《人民日报》1998 年 4 月 18 日，有改动）

读《暨南学人：苏运霖教授治学之道》

　　《暨南学人：苏运霖教授治学之道》是暨南大学信息科学技术学院计算机系苏运霖教授的治学自叙传，凡十六章，四十余万字。该书生动地记述了一名印尼华侨归国求学、永攀科技高峰，终于成为中国计算机科学领军人才的治学历程。苏运霖教授对自己数十余年治学道路的深情回望，字里行间洋溢着归侨赤子的爱国情、报国志。现已年届耄耋的苏运霖教授，还一直从事着计算机科学教育与研究工作。

　　苏运霖自读书便有记日记的习惯，几十年坚持用中英文记录下他的学习和工作、他的教学和科研。倾听他的深情讲述，跟随他的往事追忆，我们能深深感受到一位归侨学者在追求科学真谛道路上的坚实脚步，而透过这一串串足印，我们也能真切地感受到伟大祖国坚持创新发展的时代步伐。

　　1940 年农历三月二十，苏运霖出生在印度尼西亚邦加岛。受其父影响，爱国的种子自幼便深深地植根于他的心田。"虽然我有很深的印尼生活印记，但是从小中国就深深扎根在我的心里。"在苏运霖很小的时候，父亲就时常告诉他，"我们是中国人，中国是我们的祖国，我们要热爱她"。当时，日本侵略者在邦加强行日语教育。面对日本人的威胁，他的父亲宁可让孩子待在家里，也绝不让他们接受奴化教育。为了让苏运霖能学习中文，他的父亲自编教材教孩子认字、学算术、学唱歌。苏运霖至今仍记得他父亲教他唱的第一首歌："打倒列强，打倒列强，除军阀，除军阀。国民革命成功，国民革命成功，齐欢唱，齐欢唱。"父亲为了让苏运霖上中华学校，毅然决定把家搬到有中文学校的地方。为了华人孩子在海外传承中华文化，他的父亲还节衣缩食，从自己有限的财产中拿出相当数量钱财用以创办中华学校。父亲热爱祖国的行为深深地影响了苏运霖。

1952年，苏运霖考上槟港中华中学。1955年6月毕业后，他毅然决定回到祖国，因为他坚定地认为"这才是我们真正要走的阳关大道"。回国后，苏运霖进入长沙市一中读书。而长沙一中不远处的清水塘，就是毛泽东早年在长沙从事革命活动的地方。毛泽东在进入长沙第一师范之前，也曾在长沙一中学习过一个学期。"能进到毛泽东曾经读过书的地方学习，我感到无比荣幸。"苏运霖"不再是懵懵懂懂的少年，而是进入了青年时代，进入充满幻想、充满理想、饱含志向的奋斗的时代"。他在长沙一中读书时，国家正处于困难时期，可国家仍让这些归国学生享受到助学的待遇，这让他感受到祖国的温暖关爱。他的心中时时会涌起心念："祖国啊祖国，一下子在我心中增添了很大分量。使我下定决心，学成之后一定要报效祖国。"

1957年。苏运霖考入东北人民大学（即今吉林大学）数学系。这所大学是当时整个东北唯一一所综合性重点大学，当时学校的师资力量就能确定它在中国高等教育中的地位。该校的物理学家余瑞璜、化学家唐敖庆、数学家王湘浩等都是中国科学院学部委员（即现在的院士）。他们都是在国外留学，学成后归来报效祖国的科学家。师长的榜样力量激励着苏运霖在学习上刻苦钻研，不断进步。1959年6月23日，刚满19岁的苏运霖加入了中国共产党。苏运霖在书中这样写道："这一天成为我生命中的一个亮点，因为它是我政治生命的起点。我感到自己肩上突然有了新的重担，这就是党的事业，为祖国的繁荣富强而奋斗。""从那开始至今已经过去了整整61个年头，比一个轮回还多的时间。回首往事，我在自己的人生路上没有做任何惊天动地的伟业，也没有成就任何重大的贡献。但是在这漫长的岁月里，我没有一天忘记那庄严宣誓，没有一天不坚守自己的信念。我可以满怀自信地向世界宣告：我是中国共产党的忠诚党员。"

永攀科技高峰是苏运霖教授的坚定的信念。1962 年，苏运霖毕业后留校任教。当时正值中国研制电子计算机时期。彼时电子计算机在世界范围还属于神秘的尖端技术，唯一可以了解它工作原理的是一本俄文版的《BECM 原理》。虽然国外第一台电子计算机在 1946 年已经由美国研制出来，然而西方资本主义国家对中国实行严格的封锁，根本不可能将先进技术介绍给中国，所以这本俄文计算机书对中国而言弥足珍贵。将这本俄文版的《BECM 原理》翻译成中文是一项艰巨而繁重的任务，但苏运霖勇敢地接受了。连续四个月不分昼夜，这部 40 余万字的俄文书终于被翻译出来了。这是苏运霖第一次完成如此大规模文字量的翻译工作。后来，苏运霖还与他人合作翻译完成了美国斯坦福大学著名教授 D. E. Knuth 的一部三卷巨著——300 万字的 *The Art of Computer Programming*（《计算机程序设计艺术》）。这一巨著曾在 1974 年荣获计算机领域的最高奖"图灵奖"。该书的成功翻译对中国的计算机事业起到了重大的推进作用。

敬业创新是苏运霖教授对科学事业的不懈追求。1974 年，国外高校刚刚有计算机科学系建制，受这种趋势的触动，苏运霖也想在吉林大学率先建立计算机科学系，并最终于 1976 年在该校成立中国第一个计算机科学系。接下来，苏运霖主持的计算机流程图符号和 ALOGL60 语言标准的制定工作被电子工业部评为科技进步一等奖，又被国防科工委评为科技改进二等奖。

1980 年苏运霖回到广州，调入暨南大学工作。到校伊始，他就接到了校领导下达的任务——创建暨南大学的计算机科学系。学校将苏运霖破格提升为硕士生导师。为了创建暨南大学的计算机系，培育优良的计算机教师队伍，苏运霖呕心沥血，历经艰辛，终于完成了该系的创建，构建了科学合理的学科体系，制订了教学计划，设计了教学课程。在与计算机系一同成长的过程中，他也逐渐确立了自己在计算机领域的研究特色和学术地位。

1983年苏运霖留学新西兰。在离开祖国之前，他为自己立下了行动指南——"忠诚于自己的祖国，忠实于自己的事业，鞠躬尽瘁为人民，呕心沥血做学问"。此后，他又去了美国，曾应邀访问并讲学于挪威、瑞典、丹麦、奥地利、德国、澳大利亚、英国等地。回国后，他在研究及教学上继续勇挑重担谋发展，积极开展计算机领域的国际学术交流，主持召开了国际数据结构和算法学术研讨会、第二届人工智能与逻辑学术研讨会等。

潺潺细流的时光，于无声中已流过千山万水。苏运霖在中国计算机领域的成就可圈可点，他的《数据结构和算法》《分布式系统和分布式算法》《编译原理》等7部中英文著作，《计算机程序设计艺术》等14部译著，150余篇在国内外重要学术刊物发表的论文，多次荣获国家和省部级科技奖，奠定了他的学术影响和学术地位。在完成了暨南大学教研使命后，他又将其余热奉献给了广西大学梧州分校的教育事业，"这也是我人生最高峰的一个阶段"。而广西梧州正是他的祖籍地。

这就是苏运霖，他用爱国行动和报国信念谱写了海外赤子的不平凡的人生篇章。

（原载于《炎黄》2023年总231期，有改动）

为了"忘却"的纪念

——评《从黄花岗到红花岗——广州先烈路钩沉》

作为广东的出版人，总有一个愿望，想要为广东地域文化的挖掘传承和发展做点事情。与《从黄花岗到红花岗——广州先烈路钩沉》这本书的相遇给我提供了实现愿望的机缘。

作者交稿时，书名是《广州先烈路钩沉》，并没有书名的前半部分"从黄花岗到红花岗"。而作者以此命名该书，确实是名实相符。广州的先烈路在国内是唯一以"先烈"命名的路，这条路在一般人的眼里可能就是一条普普通通的路，整日里人来人往、车来车往，再寻常不过，但在作者的眼里，在作者的笔下，先烈路却是一条不寻常的路，它厚重又沉重。它承载着中国近代史上重要的人物，连接着重要的历史事件，它是洒满了烈士鲜血的一条路。先烈路是一条革命路，是一条英雄路。

广州是中国民主革命的策源地和根据地，也是无数革命先烈的归葬地。作者通过发掘、钩稽档案史料、实地踏勘广州先烈路沿线尚存或不复存在的公共坟场，查清了东沙马路（先烈路）沿线的 33 座大型公墓坟场，追溯建筑的缘起、形制、构造、位置、界址等，考证坟茔遗迹及现场证物，从特殊视角为广州书写了有根有据的先烈路英烈建筑史，进而揭示、丰富了广州作为国家历史文化城市的深厚底蕴。

广州的先烈路对于广州人而言，耳熟能详，但对于外地人来说，未必知晓，而"黄花岗"的"黄花岗七十二烈士"，"红花岗"的"广州烈士陵园"却是大家都熟知的。"黄花岗""红花岗"连接着先烈路的过去，我们再斟酌书名的命名时，选取这条路上两个具有代表性的历史名词，对先烈路再次赋予人们熟悉的意象，以增强人们对这条路的熟识，也引起人们对这条路上所发生的历史事件及人物故事的了解愿望，对先烈路上英烈事迹认知的迫切。由此，就在原来的书名上增加"从黄花岗到红花岗"，便有了现在的书名"从黄花岗到红花岗——广州先烈路钩沉"。

先烈路全长 4 000 米。据作者的发掘与考证，广州先烈路沿线计有革命先烈大型公墓坟场 33 座（不包括七十二烈士墓园内的近 50 座附葬墓），其中全国重点文物保护单位 1 个，第一批国家级抗战纪念设施、遗址 1 个，广东省文物保护单位 2 个，广州市文物保护单位 16 个（含 3 个广州市重点文物保护单位）。

作者钩沉先烈路事出有因，正如作者在前言中所说，"作为广州人，笔者恒感愧对安息在先烈路沿线的无数革命先烈，爰以历史地图、历史档案等文献为依据，逐坟逐墓，逐冈逐段，实地勘察广州先烈路沿线尚存或不存在的公共墓场，对照卫星地图，反复寻找、定位。试图为今人及后人留下一份有根有据的广州先烈路沿线公墓坟场建筑史档案"。

作者对先烈路的研究视角独特。作者的研究范围属于建筑史领域，但作者选取的视角是先烈路上现存或不复存在的先烈公墓及坟场，以这一少为人关注但意义重大的特殊建筑作为研究对象。作者在钩沉先烈路的过程中力求最大限度地搜集相关领域的文献资料，进而实地勘踏、考证。坚持以原始档案、原典、原碑、原图、原地为考察依据，利用地图、档案、史料以及现代科技手段对其原貌和范界、形制、构造进行钩沉、探究，以期还原这些特殊建筑的真实历史面貌，留下有关这些墓地及墓主的传记，让人们铭记历史、追忆英烈。

在书中作者集中展现出来的研究成果对研究中国近代史及其民主革命意义重大。对于研究广州作为中国民主革命的策源地和根据地意义重大。其成果的学术价值主要表现为：

在书中作者不仅阐述了广州先烈路的由来，讲清楚了广州先烈路沿线各主要公共墓场的地理位置、彼时地貌及其建筑简史，而且在此基础上尽可能多地钩沉出了几近湮灭的历史信息和史料典故，以便后人沿线勘踏寻访，缅怀英烈，追怀历史。

广州的先烈路原名为"东沙路"，由广东省城东门外至沙河的一条山间小路演变而成，关于"先烈路"名字的产生，作者根据发掘的原始档案，推翻了其名产生于1921年之说，证明了先烈路正式进入广州市版图的准确时间是1946年。

在"红花岗与四烈士墓"章，作者依据历史地图，钩稽广东省城涉事街道的名称，四烈士就义的过程，还原了红花岗上淮军义勇祠转化为四烈士墓地的经过，以及相关当事人的贡献。

在"史坚如祠"章，作者通过考据，确认了史坚如祠的具体地点，澄清了史坚如被难的时间、地点，考证了史坚如范像的过程，并说明了区村与区庄的历史转化过程。与此同时，用史料说明1923年粤省市政府即便在军事局势紧张的时候，仍然没有中断给执信学校新校址划拨土地的工作。这一史料的发现为执信学校的校史提供了鲜为人知的重要历史证据。

在"黄花岗与黄花节"章，作者用历史地图、土地买卖契约等原始资料证明，七十二烈士丛葬地的"黄花岗"其真实的地名应为"马冈脚"，"黄花岗"是潘达微为其新造的名字。同时，证明了潘达微的主要贡献为宣传七十二烈士，具体见其《咨议局前新鬼录，黄花岗上党人碑》一文。进而，作者以充分的档案史料，厘清了"黄花节"的形成及最终演变成革命先烈公祭日的历史事实。

在"十九路军坟场"章，作者依据《广州市经界图》《广州市地籍图》及相关档案史料，对十九路军坟场进行了前所未有的识读，重组了十九路军坟场的原貌和原范界，为后人进一步保护十九路军公墓提供了依据。

在"广州新一公墓"章，作者完整地发掘出了广州新一军公墓的全部地籍档案文书，粤军第一师坟场的建筑简史，在坚实史料的基础上，重组了广州新一军公墓、粤军第一师坟场的历史原貌。

在"广州起义烈士陵园"章，作者厘清了广州起义烈士陵园范界变迁及陵园的建筑过程，通过对其平面布局的剖析，说明了广州起义烈士陵园的建筑特征。

本书更为可贵之处，在于作者通过钩沉历史档案，用原始史料证明了先烈路有三个与孙中山先生相关的历史事件，这个研究成果的得出不仅是对孙中山研究视野的拓展，也是对孙中山研究史料的丰富，实为不可多得。这三个与孙中山先生相关的事件，其一是有关粤省市政府给执信学校新址划拨土地之事，为孙中山在广东的研究史提供了鲜为人知的重要细节。其二是作者依据新发掘的史料，确认了先烈路上的联义社烈士墓是孙中山先生"慷慨助款"，命令中国国民党联义海外交通部建造的。其三是作者依据民国报纸的报道、亲历者的回忆录等史料，通过考证证明"江大舰殉难烈士墓"是奉孙中山先生之命建造的烈士墓。这三座革命先烈公墓都与孙中山先生直接相关，历史意义和现实意义重大。

作为我国首部钩稽广州先烈路史实、重现该路建筑史的研究专著。作者通过钩沉史料复原了一批已不复存在的革命先烈坟场墓园，为先烈路沿线英烈公墓提供了可靠的史料依据。本书不仅具有史料研究价值，而且对弘扬英烈精神，传承红色文化具有积极意义。阅读此书，广州先烈路的完整历史才能进一步被今人、后代知晓，人们才能充分了解广州为何被称为中国民主革命的策源地。所有为革命献身、为挽救民族危亡而捐躯的先烈，都将永远活在人民心中，广州东沙马路冠名先烈路足以可证。本书钩沉广州先烈路史实，重现英烈建筑史，是践行习近平总书记提出举旗帜、聚民心、育新人、兴文化、展形象的使命，是践行习近平总书记提出继承革命文化，营造崇尚英雄、学习英雄、捍卫英雄、关爱英雄的浓厚氛围。

在本书的出版过程中，一直有个想法在心中，和作者约个时间，同她一起将 4 000 米长的先烈路，从黄花岗到红花岗走一遍，踏在先烈路上，倾听她关于烈士及烈士墓园的讲述，在想象中重温烈士的峥嵘岁月，在时间的流逝中钩沉烽火往事……英烈用鲜血和生命为我们换来了今天的和平，我们该怎样竭尽全力回报英烈，以辉煌中国的未来。

足迹与年华

——评《站在地球另一端的回望》

每个人的生活都走出了自己的足迹。《站在地球另一端的回望》的作者暨南大学经济学院朱乃肖教授，以自己独特的回望记录下她在地球另一端的生活经历，这些往事构成了作者生命的重要组成部分。对那些难忘岁月的回望，实际上是作者对激情飞扬的青春时代的回忆，对刻骨铭心的友情、亲情和爱情的追忆。

本书是作者在花甲之年对自己在国外求学、工作、旅游的纪实性文字作品。这里既有作者对自己在世界各地学习经历的回望，对工作经历、旅游经历的回望；也有自己对"知青年代"和"改革开放年代"的回望；以及对自己爱情生活的回望……在这些回望中，既包含了与共和国共同成长的一代人的心路历程，同时也是 50 后这代人人生经历的缩写。

该书随着文句"每当法国巴黎塞纳河的照片映入我的眼帘，无论身在地球何方，思绪都忍不住随之飞翔，穿过千山万水，来到巴黎——我的第二故乡"拉开了作者对法国回望的序幕。作者在书中将浓墨重彩都放在对法国巴黎的回忆中。因为在作者经历中，对巴黎有着非常特殊的感情，这不仅仅因为在那里度过了生命中最重要的求学生涯的 5 年（1988—1993），更重要的是，在法国巴黎第八大学获得经济学博士学位的经历，改变了作者原来的生活轨迹，也改变了作者的后半生。因为 20 世纪 90 年代初在法国的大学能获得经济学博士学位的中国人太少了，可以说是凤毛麟角。而这一成功源于作者良好的家教环境，生在人文世家的耳濡目染。其父是中国比较教育学奠基人朱勃先生，母亲是华南师范大学心理学教授肖前瑛先生。源于国家恢复高考制度后作者能有机会在国内读完硕士。高校经济学专业的教学经历、法国访学的机缘，以及作者掌握语言的天赋。如果说这些是作者成长的土壤，那么法国巴黎第七、第八大学的师友就像是雨露、阳光。作者的博士论文指导老师、第八大学经济系教授、希腊经济学家科斯塔斯·威客布洛先生和博士论文答辩委员会主席、第七大学经济学教授、经济学家百纳德·夏旺斯先生的教诲让作者在学术道路上受益终生。如果说巴黎的 5 年留学生活是作者人生的"黄金时代"，那么，这个"黄金时代"的光辉，照亮了作者后半生的道路，影响着作者的一生。

在书中也有作者对到过的英国、比利时、荷兰、德国、卢森堡、意大利、瑞士、梵蒂冈、圣马力诺、摩纳哥、西班牙、安道尔、美国、加拿大、日本、韩国、新加坡、马来西亚、泰国、澳大利亚等国家讲学、旅游的记述，尤其是对澳大利亚悉尼生活的追忆，为作者的生活又抹上了一道靓丽的彩虹。

《站在地球另一端的回望》，是作者对人生的热爱，对生命的讴歌，对生死离别的感慨，对豪情壮志的敬佩，对忠义气节的推崇，对淡泊超逸的景仰……伴随着多彩的人生，作者的思绪自由翱翔。这也许就是生活给予作者的最好回馈！

（原载于《羊城晚报》2014 年 6 月 1 日，有改动）

主体是如何被塑造的

——解读《主体的塑造与变迁——中国知青
文学新论（1977—1995 年）》的文化意义

  肇始于 20 世纪 70 年代末的中国当代文化的革命性变迁，到现在已走
过了 30 余年的历程，无情的时间流逝将我们不可抗拒地带入了新世纪，但
是，新世纪中国文化究竟应该选择什么样的立场、以什么样的方式进行具
体的文化工作呢？当然，对此不可能给出一个简单明确的回答，但它们又
是每一个文化工作者无法回避的问题。也许，部分答案就存在于对我们昨
天所走过的道路再认识和重新梳理的过程当中。《主体的塑造与变迁——
中国知青文学新论（1977—1995 年）》（以下简称《主体的塑造与变迁》）
就是对这方面较有深度的一次探索。

  在书中，作者运用历史还原的研究方法，结合中国当代历史演变进
程，全面、系统、深刻地描述、考察、论证了知青主体、知青主体意识及
知青文学发生、发展的过程，文中的见地正如其标题所标明的那样，名副
其实地为"中国知青文学新论"。

  该书在总体思路上突破了过去知青文学的研究范式，不再从知青一代
的主体性出发去研究知青文学，而是把知青主体视为当代主流意识形态的
塑造物，将知青文学作为这一被塑造主体的载体、情形、表征、显现。这
就为作者对这段历史的重新梳理提供了一个合适的位置：一方面使他可能
既贴近还未被人们遗忘的"知青主体精神""知青情结"，对其进行观察，
同时能够拉开同它的距离，冷静地审视其中所寄涵的意蕴；另一方面这既

是对具体知青文学的研究，又是对知青主体的生成史、当代意识形态工作史的探微。

《主体的塑造与变迁》运用的基本理论方法是阿尔都塞的"意识形态国家机器"批判理论。此理论在 20 世纪 80 年代末和 90 年代初中期，曾经颇为当代文学和文化研究界看重，但是平心而论，对这一理论的借鉴一直基本局限于灵感式的套用和联想，相对较有深度的运用也只表现在有关当代电影的几篇论文中，而《主体的塑造与变迁》则把意识形态国家机器批判理论的运用，贯穿于对长达近 20 年的知青文学以及当代文化的梳理中，显示出理论视野的贯穿性。另外，文中第一章对"知识主体转型的社会结构原因"的分析，也显示出作者综合运用多种理论方法剖析问题的能力。这一问题展开为两个部分，第一部分将葛兰西的文化领导权理论同阿尔都塞的意识形态国家机器批判理论结合起来，揭示了 20 世纪 70 年代后半期中国社会所存在的"为知识分子正名，通过知青类型的转型造就从属于新一代知识分子争所共有的社会意识形态的宏观功能效应结构状态"。第二部分则运用社会学的文化分析方法，细致地辨析了知青文化群团的共性及不同的层次分布性，划出了造成"知青小说派"脱颖而出的特殊结构。

关于历史的还原性与批判性的统一之追求，也许是许多文学史著作共同的意向所指，但是就《主体的塑造与变迁》这部论著来说，或许应该放在 20 世纪 90 年代的大文化背景下加以理解。其时，文化界几乎同时出现了两个重要的文化现象，一是以后现代主义思潮宣布启蒙主义终结，二是强调学术的本位性。尽管这两种论调自提出之日起就引起了相当多的争议，且其自身也的确存在问题，但是它们至少对促进我们反思中国 20 世纪启蒙主义传统，追求更为切实的学术研究、克服相对空疏的文化急躁症，都不无益处。然而在具体实践方面，后学对启蒙主义的批判基本流于轻率的否定；而对学术本位性的追求，则在相当程度上造成了对学术研究的现实关怀的放逐，而像陈平原对近代学术史那种既富学术力度又具现实情怀的研究则相当贫乏。应该说《主体的塑造与变迁》一书，既坚持了启蒙主义的批判精神，又对从属于 20 世纪 80 年代启蒙话语的知青主体、知青文学进行了颇有深度的反思性解构。其反思的力度不仅仅局限于此，还扩展到了整个新时期的社会文化状况。且不说本书第三章对"老三届文化现象"分析，就是最后的"跋"虽然不过万把字，但以人文精神大讨论中的张承志为个案，揭示了中国文化界存在的、具有普遍性的回避真实问题和热衷于空洞的文化炒作的弊病。

虽然《主体的塑造与变迁》并非无可挑剔的完美之作，但是正如一位专家在审定《主体的塑造与变迁》初稿时所说的，它"将知青文学作为一个现象域来考察，避免了以往有关知青文学研究就事论事单一浮泛的弊病和不足，在一定程度上展示的近 20 年来当代文学的意识形态的演化史，这是论文具有丰厚内涵的重要原因"。

（原载于《中国教育报》2000 年 4 月 9 日，有改动）

指点江山入简篇

——评《百岁王越诗文选》

  暨南大学百年校庆之际，《百岁王越诗文选》由暨南大学出版社出版，双百合璧，是广东教育界、出版界的一桩趣事。

  作者王越先生已 103 岁，王季思先生说他是"诗词并擅，建国后新作，每以旧调抒新情，自成正格"。作为 20 世纪中国沉浮巨变的亲历者，这本诗文集记录了中国一代知识分子读书报国，把自己的命运和祖国的命运紧密联系在一起的心路历程。

  "百岁人瑞百岁情，怀师忆友评古今"是《百岁王越诗文选》最突出的特色。老先生早年在东南大学学教育学，受人民教育家陶行知熏染甚深，后来一直以教育为职业。从这本诗文集中我们可以看到章太炎需要钱玄同担任浙江话的翻译，与陈寅恪、吴宓的友情，与王季思的唱和。从这些忆述、书写中，我们既可以读到名家们一些鲜为人知的趣事，又可在掩卷长思之时感知那一代知识分子的生存状态，甚至还会忍不住为过往的历史提几个假设。如写 1963 年在西南重会吴宓时"雨僧教授对我喟叹，悔当年不听我劝告留在中大，得与寅恪盘亘，并兼任暨南大学的教学工作，舒展自己之所长。解放后，教学人员非得经校领导同意不能自由调动，所以雨僧先生只好望'南'兴叹"！从这段简短的记述中，我们看到了作者和吴宓之间的友情，还能感受到吴宓内心的遗憾与痛苦。

  书中，老先生更是辟出专章来深深怀念他心中永远的导师—— 陶行知先生。王老始终追寻着陶公的足迹，遵循着他的教育理念，而陶行知"爱满天下"的思想成为王老从事教育事业的座右铭。在王老两任暨南大学校长期间包括退休之后，他仍念念不忘暨南大学，关注着学校的一切。他曾说："暨大就像是我的孩子，从她呱呱落地到学会走路，我有责任把她抚养成人，特别是她最需要我的时候，不能置于身外。"

但这本诗文集也有一不足之处，就是所写诗文均未标注年代，读者虽可从内容上大致可以辨析出写作的时间，但对于阅读还是有些不便。不过这反倒从形式上提醒我们这是一位 103 岁的老人的"朝花夕拾"。

（原载于《羊城晚报》2006 年 12 月 30 日，有改动）

走过潇湘　留下真情

——评康静《走过潇湘》

康静以"走过潇湘"为新著的名字，是因为她长期从事测绘、地图出版工作。除此之外，还别有一种意义在。

人是以行走表现生命追求的，至少文艺家是这样认为的，不然就不会有鲁迅的《过客》、凡·高的油画《农夫的鞋》、美国大片《阿甘正传》等名篇佳作。如果说这些作品都赋予行走以哲思的内涵，使我们对人生的行走的理解显得过于沉重的话，那么康静的《走过潇湘》则是以贴近民间生活的真情实感，形象而亲切地解说她对"走过"的理解和"走过"对于我们的意义。

对于康静来说，"走过"是一种个体不可把握的偶然，更是一种人生刻意的追求：走过的曾是青果般的守望，走过的都是心灵的收获。

康静生于沈阳，若是没有走过的偶然，关东的风雪定会将她塑成个风风火火的东北姑娘。正是一种至少对她自己来说是偶然的原因，她回到了母亲的家乡长沙。于是，她便像是一羽归雁，仔细地感受长沙的亲情，好奇地打量长沙的建筑，认真地熟悉长沙的风俗。她在书中写道："从东北回湖南的时候，年龄还不大。那时长沙城内小巷中的麻石路还没拆除，凹凸不平的路面上间或能见到不知哪个朝代留下的石刻。我和一位家住天心阁的女同学，就常常沿着这样的路面，从大古道巷，从化龙池，从白沙井，从城南路，一直跑到天心阁的古城墙上，在那生满青苔的城墙边，久久的凝望天际间漂浮的白云，听蟋蟀的歌唱和清风掠过的樟树梢的微鸣。

从这个小姑娘的口中，我知道了许多本城的故事。"这种情感成了她日后创作的原型，也是本书的基调。她将浓浓的乡情寄于景物之中，把真挚的亲情、友情浓缩于深深的记忆中，饶有兴味地写了《长沙的地名与小巷》《有这样一座书院》《话说长沙方言》《长沙人过年》《心曲浏阳河》《凤凰行》《写给外婆》《不言送大舅》《寄远》《"周总"轶事》等文。这些是她走过潇湘所留下的真情的流露，是书中的"文眼"。

《走过潇湘》，留下的会是乡情、友情、亲情。

作者所走过的，是其对人生追求的轨迹，回望走过的，作者又将心灵的收获精心地放入《走过潇湘》之中，与读者共享。作者长期从事测绘、出版工作，在书中我们可以看到女测量员"理想的诗意和青春的激情"，能领略到测绘报记者的文采，还能欣赏到地图出版人的策划韬略。康静的心灵收获是丰富的，这种丰富是因为她不断地"走过"，不断地追求。从书中我们知道，她不但追求实际工作的成功，还追求"心路历程"的开阔。走过潇湘，她来到了岭南，在职攻读文学研究生课程，从沅水岸边的屈原到凤凰城中的沈从文，都像曾滋润过她的潇湘细雨那样，滋润了她的心灵。书中"南国书香"一节多是记录她和中外文学大师心灵交流的感受。这虽然是她心灵收获的一朵小花，但是延伸了她的心路历程，让我们更进一步理解她的"走过"的含义。

缘于她的"走过"，我和康静在他乡相遇、相识，《走过潇湘》是我又一次以对文字符号解读的方式走近她的生活经历，浸染楚湘文化的氛围，感受着她一步一个脚印，踏踏实实的足迹。

《走过潇湘》，留下的是诗意般的理想追求和不断创造的青春激情。

（原载于《中国测绘报》2000 年 9 月 5 日，有改动）

一本营建"人才高地"的必读书

——评《人力资源管理学》

在中国加快实现社会主义的市场化、工业化、城市化进程中，人才是一种资源，而且是起决定性作用的资源，已成为国人的共识。在这种背景下，如何运用先进的管理学、工业心理学等理论，将传统的人力资源开发、管理的经验进行形而上的提升和有针对性的细化，真正做到事得其人、人尽其才，营建一个出色的"人才高地"，使自己在激烈的市场竞争中立于不败之地，便成为人们的一种渴望。由暨南大学出版社出版、戴良铁和伍爱编著的《人力资源管理学》是一本帮助我们把这种渴望变成现实的好书。

这是一本为未来的管理精英们准备的大学教材，但由于出版者强调了理论与应用的统一，这本书便具有了包括领导者在内的广泛个体的资料库的功能。除此之外，这本《人力资源管理学》的以下几个特点，相信会使读者受益匪浅。

一、系统性和应用性

作为大学管理专业的教材，《人力资源管理学》系统地阐述了"选、管、育、用、出"等人力资源管理的诸多方面，把这些贯穿于最大限度地发挥人力资源作用的主线之上。在系统地展开理论阐释的同时，编写者充分地注意了理论的应用性，使书中介绍的人力资源管理原则与具体方法都具有可操作性，让读者学以致用。如在"人员考核"章节中，对人员考核的几种方法、考核中容易出现的几种误差的表现及原因，都作了详尽的说明与分析，这些对于我们今天的人事考核工作有很强的针对性。

二、管理方法与手段的细化

人力资源的管理，是对人的管理，现代化的大生产，又使不同性格的人以群体的方式存在，这就使人力资源管理的对象变得复杂化。而在计划经济时代，我们往往是用规章制度来将这复杂性加以简单化，而忽略了一些深层的东西。《人力资源管理学》除了全面介绍制度方面的规章外，还从心理学的角度对人力资源管理作了深层次的、有趣味的讨论。这些讨论细化了人力资源的管理方法与手段，也成为本书最突出的特色。如在"群体心理"一节中，作者从心理学的角色出发，分析了由多少人组成的群体生产效率最高；群体中的信息是以哪几种形式传播的；在不同类型的群体中，什么样的人最容易成为领导者等。这些问题对于以感悟方式认识世界的中国人来说，都是饶有趣味的，它也使管理手段细化成生活中的方方面面，使人力资源管理成为无所不在的推动力。

三、现代意识和创新意识

本书在阐述管理原则及其方法时，注意到中国的现代企业制度建立这一背景，把现代企业制度中的先进管理意识融进论述当中，如"职务分析""社会保险""劳动关系"等章节，都很好地体现了这一精神。

本书虽系编著而成，但从材料取舍、体例安排等方面均可看出作者的创新意识。特别是在最后一章，较为详细地介绍了由戴良铁博士研制的"人力资源管理自动化系统"，向人们展示了人力资源管理的趋势。

（原载于《读书人报》1999 年 9 月 18 日，有改动）

附　录

图书付梓，编辑还有一项工作要做，就是对图书出版后来自图书市场、来自社会层面一般读者以及来自专家学者反馈信息的收集、整理。兼听则明。重视这些反馈信息对编辑而言意义有三：

其一，及时了解图书市场专业人士对图书的知识性、科学性、创新性的评价能让编辑知道本书的优缺点，得与失，做到知己知彼，为接下来的图书策划出版提供借鉴。

其二，重视来自社会一般读者的意见，感知读者阅读的需求及其阅读方式的变化，将其条分缕析，可以将读者的建议、要求转化为选题策划的指导思想。对准市场的细分需求，做到图书出版的有的放矢。

其三，及时掌握专业学者的反馈意见，了解专业学者的阅读感受及其评价，对读者而言是难得的专家导读，因专家的认识更具有权威性，他们的专业言论对读者的阅读具有导向性，权威专家的权威推介是无声的广告，将其带入图书宣传，可以为图书的宣传活动提供重要的支撑。

本书选取了几篇具有代表性的读者评介文稿，这些来自不同层面对我策划图书的评介文字，曾予我以启发，以激励。

《刘禹锡研究》（1～3辑）专家座谈

2017—2022年暨南大学出版社陆续出版了由本人策划的《刘禹锡研究》（1～3辑）。该书由我国唐代文学研究专家戴伟华教授主编，书中汇集了海内外关于刘禹锡研究的专家学者论文成果。

2022年10月，"刘禹锡与中唐文学国际学术研讨会"在广州召开，本次会议由广州大学、中国刘禹锡研究会、学术研究杂志等联合举办。在此次会议上专门设置了"《刘禹锡研究》（1～3辑）座谈会"环节，与会的专家学者对《刘禹锡研究》（1～3辑）的出版予以中肯的评介，以下为部分专家的发言：

发言人：中山大学中文系教授吴承学

首先祝贺戴伟华教授主办的刘禹锡研究盛会的成功举行。祝贺戴伟华会长主编的《刘禹锡研究》三辑的出版。下面我谈谈自己学习了一至三辑《刘禹锡研究》的体会。

第一点体会，在当前学术环境下，创办学术系列读物难度非常大。从这个角度来看，《刘禹锡研究》的表现非常优秀！从2017年出版第一辑，每两年出版新的一辑，坚持得非常好，我看了这三辑，无论是作者还是论文，都是一流水平的。我想说的是，在当前学术环境下，以戴伟华教授为核心的《刘禹锡研究》学术团队能取得这样的成功，极为不易，他们明知其难为而为之，他们的学术责任感、学术担当的精神和坚守学术的信念，都非常值得敬佩。我们从《刘禹锡研究》的成功出版，可以看出主编戴伟华教授、三位副主编、编委会、学术顾问以及出版社编辑等多方面的努力和精诚协作，看出海内外唐代文学学术界对《刘禹锡研究》的认可和支持，看出广州大学校方和文学院的支持。

第二点体会，在中国古代文学学术界，专门研究某个诗人、作家的刊物、读物，已有多种了，而且有些办得时间比较长久了，《刘禹锡研究》其实是最年轻的学术读物之一。《刘禹锡研究》从第一辑开始，就显得比较成熟，无论是学术规范、栏目设计、封面与美术设计乃至出版质量都很不错。比如，它的栏目基本包括了刘禹锡研究的题中应有之义。《刘禹锡研究》出版的成功，一方面是吸收了前人的经验，另一方面也与编辑团队与时俱进的学术和编辑理念相关。《刘禹锡研究》是一本有中国本土传统研究的特长，又有当代意识和国际视野的学术读物。可以说，这三辑《刘禹锡研究》的出色表现，已让其在海内外学术界尤其是唐代文学研究界产生较好的影响，我们可以期待《刘禹锡研究》将成为唐代文学学术史上有亮点的一部分，成为一种学术品牌。

当然，如果从我个人的角度，觉得《刘禹锡研究》还有一些可提升的空间。举个例子，比如栏目的名称，最好是涵盖面比较广，具有统摄性的栏目名称，然后基本固定，尤其是相类似的内容可以合并起来。比如，一至三期有几个栏目，"诗歌研究""文赋研究""诗赋研究""散文研究"，是否可以归纳为刘禹锡"诗文研究"，就可以包括这些内容固定下来，不必每辑都在变化，虽然每辑的文章研究的文体侧重点不同，但还是离不开诗文。辞赋也是属于"文"，也不必分韵文还是散文。这是见仁见智的看法，不一定对。

发言人：北京大学中文系教授钱志熙

我一直喜欢刘禹锡的诗歌。我认为他的诗歌，既体现了唐诗的基本的特点，又具有自己鲜明的个性，或者独特的艺术造诣。唐诗这个基本特点，主要是从历来学者们所说的唐宋诗之不同这样一些宏观的把握来讲。比如唐诗是以情性为本，以兴象为妙的。这些都是对诗骚及汉魏以来诗歌艺术的继续发展，后出转精。这些刘禹锡的诗歌都体现了，比如刘诗言情志而托之兴象。所以，刘禹锡的诗歌，是典型的唐诗，刘诗是中唐诗的代表作之一。

如果说，李、杜的个性，他们独特的艺术风格，更多来自其内容上的与众不同，与他们思想与情感乃至思维的特点相关，所以我们研究李、杜，研究其人是很重要的。但刘禹锡更主要的是一种艺术上的个性。刘禹锡被称为"诗豪"，这个"豪"当然和他的人格行为有关系，但主要不是因人之豪，而是"诗之豪"。刘禹锡之所以能做到诗豪，与他有一种独特的、成熟的诗歌创作思想分不开。刘禹锡强调对历代诗歌艺术的会通，即"风雅体变而兴同，古今调殊而理冥"，重视诗歌的本质。同时他又特别强调艺术表现的重要性。他的诗歌个性的形成，源于艺术的自觉，即会通历代诗艺而成一家之诗。这是相当难的，所以他被称为"诗豪"。

这三辑《刘禹锡研究》，我认为是刘禹锡研究的大突破。刘禹锡诗歌，从北宋苏、黄开始，就有所学习、关注，对其艺术成就有揭示。当今更有一些刘禹锡研究大家，但是众多学者，比较集中地关注、研究刘禹锡，则是在戴伟华教授倡议成立刘禹锡学会之后的成果。我关于刘禹锡的几篇小文，也完全是在这个机缘中产生。这三辑，以当今人的学术方法与视野，关涉刘禹锡文学的各个方面，有义理探讨，有辞章分析，还有对文献与生平的考证，还有现代学者使用的接受研究、影响研究等新方法的运用，可以说十分丰硕。但我觉得，对刘禹锡诗歌艺术的研究，还是很不够的。整个唐诗艺术中，对于艺术的研究也是很不够。在对唐诗的源流演变的研究，我们不但没在宋、元、明、清人的基础上有所推进，而且在认识上的许多地方，远不如古人。

在研究上，我想应该继续走专与通相结合的道路。二十世纪上半期的文学史研究以通为主，而下半期则以专为主。各有特点，但只讲通，到一定程度，学术会深入不下去。同样，只讲专，到一定时候，学术也无法得到进展。所以，我们现在要走专与通的结合。对于学术研究，较好的境界，就是专与通的结合。落实到一个具体的研究对象上，也要走专与通的结合。专于一对象，要注意由专而进入通；由通而进入一个对象，则要注意专的功夫。

发言人：暨南大学中文系教授程国赋

很高兴参加今天的刘禹锡与中唐文学研讨会，谢谢戴伟华会长的邀请！

我没有做过有关刘禹锡的研究，今天来参加会议，主要是来学习。

谈谈对《刘禹锡研究》（1~3辑）的阅读体会。

现在组织学会、召开学术会议，很不容易。刘禹锡研究会在戴伟华会长的带领下，办得非常好，确实不容易！

戴老师不仅自己的学问做得好，他的书法也是炉火纯青。另外，通过戴老师领导刘禹锡研究会，可以看出来，他有很强的号召力和组织力。尤其值得称道的是，出版《刘禹锡研究》（1~3辑），很不容易。这三本书研究刘禹锡诗歌、文、赋等各类文学创作，对相关史实进行考证，从制度、文化、传播与接受、地理、域外、学术史等多视角、多侧面研究刘禹锡。我们从《刘禹锡研究》（1~3辑）设置的栏目就可以看出来，"诗赋研究""散文研究""文集研究""史实考述""政治与文学""经学与文学""理论与文本""文学思想研究""地理批评""传播与接受""域外研究""学术史研究"等，涉及面很广，拓宽了刘禹锡研究的范围和视野，研究方法独到。

从《刘禹锡研究》（1~3辑）来看，在作者队伍中，既有陈尚君、闫琦、戴伟华、钱志熙、尚永亮、肖瑞锋、胡可先、吴在庆、查屏球、张海沙、马茂军等知名学者，也有很多年富力强的青年学者；既有国内学者，也有国外学者，研究队伍十分整齐，发表了很多高质量的研究论文，可以说是刘禹锡研究的重镇，同时，也是唐代文学研究的重要组成部分。

《从黄花岗到红花岗：广州先烈路钩沉》
作者访谈

    2022 年 4 月，暨南大学出版社出版了由本人策划的《从黄花岗到红花岗：广州先烈路钩沉》。该书以独特的视角研究了广州城内"先烈路"这条城市道路在中国近现代史上的特殊意义。本书出版后，2022 年 8 月 27 日，该书作者卢洁峰接受了《南方都市报》记者刘炜茗的采访。以下为本次采访的内容节选。

    卢洁峰一直在做广州近代城市文化的研究，勤于为文，顺理成章成为南方都市报副刊历史版的撰稿人。广州近代城市文化的各种史料，正是卢洁峰熟悉的领域，但近年不少类似的学术或公众活动，她都很少参与，只是因为"手头事太多了"。有几次记者约她见面，她答复："手头正在写一本书，等书出来再约。"她指的书，就是新近出版的《从黄花岗到红花岗：广州先烈路钩沉》。该书由暨南大学出版社出版。

    《从黄花岗到红花岗：广州先烈路钩沉》中的某些篇章，记者虽然之前陆续读过，但通读全书，仍然大为震撼。对先烈路的认知即刻丰富起来。作为近在身旁、耳熟能详的一条城市马路，从马路形成之初到最后的定名，竟然有这么多丰富的历史信息蕴藏其中。先烈路的演变史，大而言之，几乎折射了广州近代革命史全貌，小而言之，则是见证了广州城区的拓展历程。

    《从黄花岗到红花岗：广州先烈路钩沉》是国内第一部城市道路史的

研究专著。其研究初衷与过程如何，经历了怎样的艰辛与"发现"的喜悦，记者为此专访了卢洁峰。

南都：《从黄花岗到红花岗：广州先烈路钩沉》收录了您多年的研究成果。您是什么时候开始对先烈路的研究产生兴趣的？契机是什么？

卢洁峰：这项研究最早始于1998年，原本的研究对象不是先烈路，而是广州中山纪念堂。在对中山纪念堂的研究中，我旁及了很多黄花岗七十二烈士墓的史料。因此，当2003年《广州中山纪念堂钩沉》出版后，我就着手研究黄花岗七十二烈士墓。邱捷教授提议我研究一下广州先烈路，称"一直没有人做这个课题"。

2005年清明节，一个偶然的机会让我走进了广州新一军公墓——原来广州还有一座广州新一军公墓！它究竟有多大？印缅抗战阵亡将士的骨骸骨灰都埋在哪里？瀿泉路墓门大牌坊原来长什么样子？那只用1.6吨炮弹壳铸成的大铜鹰飞哪儿了？为寻找答案，我对广州新一军公墓的建筑史展开研究。研究中我发现，中国驻印军新一军孙立人军长之所以择定广州建筑新一军公墓，就是因为广州有一条先烈路。这也成为我研究先烈路建筑史的契机。

南都：作为第一部研究先烈路的专著，既没有完整资料可供参考，城市地理变迁又非常巨大，您如何理清楚其中的历史变迁？

卢洁峰：广州先烈路的研究没有前人著述可以借鉴，所涉史料广泛而庞大，没有任何捷径，只有老老实实地去发掘，去搜集。我偏好于历史顺序与逻辑顺序相统一。因此，首先要弄清楚广州先烈路是怎样来的，定名于何时？我的原则是找第一手资料，找原始凭据。仅仅为发掘先烈路命名时间的凭据，我就在广州市国家档案馆里泡了整整3个月。此外，我还搜集、查阅了各个时期的历史地图，对照地图，逐一辨认，从中廓清全路变迁的历史过程，为沿线各大公墓坟茔的研究奠初步基础。

南都：广州先烈路是中国唯一以"先烈"命名的城市道路，您的研究发现，除了现存的黄花岗七十二烈士墓园、十九路军淞沪抗日阵亡将士陵园、朱执信墓、张民达墓等以外，沿路曾经有过数十座革命先烈的公墓坟茔，这是不是正好说明广州是中国近代的"革命策源地"？

卢洁峰：是的。1895 年秋，孙中山发动的第一次武装起义——乙未重阳起义，发生在广州；1900 年 10 月 30 日凌晨，为配合惠州三洲田起义，史坚如谋炸广东巡抚兼署理两广总督德寿，发生在广州；1910 年 2 月 12 日爆发的庚戌新军起义，发生在广州；1911 年辛亥"三二九"起义，发生在广州；之后的"二次革命"、讨龙护国、护法战争、讨沈、讨桂、讨陈、北伐等诸场战争，均发生在广州或以广州为根据地；1924 年 5 月，更是在苏俄的帮助下，在广州建立黄埔军校。1925 年孙中山去世后，反帝爱国运动仍高潮迭起，当年的广州即发生沙基惨案。迨 1932 年 1 月 28 日，日军突袭上海闸北，第十九路军奋起反击，成为十四年抗战的重要历史起点。此役，粤籍阵亡官兵计 2 469 人。可见，广州为近代革命的"策源地""根据地"，并非浪得其名，而是实实在在用粤人之无量头颅无量血所铸成。

广州人敬天地，事鬼神，包括千里迢迢地运送通济舰殉难烈士及淞沪抗日阵亡将士回到广州，安葬在东沙马路两旁，一条路从而公墓林立，坟茔比比，这在全中国都是独一无二的城市景观。为纪念先烈功勋，1946 年 1 月 18 日子时，广州行营主任张发奎接受建议，签发了"礼粤字二八九三号"文，正式批准将东沙马路改为"先烈路"，广州人遂以纪念革命先烈为天职。

南都：李吉奎教授认为本书还是一部广州先烈路的建筑史。您花费大量精力和时间去研究和重现先烈路上各公墓坟茔的原貌，其中，对广州新一军公墓原貌的考证令人印象深刻，这样的考证是出于什么考虑？

卢洁峰：广州新一军公墓，奠基于 1945 年 11 月 5 日，竣工于 1946 年冬。历时 2 月，开辟出 11 公顷（相当于 15.4 个标准足球场大小）的公墓用地，建成中国乃至世界上唯一一座纪念中国驻印军印缅抗战阵亡将士的大型公墓。其核心建筑四柱纪念塔下的巨型竖井墓穴内，至今仍安葬有印缅抗战阵亡将士的骨灰，它向世人昭示：中国驻印军曾经在印缅战场上，为世界反法西斯战争和中国抗日战争做出了巨大的贡献。

1947 年 9 月 6 日中午，在广州新一军公墓落成暨公祭典礼上，时任广东省主席罗卓英致词称："今天在革命策源地广州，各界为新一军印缅阵亡将士公墓举行落成暨公祭典礼……本人今天仅代表广东全省民众，为新一军择定广州为该军印缅阵亡将士公墓之建筑所在地，表示谢意，并代表全省民众接受此种无上光荣的赐予，暨督促地方人士永远爱护此种光荣史迹。"（《新一军公墓昨举行落成典礼》，《华南日报》1947 年 9 月 7 日）

本人对广州新一军公墓的研究已经持续十余年，从无到有，直至发掘出广州新一军公墓的全套地籍档案，进而使广州新一军公墓原貌建立在了一个坚实的史料基础之上。

南都：读完本书的一个深刻感受是敬佩，您既有学者的严谨，锲而不舍地在浩瀚而枯燥的档案中搜寻、发掘并有所发现，又有"侦探"的作风，屡屡实地勘察、走访，让您的叙述在厚重之外又多了生动的现场色彩。这种研究方式是您个人的一贯风格，还是在这个专题研究中逐渐形成的？

卢洁峰：只要对比《广州中山纪念堂钩沉》《仁安羌解围战考》就可以知道，这是我的一贯风格。我认为，要研究一段历史，必须首先让自己走进这段历史，置身于历史现场。为此，凡有条件者，一定要到现场实地考察。唯此才能见人所未见，在史料与史料之间建立逻辑关系，还历史以真相。

比如，我在对黄花岗七十二烈士墓址的现场考察中发现：如今大墓道东侧遗存的喷水池，有近 1/3 被埋在了地底下；大墓道西侧的七十二烈士纪念碑碑亭、黄花岗七十二烈士碑记坊，以及审求七十二烈士姓名碑记坊所在的石坪，全部低于大墓道 1.5 ~ 2 米。对比 1912 年 5 月 15 日孙中山主祭七十二烈士的历史照片，以及 1916 年 11 月 5 日滇军将领组织公祭活动时须在"墓道一带，高搭浮桥，墓前盖板十余丈"的史实，我得出了"一百多年前，七十二烈士墓址地势低颓"的结论。另外，对比历史地图与地籍档案发现：七十二烈士墓址所在地原名"马冈脚"，而非"黄花岗"；"黄花岗"乃潘达微首造。遂逐字逐句对《潘达微自述》展开考证，还原营葬七十二烈士之真相。

当然，实地踏勘必须建立在知识与史料储备的基础上，否则就不可能有所发现。在实地踏勘中，最令我惊喜的是史憬然三姑之墓的发现。这是一座"失踪"了大半个世纪的先烈墓。史憬然是目前唯一知道姓名的兴中会女会员，史坚如烈士的胞妹。她的墓碑的发现与迁葬历史的还原，填补了相关研究空白。

在广州先烈路的整个研究中，还有不少惊喜，比如，从《广州市经界图》一角一个小小的平面图开始，不断深挖，竟然发现广州有三座海军坟场！此外，从质疑一个不合时宜的"植树节"开始，层层深入，直至推导出粤军第一师诸先烈纪念碑的落成时间。

南都：出版此书之后，您对先烈路的研究是暂时告一段落，还是又有了新的研究方向？

卢洁峰：学而后知不足。期待有更多人关注广州先烈路，研究广州先烈路。

（该文为南都记者刘炜茗采写、刘晨编辑的《广州先烈路钩沉：卢洁峰新著揭开从黄花岗到红花岗的历史面纱》访谈节选）

《〈资本论〉研读》专家评介

　　2012 年 10 月，暨南大学出版社出版了由本人策划的《〈资本论〉研读》（上下卷）。该书为暨南大学经济学院胡世祯教授近 50 多年从事《资本论》教学与研究的成果。本书自出版以来，受到《资本论》学界的重视，有多位专家专此进行评述。

中国人民大学教授卫兴华：

　　近年来，国内外学界重新关注和研究《资本论》的理论与学术价值。为适应国内学习研究的需要，暨南大学出版社出版了胡世祯教授的著作《〈资本论〉研读》（以下简称《研读》）。该书是研究型的导读著作，具有以下特点：

　　其一，全面系统、逐章逐节地研读三卷《资本论》的内容。既从理论的整体性和发展脉络进行导读，又突出重点和难点；《研读》不是单纯通俗化地转述其内容，而是结合马克思的相关著作旁征博引，评析和把握其基本原理。该书是作者从事《资本论》教学几十年，深入钻研、融会贯通的积累成果。

　　其二，《研读》既重视对原著学理性的准确解读，也重视与实际的结合。如研读马克思关于股份制的理论观点时，既力求准确把握其原本思想，又对我国的股份制的性质和意义进行评析，并纠正一些错误解读和非科学观点。

　　其三，《研读》对学界在《资本论》解读上的某些分歧意见进行了独立的评析，提出自己的见解。例如，作为《资本论》研究对象的"生产方式"是什么？作者不赞同解读为生产力，认为应是"劳动者与生产资料的结合方式"。《研读》强调指出了《资本论》第一卷第二章《交换过程》内容的重要意义，而一般有关论著则没有给予应有重视；指出马克思在本章中明确讲"货币是同一切特殊商品对立的一般商品"，纠正了有关教材和论著中的错解。关于社会主义"重建个人所有制"的问题，《研读》经过论证，否定了重建"生活资料个人所有制"的论断，认为应是重建与生产资料公有制相一致的个人所有制。

其四，对《资本论》中某些重要的又较复杂的理论内容，从整体上进行了细微的、全面的阐述和论证。例如，《资本论》第三卷第十章关于市场价值等理论的阐述，是对劳动价值理论演进的展开，是对市场机制运动中价值决定界限的补充规定。对此，《研读》把握得较准确。对地租理论中级差地租与绝对地租加总计算的方法，也恢复了马克思的科学计算与说明，表明作者研读《资本论》的深入和进展。

《研读》是一部供学习与研究《资本论》的有益的著作。当然，也有些解读存在值得斟酌和商榷之处。见仁见智，需继续研讨。

（节选自卫兴华：《〈资本论〉研读》评介，原载于《光明日报》，2013 年 4 月 10 日"新书评介"专栏，有改动）

首都经济贸易大学教授丁冰：

2012 年 6 月，习近平总书记在考察中国人民大学时还特别强调，《资本论》是最重要的马克思主义经典著作之一，经受了时间和实践的检验，始终闪耀着真理的光芒。加强《资本论》的教学与研究具有重要意义，要学以致用，切实发挥理论的现实指导作用，进一步深化、丰富和发展中国特色社会主义理论体系。由暨南大学长期从事《资本论》教学与研究的胡世祯教授撰写的近 150 万字的《〈资本论〉研读》（以下简称《研读》，2012 年 10 月出版），恰好就是适应这一形势的学习、研究《资本论》很好的辅助参考书。

《研读》可以说是一部雅俗共赏的著作。它一方面对《资本论》第 1 ~ 3 卷进行逐章逐节的通俗解释，有助于《资本论》初学者读懂这部博大精深且有一定难度的经典著作；另一方面对《资本论》进行深入研究，并且联系实际，提出了许多独立见解的学术研究成果，在一定意义上，还可以说是一部《资本论》的创作史。因为它的研究对象，不仅限于三卷本的《资本论》本身，还对《资本论》创作过程中写出的几部读书笔记和手稿进行了一定的论述和分析。

《研读》分上下两卷，四个部分。上卷包括第一、二两部分，分别论述了《资本论》创作出版过程和研究对象、方法等问题，以及《资本论》第一卷七篇二十四章的内容。下卷包括第三、四两部分，分别论述了《资本论》第二卷三篇十七章，与《资本论》第三卷七篇五十二章，以及恩格斯对《资本论》的增补。可见，本书所涉《资本论》的内容是相当丰富而完整的。从对《资本论》进行研究的角度来看，《研读》在如下几方面具有独到的创新性见解和特点：

第一，《研读》对流行在一些政治经济学教科书中的许多不符合《资本论》原意的观点提出了质疑。例如，关于政治经济学的研究对象问题。马克思在《资本论》序言中明确指出："我要在本书研究的，是资本主义生产方式以及和它相适应的生产关系和交换关系。"[①] 但长期以来，学术界有许多人都认为是生产关系；有的虽然也提出要研究生产方式，但又把生产方式解释为生产关系再加上生产力，或者将生产方式与生产关系相等同。《研读》认为，这些看法都是不准确的。生产方式是介于生产力与生

---

① 中共中央马克思恩格斯列宁斯大林著作编译局. 马克思恩格斯全集 第 23 卷 [M]. 北京：人民出版社，1972：8.

产关系之间的一个独立范畴，是指"劳动者和生产资料结合的方式和方法"①。它是由一定的生产力所决定的，同时又与一定的生产关系或经济关系紧密相连。我认为这符合马克思关于生产方式的一贯见解，即生产力决定生产方式，生产方式决定生产关系或经济关系，三者之间既不能相互等同，也不存在一个包容另一个的问题。正如胡世祯教授提出的，这是把马克思在《资本论》第三卷中说的资本主义股份制企业"是由资本主义生产方式转化为联合的生产方式的过渡形式"②，歪曲为"资本主义就这样完成了向社会主义的和平过渡，《资本论》第三卷推翻了《资本论》第一卷的结论，不再需要'炸毁'资本主义的'外壳'了"③；同时提出，这种错误的认识根源就是把生产方式与生产关系混为一谈了。因为股份制是属于生产方式范畴，各私人股东联合起来使用生产资料并没有改变生产资料的私人所有制，因而也没有改变资本主义生产关系或经济关系。

第二，《研读》对《资本论》中的某些难于理解的内容，依照原著原意做了具体的展开论述，以辅助读者阅读并能更好地理解《资本论》中难以理解问题的完整思想。例如，对相对价值形式量的规定性，马克思在《资本论》第一卷第一章列出了4种情况，对第4种情况，马克思只是说按上述3种情况推算，却未具体说明如何推算，结果如何。在《研读》中，作者则将此内容展开论述，并从第4种情况中推算出6种具体情况。最后得出的结论是："从以上各种情况来看，相对价值量的变化不能准确地表现出价值量的变化"，"如果要准确表现商品的价值量，只有直接计算生产这一商品的社会必要劳动时间，但在商品（市场）经济条件下，这是不可能做到的"。④ 这样解释便使马克思关于相对价值形式量的规定性思想

---

① 胡世祯.《资本论》研读 上卷［M］. 广州：暨南大学出版社，2012：12.
② 中共中央马克思恩格斯列宁斯大林著作编译局. 马克思恩格斯全集 第25卷［M］. 北京：人民出版社，1974：98.
③ 胡世祯.《资本论》研读 上卷［M］. 广州：暨南大学出版社，2012：348.
④ 胡世祯.《资本论》研读 上卷［M］. 广州：暨南大学出版社，2012：149.

得到进一步充实完善，同时也有助于我们理解为什么过去有的学者或机构试图用数学方法去获取商品价值量的努力未能成功的原因所在，原来这种努力本身就是违反商品（市场）经济特性的不可能做到的事情。

第三，深入浅出，通俗易懂，突出要点和难点、疑点，增减适度。读过《资本论》的人都不难明白，要把一部拥有近200万字的较为艰深难懂的三卷本《资本论》巨著，压缩到约150万字的《研读》之中，而且要做到雅俗共赏、深入浅出、通俗易懂，其难度之大是可想而知的。但作者创造性地做到了该增的增，该减的减，增减适度。即《研读》对《资本论》的一般分析论述，只作提纲挈领、厘清脉络，归纳要点，以便对初学《资本论》者起到引领辅导作用；对《资本论》中的要点、难点、疑点给予浓墨重笔，有助于对《资本论》的深入研究。例如，改革开放以来，许多学者随着形势的变化对《资本论》第一卷第24章中关于"重新建立个人所有制"的论点十分关注，而且仁者见仁，智者见智，对其真实含义的理解，差别很大，成了《资本论》中的一大疑点。有的认为是指重新建立个人私有制；有的则认为是指建立公有制。《研读》则很明确地选择了后者，并从否定之否定的哲学规律的角度予以合情合理的解释。他说："马克思在这里提出的重建'个人所有制'，含义十分明确，指的是建立生产资料归全社会所有的公有制。马克思用否定之否定的辩证法规律形式表述资本主义积累的历史趋势，作为出发点的是以自己劳动为基础的生产资料私有制，在资本的原始积累过程中遭到了剥夺，建立和发展起资本主义的生产资料私有制，这是第一个否定……接着，又在协作和生产资料共同占有这一资本主义时代成就的基础上，建立起生产资料的社会主义公有制，这是第二个否定，是生产资料的社会公有制对资本主义私有制的否定。重新建立起劳动者的生产资料所有制……这是一种螺旋式的上升，进入一个新的历史时期。"①

---

① 胡世祯.《资本论》研读　上卷［M］.广州：暨南大学出版社，2012：375.

第四，全书贯穿革命精神，具有较强的论战性。马克思的《资本论》是为科学社会主义奠定坚实经济理论基础的最主要著作，是对资产经济学进行批判与继承创新的产物，是融科学性与革命性于一体的典范，因此，在本质上就是革命的，它的副标题即为"政治经济学批判"。遗憾的是改革开放以来，马克思在《资本论》中已批判过的许多错误的、庸俗的资产阶级观点，又在社会上重新出现。《研读》则以理论联系实际的原则予以一一分析批评。诸如对宣扬资源贡献价值论、效用价值论、供求价值论、物化劳动价值论、成本推动论、新公有制论、人力资本论等五花八门、陈词滥调的观点，在《研读》中，都受到严厉的驳斥。这既有助于读者分清经济学界出现的种种问题的是非，也能对《资本论》中所阐明的一系列基本原理有更深刻的理解。尽管书中难免有个别见解还可以商榷，但总体上是难得的《资本论》辅助研读的好书。

（节选自丁冰：评胡世祯著《〈资本论〉研读》一书，原载于《思想理论教育导刊》，2013 年第 6 期，有改动）

南京财经大学教授何干强：

早就听说，今年已 82 岁的胡世祯教授在不辞劳苦地撰写《〈资本论〉研读》。2012 年 10 月，这部历时长达 50 多年的两卷本专著终于在暨南大学出版社出版。我拜读之后，深感作者是以传播、捍卫马克思主义真理的强烈责任感在著述。这部专著阐释有据，点面结合，用语精当，逻辑性强，力求准确全面地诠释《资本论》的写作背景、基本原理和思想方法。尤其可贵的是，作者贯彻辩证法的批判和革命精神，结合阐释《资本论》揭示的客观经济规律，对流行的新自由主义、民主社会主义等错误思潮毫不留情地进行了批判，并对学界解读《资本论》中的不同见解严肃认真地给出分析评价，有扬有弃，弘扬了马克思的科学精神，堪称佳作。

马克思主义基本理论中最重要的经典著作就是《资本论》。笔者以为，胡世祯教授的这部《〈资本论〉研读》不但有助于领导干部和经济学专业人士深入研究和应用《资本论》，也有助于广大读者深化对原创马克思主义的理解，更自觉地坚持党的十八大强调的道路自信、理论自信和制度自信。为此，笔者为这部佳作做如下书评。

1．全面阐释原著创作背景起到重要教育作用

《〈资本论〉研读》共分四部分，第一部围绕《资本论》原著序言和跋的内容展开，后三部分依次为《资本论》第 1 卷、第 2 卷、第 3 卷的研读。

第一部是"《资本论》序言和跋研读"，篇幅有 125 页（占全书 881 页的 14.2%）。根据马克思和恩格斯为出版《资本论》1～3 卷在不同时期写的 10 篇序言和跋，以及《资本论》出版之前写的《政治经济学批判》导言和序言，梳理出 10 个专题，分为相应的 10 章，全面地阐述了《资本论》的写作时代背景、马克思生平、出版和传播过程、多部手稿，恩格斯对《资本论》的贡献，《资本论》的研究对象、基本方法、逻辑结构和理论体系等。这样全面深入的阐述是很有必要的。《资本论》是全世界无产阶级革命导师马克思的代表作，是马克思主义最基本、内容最丰富的经典著作，《资本论》以人类先进思想长期发展形成的最高科学成果——唯物史观为指导，深刻地揭示了目前仍然在全球占主导地位的资本主义社会的经济运动和发展的基本规律，为人类指明了走向共产主义的必然趋势。只有让读者了解《资本论》的创作史、理论体系的概貌和马克思的治学态度，明白《资本论》在人类社会、经济思想史上实现的科学革命，弄清无产阶级经济学与资产阶级经济学的根本界限，理解《资本论》在社会学科中非凡的科学价值，才能懂得弄通《资本论》对于认识社会科学真理、对于当代毫不动摇地坚持世界共产主义运动实践的极端重要性，增强学习和研究《资本论》的自觉性。

这一部分引证的史料十分丰富。不难看出，作者下了很大功夫。其中设专章阐释了《资本论》的伟大历史意义和广泛传播，指出《资本论》的出版"使唯物史观得到了证明"，使"社会主义学说由空想变为科学"，"是政治经济学本身的一场革命"，使无产阶级有了"推翻资本主义制度的强大思想武器"，"为研究古代社会经济形态提供了钥匙"，"是建设社会主义和共产主义的指南"。① 该部分还设专章阐述了马克思和恩格斯在世时对攻击和污蔑《资本论》的批驳。这部分引证的史料大量的是原始资料，因而具有很高的可信度；作者在论述中既肯定了学术界有价值的相关研究成果，又对不同观点进行了言而有据的商酌，这就不仅对理解《资本论》原著有重要指导价值，而且对研究《资本论》创作史和研究马克思主义思想史具有重要学术价值。

值得一提的是，在这一部分，作者专门用楷体字引用了大量当年马克思、恩格斯的有关书信和了解内情人士的回忆资料，分阶段地细致地描述了马克思从 1847 年 11 月直到 1883 年 3 月 14 日逝世的长时期中，因生活贫困痛失三个孩子，往往靠负债和恩格斯的资助度日，后来还忍受多种疾病折磨的艰难困苦历程。② 阅读这些材料令人潸然泪下。这些感性资料向读者展现出生动的历史画卷，马克思正是在这种贫困的生存状态下为人类做出了划时代的科学贡献，这体现出多么崇高的舍身忘我精神！可以说，《〈资本论〉研读》不仅对学习研究《资本论》的原著有重要引导作用，同时对读者树立正确的人生观、价值观和世界观也起到重要教育作用。

2. 用科学态度力求准确阐释《资本论》

恩格斯在《〈资本论〉第三册增补》中指出，"像马克思这样的人有权要求人们听到他的原话，让他的科学发现原原本本按照他自己的叙述传

---

① 胡世祯.《资本论》研读　上卷［M］. 广州：暨南大学出版社，2012：70 - 72.
② 胡世祯.《资本论》研读　上卷［M］. 广州：暨南大学出版社，2012：25 - 55.

给后世"。① 这是因为,《资本论》阐述的经济范畴和原理,作为对人类社会一定历史条件下的经济社会形态的科学发现,都是客观存在的具有内在联系的经济社会关系和规律在理论上的表现。马克思是用十分严谨的科学话语来表达的,因此,准确地阐释马克思的原话对于让读者全面、正确地理解《资本论》至关重要。该书非常重视准确阐释《资本论》范畴和原理的原意,作者对我国学术界在理解原著每一卷出现的不同见解问题,都对照原著进行了梳理,力求纠正误解,正本清源,表现了高度负责的科学态度。

该书系统地提出和探讨了准确理解《资本论》原著需要辨析的70个问题。《〈资本论〉序言和跋研读》提出和探讨了马克思"写作《资本论》时的历史背景如何概括?""在排列顺序上,是生产、交换、分配和消费,还是生产、分配、交换和消费?""能否将《资本论》从抽象到具体的写作方法简称为抽象法?"等10个问题,这些问题都是我国学术界多年来在研究《资本论》过程中提出的,只有正确回答,分清是非,才有助于准确地理解马克思的原意。

作者结合阐释原著有关章节的内容,依次地对这些问题给出分析和解答。例如,不少政治经济学教科书把商品流通说成"以货币为媒介的商品交换"。该书则结合《资本论》第1卷第3章的有关论述,认为"这是很不确切的,离开商品交换的总体去孤立地考察一个商品循环中的卖和买,这里虽以货币为中介,但只能称之为商品交换,而不能称之为商品流通"。作者指出,"整个社会的商品的循环联结成一个有机的整体,这就是商品流通","商品流通是商品交换的总和";并引用马克思关于"商品的总运动叫做商品流通"的精辟论述佐证自己的理解,这是符合马克思原意的。②

该书许多地方都可以看到类似上述关于马克思经济学范畴和原理的科

---

① 马克思. 资本论　第3卷［M］. 北京:人民出版社,2004:1005.
② 胡世祯.《资本论》研读　上卷［M］. 广州:暨南大学出版社,2012:181-182.

学辨析，这不仅有助于读者加深对原著本身的理解，还能了解到我国学术界的有关争议、已达到的理解程度和存在的不足，继续深化《资本论》研究。

3. 注重研讨原著的难点和要点

《资本论》贯彻唯物史观，运用从抽象到具体的叙述方法，遵循理论逻辑与历史过程的一致性原则，应用唯物辩证法，由表及里，从分析最表面、最普遍的经济现象着眼，层层剖析资本主义经济形态的本质，又从经济关系的最本质层面，由里及表，层层揭示各种经济现象的因果联系，环环紧扣，科学地揭示资本主义经济运动和发展的客观规律，具有十分严密的逻辑性。读者只有准确地理解《资本论》叙述过程的各个逻辑层面和环节上的经济范畴和原理，才能真正弄懂《资本论》的科学理论体系。但是，原著中许多范畴和原理的叙述比较抽象，用普通思维方法不易弄懂它们的科学含义，这对于普通读者来说，形成了不少理解上的难点。同时，《资本论》中也有一些十分重要的理论观点，学界尚未予以应有的重视。该书根据学界对原著理解的这些实际状况，对一些难点和要点做了重点研讨：

第一，对于一些涉及理解《资本论》理论体系的基本范畴，该书不惜笔墨，进行了详细和深入的分析论证。例如，关于生产方式这个唯物史观和政治经济学的基本范畴，学界虽然历来重视，但是在理解上众说纷纭。因为这涉及如何正确把握《资本论》研究对象，因而必须弄清马克思的原意。该书依据马克思本人在《资本论》和其他论著关于生产方式的论述，指出"马克思认为，生产方式也就是劳动的生产条件，包括劳动过程的技术条件和社会条件，或劳动的技术过程和社会组织"；认为"生产方式是由生产资料和劳动者构成的，一定的生产资料和一定的劳动者结合起来，就构成一定的生产方式"；"不应忘记，更不应否定，生产力是通过生产方式决定生产关系的"；因此，"马克思关于政治经济学的研究对象是不限于生产关系的，首先包括生产方式，其次还包括交换关系，但不包括生产力。而《资本论》这部著作就是专门研究资本主义的生产方式以及和它相适应的生产关系和交换关系的"。①

第二，有些经济范畴十分重要，但学界在理解上存在明显分歧，作者积极参与争论，提出了独特的见解。例如，关于个人所有制范畴，该书"从马克思对资本积累历史过程中否定之否定规律的表述""从重建个人所有制提出的针对性""从马克思对前后两个否定的比较上所做的说明""从马克思在 1877 年写的一封书信中所做的说明""从马克思的一贯论述""生产资料的共同占有和生产资料的公有制二者不能混同""恩格斯解释为生活资料个人所有制的一个具体原因""对重建个人所有制不能做多种解释"8 个方面进行了论证，得出"马克思所说的个人所有制指的是建立社会主义的生产资料公有制，具体地说，是建立生产资料的社会公有制，而不是生活资料的个人所有制或劳动力的个人所有制，更不是恢复生产资料的私有制"。②

第三，对于读者不太注意，但是对理解《资本论》十分重要的理论要点，作者着重进行了清晰的阐释。例如，马克思反复强调了货币和货币资本的联系和区别，但是我国经济学界对这个理论要点关注不够。该书则对此十分重视，在研究比较难读的《资本论》第 3 卷第 5 篇的一些章节时，结合马克思对资产阶级经济学家的批判，准确地概括出有关要点。在该篇第 26 章，作者阐述了马克思对通货学派奥弗斯顿混淆货币贷款和货币资本贷款的错误，引用恩格斯的插叙，指出银行贷给客户的无抵押贷款是货币资本；贷给客户以代表资本的有价证券等为抵押的贷款，是货币；而银行以客户的汇票贴现付出的货币则如同货币换取商品，"连贷款的形式也消

---

① 胡世祯.《资本论》研读　上卷［M］. 广州：暨南大学出版社，2012：11－15.
② 胡世祯.《资本论》研读　上卷［M］. 广州：暨南大学出版社，2012：374－378.

失了"①；在该篇第 28 章，又阐述了马克思对银行学派图克"将资本的流通和货币的流通对立起来的批评"和对银行学派富拉顿"将借贷资本的需求和流通手段的需求对立起来以及对资本借贷和货币借贷的错误划分的批评"②，指出"从贷款性质上看"，在危机期间客户要求贷款一般是对货币的需要，而不是对货币资本的需要。显然，深入阐释马克思的这些阐述，对于在社会主义市场经济条件下制定科学的金融政策具有重要现实意义，须知现代西方经济学是不懂货币与货币资本的联系和区别的。

由于该书主要依据马克思本人的话语来阐释《资本论》中的难点和要点，所以这些阐释具有更强的说服力和可信性。

4. 批驳了反马克思主义的错误思潮

政治经济学这门学科研究人们的物质利益关系，这决定了它在阶级社会具有阶级性。《资本论》作为无产阶段经济学奠基之作，是一面明镜，使形形色色维护资产阶级经济利益、维护私有制的经济思想都暴露无遗。该书充分利用了这面镜子，结合阐释《资本论》原理，对当前我国意识形态领域出现的反马克思主义思潮进行了旗帜鲜明的理论批驳，主要体现在以下几方面：

第一，批判了照搬西方资产阶级经济学的"要素创造价值论"，反对或曲解马克思的劳动价值论的错误观点。

第二，批判了抹杀社会主义生产关系与资本主义生产关系的根本区别，反对和曲解马克思的剩余价值论的错误观点。

第三，批判了搬用新自由主义、民主社会主义，鼓吹私有化和维护私有制，反对和曲解马克思关于资本主义必然灭亡、社会主义必然实现的科学论述的错误观点。

---

① 胡世祯.《资本论》研读 上卷 [M]. 广州：暨南大学出版社，2012：339.
② 胡世祯.《资本论》研读 上卷 [M]. 广州：暨南大学出版社，2012：349 – 353.

5. 普及《资本论》是促进马克思主义中国化的重要任务

胡世祯教授这部专著的出版，对于促进当代马克思主义的中国化具有重要推进作用。《资本论》是伟大的科学思想的结晶。科学的理论从来就不那么通俗易懂，而且社会科学不像自然科学那样，在研究过程中能够借助于化学试剂、仪器、设备等辅助手段观察对象，在很大程度上要运用抽象思维方法。所以，要理解《资本论》不是一件容易的事。更由于经济学是研究人们之间的物质利益关系的，一切剥削阶级和社会主义敌对势力必定会设置各种障碍或者加以曲解，阻碍《资本论》的传播。由于有这些难度和阻力，要求普通劳动者直接读懂《资本论》这样的大部头经典著作是有困难的。然而，无产阶级和广大劳动者要认识自己的历史使命，自觉地团结起来，投入解放全人类最终解放自己的伟大斗争实践，又不能不理解和掌握《资本论》的基本思想。要解决这种矛盾，唯有越来越多的能够站在无产阶级立场上的社会科学工作者深入地研读《资本论》，力求弄懂弄通，然后用通俗易懂的形式，在广大群众中做好《资本论》基本思想和原理的宣传教育，起到用科学理论武装广大群众的桥梁作用。

实际上，中华人民共和国成立以来，《资本论》的普及化已经持续了多年，先后出版了许多种阐释和研究《资本论》的专著。不少经济学家同胡世祯教授一样，为此付出了毕生心血。尽管他们个人对原著某些难点要点的理解见仁见智，存有某些分歧，但是从整体上看，这支理论队伍使《资本论》在中国得到比较广泛的传播，功不可没。而在理论研究中发生一些认识矛盾并不是坏事，这正是推动《资本论》研究不断深入、理解水平不断提高的动力。

（节选自何干强：结合当代现实深入研究《资本论》——评胡世祯教授的《〈资本论〉研读》，原载于《政治经济学评论》，2014 年第 5 卷第 2 期，有改动）

《象征主义与中国现代文学》专家评介

1998 年 8 月，暨南大学出版社出版了由本人策划的《象征主义与中国现代文学》。该书是作者在其博士论文的基础上完成。书中作者将象征主义视作创作美学的方法，结合中国现代作家、作品，阐释其在中国化过程中的重构与发展过程。本书出版后受到该研究领域学者的肯定。以下为专家对此书的评介。

大凡学术研究的创新无外乎三种方式，一是对传统课题、传统方法的深入发掘；二是选择以往研究中的被忽视的课题或最为薄弱的环节进行研究，即填补空白；三是援用新的观念、新的方法，从新的角度进行研究，从而达到创新的目的。从一定意义上讲，仔细阅读每一部颇具价值且有创新意味的学术论著，你总能发现它们赖以成就学术价值的方式，或者是第一种，或者是第二种，或者是第三种，而尹康庄先生的论著《象征主义与中国现代文学》（暨南大学出版社 1998 年版）其学术价值和创新在上述三者中都有体现。

象征主义对于中国现代文学的深远影响是当前的研究者所共识的。以微观的角度看，应该说这是个传统课题。面对这一传统课题，作者在总结和借鉴前人成果的基础之上，进行了赋予创见的研究，突出表现在作者对象征主义进行了全新的本体阐释，作者认为象征主义既是一种艺术哲学观，也是一种创作美学。作为艺术哲学观，它的基本构成是唯灵论的世界观，非理性主义的哲学观和"为艺术而艺术"的创作观。而作为一种创作美学，它的特征则是以各种艺术的假定性方式描摹、表现事件、物象、情感。一方面具有自足的感性具体性，可诉诸人们的知觉感受；另一方面具有知性或理性的抽象性，指向一种形而上的精神内涵即哲理意义。在具体的表达方式和表现手法上，象征主义通过隐喻、通感和"生成性语言的创造"，求取暗示的艺术效应。作者对于象征主义的全新阐释，是迄今为止在这一领域中是最为全面、最为辩证的。

以往象征主义对于现代中国作家的影响，一般论者只是笼统地加以分析，而本书作者则以赋予实证精神的论述雄辩地指出，现代中国作家主要接受、引进和吸取了欧美象征主义在创作美学方面的内容，并将其在中国的土地上予以重构和发展。

在中国现代文学与西方文艺思潮和创作方法的宏观比较研究中，一些学者无疑已经取得了骄人的成果，就现实主义与中国现代文学关系的全面阐述，温儒敏先生已有《新文学现实主义的流变》；就浪漫主义与中国新文学联系的精辟论述，罗成琰先生则有《现代中国的浪漫文学思潮》，然而就象征主义、现代主义、唯美主义与中国现代文学的关系，虽然在微观上已有学者涉及，也进行了一些较有成效的研究，但是在宏观上对于上述思潮，尤其是象征主义文学思潮在中国新文学中的流变则鲜有学者涉猎，而对在宏观背景下的象征主义文学思潮是如何融入中国现代文学作品中的，其艺术体现方式又如何，关于这方面的深入探讨，则是前无古人的，尹康庄先生的论著《象征主义与中国现代文学》无疑填补了这方面的空白，它同上述两部论著一样，丰富了中国现代文学研究，并在这一研究领域作出了独特的贡献。比如作者认为，中国现代文学中的象征主义从审美特征上看，具有深沉美、朦胧美和神秘美。其具体的艺术体现形式，主要包括情节象征或者整体象征、氛围象征、细节象征、语言象征以及反意象征、双向象征、结构象征，人物主题角度的象征和色彩象征等。作者认为这诸多的艺术体现形式，不仅是现代文学作品内容与审美特征的一个载体或物化方式，而且是作品内容和美学深度的构成。这些见地独到、深刻而又富于说服力。

在研究方法上，作者既摆脱了纯粹的理论说教，又不同于一般的材料堆积的"掉书袋"般的研究，比如作者给象征主义的理论定位，就是在深刻地论述其作为一种艺术哲学观和创作美学的同时，又把它放在现实主义、浪漫主义等几种文学思潮中进行比较研究，使得象征主义理论的内涵和外延在比较中具有一种巨大的延展性和实践性。相反，作者在论述象征主义在中国的传入与发展时，其材将的确凿和丰富以及所显示的科学实证精神不言而喻，但是他又不囿于这些林料，而是对这些作为论证材料的文学史实，加以归纳和总结，提升了中国现代象征主义文学旳审美价值取向，并且作者进一步认为这是对世界文学向内转向和哲理化主潮的主动趋合，并使中国现代文学由此出现了崭新的艺术格局。

总之，尹康庄先生的《象征主义与中国现代文学》的学术创新是多方面的，正如北京大学孙玉石先生所言，该论著使"这一课题研究的视野和理论的思考，向前大大推进了一步，它所显示的学术价值和理论意义是非常值得重视的"。

（选自张向东：多方面的学术创新——评《象征主义与中国现代文化》，原载于《读书人报》第 6 期，1999 年 5 月 3 日，书评版）